LA
GUERRE DU NIZAM

CALMANN LÉVY, ÉDITEUR

ŒUVRES COMPLÈTES
DE
J. MÉRY

FORMAT GRAND IN-18

L'AME TRANSMISE . . .	1 vol.	LES JOURNÉES DE TITUS.	1 vol.
UN AMOUR DANS L'AVENIR.	1 —	LA JUIVE AU VATICAN .	1 —
ANDRÉ CHÉNIER	1 —	UN MARIAGE DE PARIS.	1 —
L'ASSASSINAT.	1 —	MARSEILLE ET LES MARSEILLAIS	1 —
LE BONNET VERT . . .	1 —		
LE CARNAVAL DE PARIS.	1 —	MARTHE LA BLANCHISSEUSE	1 —
LA CHASSE AU CHASTRE.	1 —		
LE CHATEAU DE LA FAVORITE	1 —	MONSIEUR AUGUSTE . . .	1 —
		LES MYSTÈRES D'UN CHATEAU	1 —
LE CHATEAU DES TROIS TOURS	1 —		
		NOUVEAU THÉATRE DE SALON	1 —
LE CHATEAU VERT . . .	1 —		
LA CIRCÉ DE PARIS . .	1 —	LES NUITS ANGLAISES.	1 —
LA COMTESSE ADRIENNE.	1 —	LES NUITS ITALIENNES.	1 —
LA COMTESSE HORTENSIA.	1 —	LES NUITS ESPAGNOLES.	1 —
UNE CONSPIRATION AU LOUVRE	1 —	LES NUITS D'ORIENT . . .	1 —
		LES NUITS PARISIENNES.	1 —
LA COUR D'AMOUR . . .	1 —	LE PARADIS TERRESTRE.	1 —
UN CRIME INCONNU . . .	1 —	POÉSIES INTIMES	1 —
LES DAMNÉS DE L'INDE.	1 —	RAPHAEL ET LA FORNARINA	1 —
DEBORA.	1 —		
LE DERNIER FANTOME. .	1 —	SALONS ET SOUTERRAINS DE PARIS	1 —
LES DEUX AMAZONES . .	1 —		
LA FAMILLE DHERBIER.	1 —	THÉATRE DE SALON . .	1 —
LA FLORIDE.	1 —	TRAFALGAR.	1 —
LA GUERRE DU NIZAM.	1 —	LE TRANSPORTÉ	1 —
HÉVA.	1 —	LES UNS ET LES AUTRES.	1 —
UNE HISTOIRE DE FAMILLE	1 —	URSULE.	1 —
		LA VIE FANTASTIQUE . .	1 —
UN HOMME HEUREUX . .	1 —		

2670-83— Imp. D. BARDIN et Cⁱᵉ, à Saint-Germain.

LA
GUERRE DU NIZAM

PAR

J. MÉRY

NOUVELLE ÉDITION

PARIS
CALMANN LÉVY, ÉDITEUR
ANCIENNE MAISON MICHEL LÉVY FRÈRES
3, RUE AUBER, 3
—
1883
Droits de reproduction et de traduction réservés.

LA
GUERRE DU NIZAM

> Il y avait à Hyder-Abad un vieux de la montagne, nommé *Hyder-Allah* (le lion de Dieu); il portait à sa ceinture la hache magique de la déesse *Deera*, qui ne reçoit que des victimes humaines sur ses autels. Cet Indien conçut le dessein de délivrer son pays du joug anglais, au moyen d'une association ténébreuse qui, d'adepte en adepte, se répandit bientôt dans toute la province du Nizam : c'était l'association des *taugs*. (LA FLORIDE, chap. IV.)

I

Un bal de noces à Smyrne.

Au nord de Smyrne, à l'embouchure de l'Hermus et sur les bords du golfe, on voit une maison de campagne bâtie à l'italienne, et qui rappelle surtout le style léger de l'architecture génoise, illustrée par Carlo Fontana et Tagliafico. Ce gracieux édifice a vu naître et mourir beaucoup de fêtes. Une anse naturelle lui sert de port; les canots de la ville y abordent, et s'amarrent aux racines des lentisques et des arbustes verts, en déposant leurs passagers sur un sentier d'asphodèles blanches et jaunes, qui conduit à un vaste péristyle de colonnettes de marbre ionien. C'est là que le maître assemble, pour le bal ou le

festin, ses invités de la société de Smyrne, la ville surnommée le Paris du Levant.

Un soir de juin 183., cette maison était en fête. On y
donnait un bal en l'honneur du mariage du colonel Douglas Stafford, qui allait épouser une jeune fille grecque
ennoblie par la mort de son glorieux père et par les vers
de lord Byron. On devait signer le lendemain le contrat
à l'état civil consulaire, à l'issue du bal.

A voir la furie de la danse, quatre heures après le premier coup d'archet, il était facile de présumer que les
quadrilles seraient encore en mouvement à midi. La
molle Ionie, tant célébrée à cause de sa langueur pro-
verbiale, par des poètes indolents, semblait avoir abandonné cette nuit les rives de l'Hermus. A ce bal, l'Europe, représentée par ses colonies consulaires et ses
artistes nomades, donnait un démenti au climat d'Homère, par toutes les langues de l'Occident.

L'orchestre venait de déchaîner un galop d'Auber, et
l'éblouissante traînée de fleurs, de pierreries et de femmes, trop à l'étroit dans la vaste colonnade pour bondir
à l'aise jusqu'au dernier souffle, s'échappa comme un
nuage d'oiseaux d'une volière, et agrandit la salle du bal
en lui donnant pour limite le golfe voisin. Pas une fleur
ne resta debout sur le sentier agreste : la joyeuse tempête du galop dévora tout; des milliers de familles végé-
tales, filles de la mer et du soleil, périrent en un clin
d'œil sous les pieds les plus légers de Smyrne, au son de
la musique, au murmure charmant des petites vagues, et
dans un délicieux concert de paroles haletantes et d'éclats
de rire enfantins.

Un quart d'heure de galop brise la force de l'homme,
et même la faiblesse de la femme. Il est triste de dire
que le bonheur du bal a seulement quinze minutes à
nous donner.

Au retour, par un sentier dévasté comme un sillon

d'épis après la moisson, le galop éteint prit l'allure tranquille de la promenade; les jeunes gens n'enlevaient plus les danseuses aux lambris verts de l'allée : ils les reconduisaient avec un calme respectueux à la salle du bal. La folie s'était abaissée jusqu'à la raison.

Un seul groupe n'avait pas suivi le reflux du torrent devenu paisible. Cette scission, ne diminuant pas à vue d'œil le nombre des danseurs, ne pouvait être remarquée par les maîtres de la maison. Trois jeunes gens et une jeune femme formaient ce groupe. La femme était assise dans un pavillon ouvert sur le golfe, et elle avait engagé avec ses interlocuteurs un de ces entretiens décousus qui naissent au milieu du délire du bal, lorsque la respiration haletante trahit le désordre de la pensée dans la faiblesse de la voix.

« La fraîcheur est délicieuse ici, disait-elle en ramenant avec ses mains un peu de symétrie dans le désordre de sa chevelure; nous respirons un instant. Vous sacrifierez un quadrille, n'est-ce pas, messieurs?

— Nous vous sacrifierons le bal, madame, dit un jeune homme dont la voix n'empruntait pas son émotion à la fièvre des pieds.

— Monsieur Ernest de Lucy, dit la jeune femme en s'inclinant, vous êtes généreux comme un noble artiste que vous êtes.

— Je veux être plus généreux, moi, belle comtesse; je vous sacrifie tous les bals de la saison, dit un autre jeune homme dont la parole, naturellement ardente, semblait contenue par une réserve et un maintien diplomatiques.

— Ah! vous, c'est différent, monsieur Edgard de Bagnerie! je ne veux pas être dupe de votre générosité. Vous visez à une ambassade, et chaque bal où vous figurez est dénoncé à votre chancellerie comme un crime de lèse-gravité; un avant-deux vous fait reculer d'un an sur la route des ambassadeurs... Et vous, comte Élona Brodzinski, serez-vous généreux comme ces messieurs?

— Excusez-moi, madame, dit le jeune comte polonais, j'ai le malheur de ne pouvoir rien vous sacrifier en ce moment.

— Au fait, c'est juste! dit la comtesse en souriant; nous avons trouvé M. le comte Élona ici, en contemplation devant la mer; il ne cherche pas le bal : c'est le bal qui est venu le chercher.

— Me permettez-vous de vous interroger, madame? » dit le comte Élona en faisant quelques pas vers la comtesse.

La jeune femme fit de la tête un signe de consentement, et le proscrit polonais continua de la sorte :

« Vous habitez Smyrne depuis plusieurs années?...

— Depuis la mort du comte de Verzon, mon mari... depuis quatre ans.

— Excusez encore mon indiscrétion, madame; vous habitez toujours, dans la belle saison, une maison de campagne voisine du pont des Caravanes?

— Oui, comte Élona, une maison que j'aime beaucoup, et que je vendrai l'hiver prochain, en versant des larmes sur le contrat.

— Comment! vous vendez ce bijou d'émeraudes! s'écria le jeune Edgard de Bagnerie. Attendez au moins mon consulat; je l'achèterai.

— Pardon, monsieur Edgard; probablement nous n'avons pas fini avec le comte Élona...

— Madame, dit le jeune Polonais, pourriez-vous m'affirmer que la caravane de Métélin traversera l'Hermus, cette nuit, là, de ce côté?

— Cette nuit... attendez... nous sommes à la mi-juin... La caravane de Métélin passera dans trois jours. »

Le comte polonais fit un mouvement dont le sens était une énigme.

« Comte Élona, dit la comtesse, votre intention est-elle de vous engager dans une caravane?

— Peut-être, madame.

— Rien ne vous y oblige; c'est une fantaisie, n'est-ce pas?

— Une fantaisie, comme vous dites, madame... Mais la caravane part trois jours trop tard. C'est malheureux.

— Oui, je conçois cette fantaisie... Il y a une idée là-dessous qui me plairait aussi : je vous comprends, monsieur le comte... On sort d'un bal délicieux, étourdissant, et on va se mêler à des dromadaires et des bohémiens, dans un désert. Cela me sourirait comme contraste... Que pensent de notre idée ces messieurs?

— Je pense, moi, dit le jeune Edgard, qu'il y a quelque chose de mieux à faire au sortir d'un bal.

— C'est?...

— C'est de rentrer dans un autre bal, madame.

— Et avec vous, madame; je n'ajouterai que ces trois mots, dit Ernest de Lucy.

— M. le comte Élona n'est pas de votre avis, messieurs; il ne vient au bal que pour accompagner sa carte d'invitation... »

Le comte fit un sourire.

« Pourtant, ajouta la comtesse, il faut convenir que la fête nuptiale est superbe. Il me semble que j'assiste à mon mariage, rue Neuve-de-Luxembourg, à Paris. Cela me rajeunit de sept ans. Certes, il est permis d'aimer les dromadaires et les bohémiens; mais je leur préfère ce bal.

— Ne trouvez-vous pas, madame, dit le jeune Edgard, qu'un bal de noces excite les invités célibataires au mariage, et que tout le monde devrait se marier le lendemain?

— Eh! mon Dieu! si cela plaisait à tout le monde, pourquoi pas?

— Ces épidémies nuptiales ne sont pas à craindre, dit Ernest de Lucy.

— Ah! dit la comtesse, si toutes les jeunes femmes ressemblaient à notre belle Grecque Amalia, nous trouverions beaucoup de colonels Douglas; chacun réclamerait sa part dans l'épidémie.

— Excepté moi, dit Edgard.

— Et moi, dit Ernest.

— Oh! vous autres, messieurs, dit la comtesse, on connaît vos opinions sur le mariage, en Asie Mineure. Vous êtes jugés. Les artistes et les élèves consulaires ne viennent en Orient que dans l'espoir d'épouser quelque harem d'occasion, après la faillite d'un pacha.

— Eh bien! madame, dit Edgard, essayez une conversion parmi ces jeunes Turcs d'Occident; donnez l'exemple; jetez votre mouchoir nuptial à quelque mahométan baptisé; nous avons ici vingt Parisiennes, vos charmantes compatriotes, qui vous imiteront; les mœurs de l'Orient seront bouleversées, grâce à vous, mesdames, et, après les faillites des pachas, les harems se vendront au rabais pour les approvisionnements du désert.

— Mais la société n'a plus rien à me demander, à moi, monsieur Edgard; j'ai déjà fait mon devoir. Si je suis veuve, ce n'est pas ma faute; je ne m'étais pas mariée pour cela.

— C'est donc à recommencer, madame...

— Oui, monsieur, absolument comme une partie de whist interrompue par un accident... D'honneur! vous traitez le mariage sur un ton de légèreté!... Oui, on commence le jeu du mariage avec un partenaire, on l'achève avec un autre... Monsieur Edgard, vous n'aurez jamais la gravité d'un ambassadeur. A quoi donc employez-vous vos études?

— J'étudie pour me marier.

— Vous êtes encore à l'alphabet, monsieur Edgard.

— Aussi, je n'ai pas la prétention de passer mon examen de bachelier nuptial cette semaine. A vingt-cinq ans on peut attendre; il n'y a pas de clause expresse de testament qui m'imposera demain un *oui* forcé au pied de l'autel.

— Ah! monsieur Edgard, dit la comtesse sur un ton de susceptibilité en apparence naturelle, votre allusion peut avoir le mérite de l'à-propos, mais elle manque de délicatesse française à la porte de ce bal.

— Ceci n'est pas clair pour nous, » dit Ernest de Lucy.

Le comte Élona, qui paraissait vouloir rester neutre dans l'entretien, se rapprocha du groupe causeur.

« Comte Élona, dit la comtesse, venez défendre le colonel Douglas. Avez-vous entendu M. Edgard de Bagnerie? Il vient d'insinuer, avec une perfidie fort adroite, que le colonel Douglas subit ce soir un mariage forcé.

— Le colonel, dit Elona Brodzinski, se défend lui-même; il a mis sur sa figure tout le bonheur d'un prédestiné.

— Au reste, dit Edgard, je n'ai fait que répéter à voix basse ce que Smyrne dit tout haut.

— Soyez de bonne foi, monsieur Edgard, dit la comtesse; croyez-vous qu'une clause de testament soit nécessaire pour forcer un homme à subir le bonheur d'épouser ma jeune amie, notre belle Grecque Amalia?

— J'en appellerai aussi à votre bonne foi, madame; la clause du testament existe-t-elle? Voulez-vous que je vous cite les vers de Byron qui célèbrent les fiançailles d'Amalia, encore enfant, et de Douglas Stafford? Vous savez comme moi, madame, que lord Byron avait pris sous sa protection puissante la petite orpheline de Missolonghi, et que le mariage de ce soir lui donne, par contrat, douze mille livres de dot. C'est beaucoup lorsqu'on n'a rien.

— Tout cela est vrai, dit la comtesse; mais avouez au moins que le colonel Douglas est dans la rare position d'un homme qui est condamné au bonheur.

— C'est toujours une condamnation, madame.

— Vraiment, monsieur Edgard, vous vous vieillissez terriblement à mes yeux.

— Écoutez, madame; j'ai vu débarquer le colonel Douglas, l'an dernier, à son arrivée des Grandes-Indes, et je vous affirme que sa figure portait une profonde teinte de mélancolie, sous une triple couche de soleil : on aurait dit qu'il était traîné à la remorque vers le contrat nuptial.

— Ceci peut aisément s'expliquer. Le colonel aime passionnément la guerre de l'Inde. Il commandait, sinon en titre, du moins en fait, l'armée anglaise dans la province du Nizam. De hautes distinctions allaient récompenser de pénibles et glorieux services, lorsqu'il a été appelé à White-hall pour donner de vive voix des explications sur cette guerre mystérieuse qui désole le Nizam. On conçoit, en pareil cas, le dépit d'un jeune officier de trente ans qui va perdre quinze mois de sa jeunesse pour donner aux ministres, à l'autre bout du monde, des explications qui n'expliqueront rien. De son côté, le tuteur de la belle orpheline grecque s'est emparé du colonel à son passage pour défendre les intérêts de sa pupille; le tuteur ne voyait, lui, que douze mille livres de dot aventurés au Malabar : on connaît l'esprit des tuteurs. Certes, il est permis de croire que le colonel a supporté d'abord avec peine toutes ces contrariétés; il doit avoir maudit les ministres, les tuteurs et lord Byron; mais la grâce et la beauté d'Amalia ont eu leur influence inévitable. Le colonel s'est rendu à discrétion; il a oublié le Nizam; il a béni lord Byron; il a fait une donation des douze mille livres à sa fiancée entre les mains du banquier Lhéman; et pour mettre le comble à sa galanterie, il est devenu amoureux de sa femme avant de l'épouser.

— La comtesse Octavie de Verzon connaît admirablement l'histoire de nos fiancés, dit Ernest de Lucy; il n'y a rien à répondre à cela.

— Aussi, nous ne répondons rien, dit Edgard.

— Oui, dit la comtesse; mais il y a des sourires significatifs qui répondent pour vous, monsieur Edgard.

— Eh! madame! comment voulez-vous prohiber les sourires?.. Excusez-moi, je crois fermement à toute votre histoire, excepté à l'amour du colonel Douglas.

— Oh! voilà bien les hommes! ils ne croient jamais à l'amour.... Je suis sûre que le comte Élona, qui n'est pas encore perverti par les maximes de la jeunesse française, m'approuve silencieusement au fond du cœur. »

Le comte polonais fit un signe de tête affirmatif.

« Ainsi, madame, dit Edgard, avec vos idées sur l'amour, vous préparez de cruels déplaisirs à l'homme qui oserait hasarder une déclaration à vos pieds?

— Eh! monsieur, tous les jeunes gens de l'Asie Mineure sont prêts à hasarder une déclaration aux pieds de la même femme! Je vous demande s'il faut croire à l'amour de tous ces messieurs.... A les entendre, ils seraient tous amoureux au même degré. Depuis le commencement du bal, tous mes danseurs ont bégayé quelque chose dans ce genre. L'amour ne se déclare pas; il se prouve. Voilà ce que vous ignorez, messieurs.

— Madame, dit Ernest de Lucy, la folie d'un bal de noces nous donne quelque liberté cette nuit, et, pour mon compte, je veux en user. Ces occasions sont rares. Demain nous vous reverrons dans la majesté imposante de votre costume de ville; il faudra s'incliner et passer. A cette heure, vous êtes accessible comme une simple mortelle. Le bal a fait descendre l'Olympe sur les bords de cet Hermus où il a été créé. Nous pouvons vous parler face à face, comme si nous étions vos égaux. Madame, vous êtes jeune, belle, riche, adorée. Tous ceux qui vous verront doivent tomber à vos pieds au premier signe de votre main. Quel preuves demanderez-vous à celui que vous retirerez de la poussière pour l'élever jusqu'à vous ?

— C'est une demande indiscrète, monsieur de Lucy ; mais la liberté du bal excuse tout, vous avez raison, et je vous répondrai.... J'aime les voyages, les émotions, la vie turbulente et imprévue. Une femme isolée comme moi doit se résigner à la monotonie d'une existence casanière et aux ennuis d'une richesse oisive et inutile. Ainsi, pour vivre selon mes goûts, il faut que je me marie une seconde fois. Je me donnerai deux ans de réflexion. Un second mariage est plus sérieux que le premier, parce qu'une veuve sait très-bien ce qu'elle fait. L'homme que je pourrais choisir serait celui qui attacherait à mon anneau nuptial le souvenir ineffaçable d'une action grande ou vulgaire, mais inventée pour me plaire et accomplie pour moi. Dans les mauvais jours de la vie, dans les moments où l'affection doute, dans les heures où l'amour perd une illusion et marche vers un regret, je me sauverai moi-même avec ce souvenir ; ce serait un remède moral qui me rendrait ma lune de miel. Mon époux paraîtra toujours devant moi précédé de cette action, qui fut l'éclatante et incontestable preuve de son amour. Le malheur du veuvage enlève du moins aux jeunes femmes la candeur étourdie du couvent : elles ne sont plus exposées aux surprises ; elles ne jouent pas la tranquillité de leur vie avec le premier jeune fou venu, converti la veille à la foi du mariage par le cinquième acte d'une comédie, et qui se présente escorté d'un notaire et de ses parents. Je veux donc profiter de mes avantages, et voilà ce que j'ai résolu.... Il y a eu des époques en France où les amoureux n'auraient osé déclarer leur passion, si elle n'était déjà prouvée dans un tournoi, une bataille, une croisade. C'était l'âge d'or de notre sexe. Les hommes ont fait une révolution tout exprès contre nous ; ils se sont proclamés rois absolus ; depuis l'invention de la liberté, nous sommes vos humbles esclaves. Eh bien ! il faut que, de temps en temps, quelque courageuse femme fasse une petite contre-révolution à son profit, et abolisse la loi salique dans sa maison. L'exemple se propagera, j'espère, et nous aurons peut-être un jour notre Restauration, messieurs.

— Vous avez le tort d'avoir perpétuellement raison, madame, dit M. de Lucy en s'inclinant ; il est impossible....

— Oh ! monsieur de Lucy, trêve aux compliments, dit la jeune femme en faisant un gracieux mouvement d'épaules ; les hommes se trompent fort, s'ils croient avoir remplacé les croisades et les tournois par de banales phrases d'adulation ; le dévouement du madrigal est très-commode. Monsieur de Lucy, donnez-moi votre bras ; nous avons perdu une contredanse : c'est irréparable. Il ne faut pas doubler cette perte ; rentrons au bal. Monsieur Edgard, vous nous accompagnez, n'est-ce pas ?... C'est que je vois déjà là-bas quelque chose de noir sur la mer qui m'alarme.... Oh ! ne vous effrayez point, messieurs.... c'est mon canot. Mes domestiques trouvent probablement le bal trop long, puisqu'ils ne dansent pas, et ils viennent me chercher. Si je les attends, j'aurai pitié d'eux, et je quitte la fête trois heures avant la fin.... On est aussi l'esclave de ses domestiques !... Les philanthropes devraient bien demander quelque jour l'affranchissement des maîtres. Oh ! j'attendrai le soleil ici ; c'est décidé. Ma maison de campagne est inhabitable la nuit ; c'est le palais de l'insomnie : aussi je la vends. Impossible d'y dormir ; il y a un concert de marécage désolant qui coasse dans mon alcôve et fera le malheur de mes nuits d'été. Il me faudrait un bal tous les jours, après le coucher du soleil, jusqu'à l'aube, seulement encore pendant quatre mois.... Comte Élona, vous ne paraissez pas disposé à nous suivre à la contredanse, vous? Je vous fais une prière. Dites à mes domestiques, lorsqu'ils débarqueront ici, que je leur donne cinq heures de congé. Je leur serai bien reconnaissante s'ils me dispensent de leur obéir jusqu'au lever du soleil.... Monsieur Ernest de Lucy, songeons au programme; l'heure de notre duo de *Tancredi* va bientôt sonner. »

Élona Brodzinski ne répondit que par des gestes, et bientôt il se trouva seul sur le bord de la mer.

Le canot aperçu confusément dans le lointain avançait avec une rapidité merveilleuse; aussi, il était difficile de supposer qu'il avait pour rameurs deux domestiques de la comtesse Octavie de Verzon. Douze rames vigoureusement conduites fendaient d'un seul coup l'eau du golfe, et remontaient en secouant une rosée phosphorescente qui éclairait à chaque élan des faces brunes de marins.

Le comte Élona descendit au débarcadère à tout hasard, pour exécuter les ordres de la jeune femme; mais il s'aperçut bientôt que ce n'était point le canot attendu.

Un homme de taille haute et fière, vêtu avec une suprême élégance, et dont le visage, éclairé par les étoiles, avait un admirable caractère de douceur, d'audace et de distinction, s'élança du canot sur la rive, et se trouva face à face avec le comte Élona.

« Monsieur, dit-il à peine débarqué, je ne crois pas m'être trompé; c'est bien ici le petit port de la maison de campagne du consul?

— Oui, monsieur, dit Élona.

— On y donne une fête pour le mariage du colonel Douglas?

— Oui, monsieur.

— Je n'ai pas l'honneur d'être invité; je ne suis pas présenté au consul ; il faut pourtant que je parle au colonel Douglas; puis-je espérer de votre obligeance que vous donnerez cette carte de visite au colonel? Je réclame cela de vous, monsieur, comme un service dont je vous serai très-reconnaissant. »

Le comte Élona prit la carte et regarda le canot avec une attention singulière.

L'inconnu, nouveau débarqué, fit un mouvement d'impatience qui signifiait : « Eh bien ! vous ne répondez pas! vous ne partez pas !

— Monsieur, dit le comte Élona, vous pouvez entendre d'ici le son des instruments; je ne pourrai aborder le colonel Douglas qu'après la contredanse; ainsi nous avons le temps d'échanger quelques mots. Ce canot vous appartient-il, monsieur?

— C'est le canot du paquebot à vapeur *le Cylon*.

— Monsieur, avant de mériter votre confiance, je vais vous dire mon nom. Je suis le comte Élona Brodzinski, proscrit de Varsovie, et le nom de mon père est sans doute arrivé jusqu'à vous dans la récente guerre de notre indépendance; j'étais son aide de camp lorsqu'il commandait un corps d'armée sur la rive droite de la Vistule, et Dieu m'a refusé la grâce de mourir avec les miens. »

L'inconnu prit les mains du comte et les serra vivement; puis il dit :

« Mon nom n'a pas le bonheur d'être illustre comme le vôtre : je suis sir Edward Klerbbs, citoyen du monde et l'ami des proscrits et des malheureux.

— Sir Edward, *le Cylon* fera-t-il une longue station à Smyrne?

— Il part demain pour Alexandrie, avant le lever du soleil.

— Demain !... c'est un coup de la Providence !... Sir

Edward, si vous êtes l'ami des malheureux, vous devez avoir rendu quelquefois des services....

— Ceux qui m'en demandent me les rendent, à moi, en me les demandant. Parlez, comte Élona.

— Sir Edward, je croyais pouvoir partir cette nuit avec la caravane de Mételin, mais elle ne passera que dans trois jours. Il m'est impossible d'attendre trois jours. Le soleil de demain doit me tuer, sir Edward. Connaissez-vous le commandant du *Cylon?*

— C'est mon intime ami.

— Eh bien! demandez-lui pour moi six pieds de cabine à son bord.

— Voilà tout, comte Élona?

— Je vous demande la vie, sir Edward.

— Au lever du soleil, vous aurez ma propre chambre à bord du *Cylon.*

— Sir Edward, ne faites pas les choses à demi : je ne veux plus rentrer au bal. Donnez-moi deux lignes pour le commandant du *Cylon*, et je pars tout de suite. Il ne faut que vingt minutes à ce canot pour m'amener au paquebot et rentrer ici.

— Mais, comte Élona, vous avez oublié que j'ai besoin de vous pour remettre ma carte au colonel Douglas....

— Pardon! pardon! sir Edward. Excusez-moi.... ma tête brûle.... j'oublie tout.... tout, excepté la seule chose qui me tue.... Oui, je vais donner votre carte au colonel Douglas, et....

— Et après, comte Élona, je vous prête ce canot pour vingt minutes. Quand vous me rejoindrez, votre billet d'introduction auprès du commandant du *Cylon* sera écrit. Service pour service, comte Élona.

— Celui que je vais vous rendre, sir Edward, est insignifiant; il ne sauve la vie à personne.

— Peut-être.

— Adieu, sir Edward; à bientôt. La contredanse va finir.

— Prudence et discrétion, comte Élona. »

Lorsque le jeune proscrit polonais entra au bal, l'ivresse de la danse était à son comble. Le quadrille où figurait la belle fiancée avait une triple ceinture de spectateurs de toutes les nations, au milieu desquels se faisaient remarquer les jeunes officiers des marines française et anglaise. Les regards animés par une curiosité irritante couraient du colonel à la fille grecque, l'épouse du lendemain. La comtesse Octavie dansait avec le futur époux, et sa grâce et sa beauté soulevaient encore des concerts d'éloges, à côté de l'héroïne de la fête. Il était facile de voir que des passions orageuses et voilées grondaient autour de la noble et belle veuve, car les yeux de quelques jeunes gens ne s'égaraient jamais autour d'elle dans un éclair de distraction, et, pour ces timides et ardents adorateurs, la comtesse Octavie était la reine et la seule femme du bal.

Elle, avec cette merveilleuse expérience des femmes qui courent vers leur trentième année à travers les fêtes et les adorations, elle, la comtesse Octavie, saisissait au vol les moindres détails de regards et de pensées que le tourbillon du bal emportait avec une furie éblouissante. Les plus habiles observateurs n'auraient jamais accordé cette spontanéité de regard sibyllin à ce front charmant, couronné de fleurs et de grâce; à ces yeux noirs, étincelants de joie enfantine et de naïve étourderie; à cette femme adorable qui semblait n'écouter que l'orchestre et ne regarder que son image, en courant comme un lutin devant les hautes glaces de la salle du bal. Rien n'échappait à cette sagacité infaillible qui, dans le tumulte des pieds, des voix, des instruments, recevait de sombres confidences que des lèvres muettes refoulaient en vain au fond des cœurs.

Il y avait là des diplomates, des élèves en ambassade, des secrétaires de chancellerie, des politiques profonds, tous les consuls européens, tous les agitateurs du destin du monde; pas un d'entre eux ne remarquait la tristesse sourde qui était au fond de cette joie, le nuage qui se levait dans ce bal azuré.

Un consul disait :

« La jeune mariée n'a pas une figure de noce. »

Un diplomate répondait :

« Oh! les femmes à cet âge, il faut les connaître! Elles dissimulent déjà leur joie intérieure comme des coquettes de cinquante ans. Ma femme a pleuré à son bal de mariage; oui, monsieur, un mariage d'amour! »

Un scrutateur de la question d'Orient disait :

« Le colonel Douglas a un air grave qui sied peu à la fête. On dirait qu'il médite une descente dans quelque souterrain du Nizam. »

Un équilibriste du destin européen répondait :

« Oui, le colonel me paraît un de ces militaires qui ne reculent pas devant l'ennemi, mais qui battent en retraite devant le bonheur. La fiancée est belle à ravir; elle a pris au genre féminin grec tout ce qu'il a de séduisant et de gracieux dans la figure, le corps et le costume. C'est la Vénus de Médicis, avec le charme du sensualisme moderne, bien préférable à la sécheresse imposante de la divinité. Je conçois qu'un homme s'effraye de ce bonheur, à la veille de le saisir. Quand l'épouse est trop belle, il y a beaucoup de poltrons au pied des autels. La jeune Amalia sera belle ainsi trente ans encore. C'est un long souci pour un époux! »

La comtesse Octavie n'avait pris aucun grade en diplomatie orientale, mais son œil perçait les ténèbres lumineuses de ce bal.

La contredanse terminée, elle quitta le bras du colonel Douglas, et, sans la moindre affectation de démarche, elle perça la foule et arriva comme par hasard devant le comte Élona.

« Comte Élona, lui dit-elle, vous avez inventé pour la contredanse une figure polonaise que je n'aime pas. Mon Dieu! qu'avez-vous donc? vous êtes pâle comme un naufragé d'hier.

— Madame, dit le comte avec une voix presque éteinte, j'ai exécuté vos ordres; j'ai attendu vos domestiques; votre canot n'est pas arrivé. Me permettez-vous, madame, de vous quitter un instant? J'ai deux mots à dire au colonel Douglas.

— J'allais vous demander un tour de promenade sur la terrasse.... Oh! quel effroi vous a saisi, comte Élona!... C'est bien!... vous me refusez! il paraît que vos affaires vous retiennent impérieusement, ici, quand vous ne méditez plus sur le bord de la mer.

— Pardon, pardon, madame, excusez-moi.... plus tard je vous expliquerai....

— Comte Élona, je vous engage pour la première contredanse... Vous me refusez encore! Ah! ceci devient inexplicable...

— Au nom de Dieu! madame, permettez-moi de m'éloigner une minute...

— Un mot, comte Élona. Je ne vous ai pas perdu de vue un seul instant pendant la dernière contredanse. Vos lèvres avaient la fièvre, et vos yeux avaient des éclats de vengeance et de mort. Vos yeux se sont fixés sur le colonel et ne l'ont pas quitté... Comte Élona, je vous devine, vous méditez quelque chose d'atroce... Je vous défends d'adresser une seule parole au colonel Douglas... vous obéirez, j'espère, à une noble femme française, noble comte polonais. »

Cette petite scène, jouée par deux personnages dans un angle du péristyle, passait inaperçue au milieu du mouvement de la fête. Pour donner le change à quelques jeunes observateurs qui de loin la suivaient toujours et la reconnaissaient à la cime de sa chevelure, la comtesse Octavie affectait dans ses poses et ses gestes une allure étourdie, très-opposée au sérieux de ses paroles. Le comte Élona, qui ne savait rien feindre, lui, ressemblait à une protestation vivante de l'enfer contre la joie d'un bal. On aurait cru voir un spectre écoutant les joyeuses confidences d'une jolie femme au coup de minuit, avant de rentrer dans son tombeau.

« Madame, dit-il, je vous jure de vous obéir; je ne dirai plus un seul mot au colonel Douglas.

— Aujourd'hui et demain, comte Élona.

— Oui, madame... cependant il faut que je lui fasse parvenir cette carte; c'est un engagement... »

La comtesse saisit avec vivacité la carte de sir Edward, et la déchirant sans la lire, elle dit d'une voix sourde, mais irritée :

« Comte Élona, vous méconnaissez les devoirs de l'hospitalité; cette carte est un défi. Depuis le commencement du bal je vous suis des yeux, et je ne m'égare pas sur vos intentions. Vous ne pouvez pas tromper le regard d'une femme. Comte Élona, vous envoyez un cartel au colonel Douglas; c'est indigne! Je lis depuis longtemps au fond de votre cœur, et je vais vous dire toute votre pensée... Vous aimez une femme qui doit se marier demain : cet amour vous tue, et vous voulez vous sauver par un acte de désespoir. Suis-je bien inspirée? répondez-moi; vous répondez en vous taisant. J'ai donc bien vu ce que j'ai vu. »

En ce moment, un prélude d'orchestre se fit entendre. Le colonel Douglas s'avança vers la comtesse Octavie, lui offrit son bras et la conduisit à l'autre extrémité de la salle, devant le pupitre où l'attendait le duo de *Tancredi*.

Le jeune Edgard de Bagnerie avait déjà pris place

au premier rang, pour écouter le duo. La comtesse ouvrit la feuille de musique, et, feignant de désigner du doigt en souriant une ligne de notes à son voisin :

« Monsieur Edgard, dit-elle, voulez-vous me plaire? Éloignez-vous nonchalamment et sans affectation, et surveillez jusqu'à l'aube tous les pas du comte Élona Brodzinski. »

Le jeune homme s'inclina, et, un instant après, disparut dans la foule, sans toutefois perdre de vue la comtesse Octavie de Verzon.

Un profond silence s'établit dans le vaste péristyle ; la foule se replia sur les banquettes, de manière que le milieu de la salle resta vide. Les intervalles des colonnettes furent remplis par les invités qui n'avaient pu s'asseoir. La comtesse Octavie et M. Ernest de Lucy allaient commencer le duo de *Tancredi*, lorsque le consul d'Angleterre traversa la salle et vint parler au maître de la maison. Celui-ci témoigna par ses gestes une grande et joyeuse surprise, et dit quelques mots à l'oreille du colonel Douglas.

A la faveur du mouvement mystérieux que cet incident excita dans la salle, Edgard de Bagnerie lança un coup d'œil d'intelligence à la comtesse, et courut se placer à son poste d'observation, dans le voisinage du comte Élona.

Le colonel Douglas ne fit remarquer qu'à ses plus proches voisins une légère contraction sur sa figure. La comtesse Octavie rejeta gracieusement sa tête en arrière, et prenant la main du colonel :

« Pouvons-nous commencer notre duo? dit-elle ; si vous me gardez cinq minutes encore dans cette pose, à l'état de statue, je ne réponds plus de ma voix.

— Comtesse Octavie, dit le colonel avec un sourire forcé, c'est un noble étranger qui demande à être introduit sur la recommandation de son consul.

— Ainsi, nous sommes à la disposition de ce noble étranger pour commencer notre duo.

— Ce n'est qu'un retard de quelques minutes, belle comtesse... le voilà. »

Sir Edward traversa la salle dans toute sa longueur, et vint présenter ses hommages aux maîtres de la maison.

A peine le nom du célèbre explorateur de l'Inde eut-il circulé dans les groupes, qu'un murmure d'admiration éclata partout. Le duo de *Tancredi* commença, mais il n'arrivait qu'à des oreilles distraites. Les yeux étaient fixés sur le noble étranger, et l'on se racontait tout bas quelque trait de cette existence héroïque et mystérieuse, qui ne connaissait d'autre patrie que l'univers.

Sir Edward, debout, dans une attitude pleine de noblesse et de simplicité, ne témoignait ni fierté, ni surprise, ni émotion; il ne répondit par aucun regard de complaisance à la curiosité enthousiaste de la foule; il écouta le duo avec une attention feinte ou vraie, mais qui attestait chez lui un profond sentiment des convenances. Le chant terminé, il applaudit les artistes amateurs, et il dit au colonel Douglas :

« Je viens de quitter à King's-Theâtre la voix de Mme Pasta, et je la retrouve ici.

— Oh! nous savons depuis longtemps, dit la comtesse Octavie, que sir Edward est galant comme un Français.

— Excusez-moi, madame, dit sir Edward, je ne voulais pas être entendu. Cela m'enlève tout le mérite de la galanterie que vous me supposez. Il ne reste que la sincérité de l'éloge.

— Sir Edward, je devrais être jalouse de vous...

— Oh! je vous en prie, madame, suivez cette inspiration.

— Votre arrivée aux premières notes de mon duo m'a fait une terrible concurrence. Que n'êtes-vous venu un quart d'heure plus tard! Vous avez seul le droit d'entrer à une fête le lendemain, parce que vous arrivez toujours des Grandes-Indes quand vous arrivez ; et l'on a des égards pour le retardataire, en considération du chemin. Ce quart d'heure me donnait un succès fou.

— Vous avez été adorable, madame, comme au concert que vous nous avez donné l'an dernier dans votre délicieuse maison de la rue des Roses. Je n'oublierai jamais cette fête. J'arrivais des Indes, cette fois ; je n'arrive que de Londres aujourd'hui, et je n'avais pas le droit d'arriver trop tard.

— Sir Edward, M. Ernest de Lucy demande à vous être présenté. Dans nos concerts il se fait ténor ou baryton pour me seconder à merveille. »

Ernest de Lucy et sir Edward échangèrent un salut de présentation.

« Vraiment, dit sir Edward en partageant ses regards entre la comtesse et M. de Lucy, vous me donnez de vifs regrets ; il m'est bien pénible de penser que je vous ai entendue chanter votre duo pour la dernière fois...

— Quelle idée, sir Edward ! dit la comtesse ; pour vous donner un démenti, nous vous le chanterons demain à ma maison de campagne, après la célébration du mariage du colonel Douglas et de ma chère Amalia.

— Comtesse Octavie, au lever du soleil je serai déjà bien loin d'ici....

— Oh ! vous êtes révoltant, sir Edward ! vous abusez de la locomotion !... Eh ! que venez-vous donc faire ici, au coup de minuit, comme un fantôme de votre Anne Radcliff?

— Comment ! vous ne le devinez pas, belle comtesse ! dit Edward sur le ton innocent du badinage ; je traversais la mer, j'allais aux Indes ; on m'a dit que la comtesse Octavie allait chanter un duo de Rossini, au bord du golfe, et j'ai fait jeter l'ancre un instant pour vous écouter et danser avec vous.

— Non, sir Edward; parlons sérieusement, puisqu'on ne danse pas. Une idée vous a conduit ici ; mes yeux ne se trompent jamais; vous avez remis à votre consul un pli énorme lorsque vous êtes entré. Vous avez même fait cela fort adroitement pour tout le monde, excepté pour moi.

— Ah! vous êtes mon maître, madame ! je m'incline devant votre intelligence. Vos yeux ne se contentent pas d'être beaux, ils sont redoutables de toutes les manières. Puisque vous avez tout vu, je ne veux rien nier. Voici donc le but de mon débarquement au bord de l'Hermus. Le ministre m'a confié des dépêches pour notre consul.

— Et il paraît, sir Edward, que vos dépêches sont très-importantes, puisque votre consul a quitté le bal en emmenant avec lui le colonel Douglas?

— Oui, madame, j'ai remarqué cela aussi.

— Sir Edward, avec vos yeux indiens vous n'avez pas percé l'enveloppe du pli ministériel?

— Oh! je respecte les secrets d'État.

— Mais vous les devinez dans l'occasion?

— Non, madame, j'attends que tout le monde les connaisse pour les deviner. C'est alors qu'ils deviennent obscurs.

— La conversation sur les dépêches se prolonge entre votre consul et le colonel Douglas. La belle fiancée a des inquiétudes : heureusement on la reconduit au quadrille. Voici une nouvelle contredanse. Sir Edward, cela ne vous détourne pas beaucoup de la route des Indes ; puis-je vous engager cinq minutes comme danseur?

— Par habitude, madame, j'oublie toujours de refuser. Je ne changerai pas mes mœurs au premier ordre qui me vient de vous. »

Sir Edward et la comtesse Octavie se placèrent au quadrille ; et, dans les intervalles des figures, l'entretien continua.

« Comment trouvez-vous notre jeune mariée, sir Edward? dit la comtesse, vous qui arrivez du Lancastre, où la beauté des femmes console de l'absence du soleil.

— Madame, dit sir Edward, ma réponse est dans votre demande. Votre jeune amie, cette Grecque charmante, a fort heureusement échappé à la beauté classique de son pays, et son visage a corrigé, par la grâce des contours, l'exactitude glaciale du profil droit. Ses yeux d'iris, lumineux et limpides, ont une pensée dans chaque regard; ils sont doux et vifs, et promettent un avenir plein de calme ou d'orage, au choix de l'époux. L'île de Paros n'a pas dans ses carrières un filon blanc et pur comme son cou et son front. Il faudrait lui chanter en chœur ce refrain grec : « Femme, laisse tomber tes voiles « et demande des autels! » On dirait, madame, que votre amie est aussi votre sœur.

— Ah! sir Edward, vous analysez fort bien les ouvrages grecs....

— Et je les traduis en français, à la fin, comme vous voyez, madame.

— Oui, vous avez l'habitude d'être galant, sir Edward....

— C'est une habitude que j'ai prise dans les déserts de l'Afrique et de l'Asie. Vraiment, madame, vous êtes injuste, et vous me traitez en Européen; moi, galant par habitude, comme un dandy de *Kensington-Garden*, ou du boulevard de Gand! J'ai passé la moitié de ma vie avec des matelots, et l'autre moitié avec des tigres et des éléphants. On apprend une singulière galanterie en pareille société!

— Oh! sir Edward, ne vous faites pas si Robinson Crusoé! Nous connaissons la douceur de vos mœurs sauvages. On a publié à Londres vos histoires secrètes. Vous avez apprivoisé des tigresses à cheveux blonds....

— Madame, j'ai passé toute ma vie au grand soleil,

et mes histoires sont claires comme le jour. Si j'avais eu l'art d'apprivoiser une tigresse, elle serait à mes côtés aujourd'hui, et elle porterait mon nom.

— Comme vous êtes sombre en disant cela, sir Edward !

— C'est un nuage qui me traverse l'esprit, et que l'air de la danse a dissipé.... Vous m'effrayez, madame ; vos yeux saisissent au vol un éclair ! on ne vous confierait pas une dépêche, scellée du lion et de la licorne, comme on me la confie, à moi, pauvre innocent. Une enveloppe de parchemin ministériel serait transparente pour vous comme un tissu de crêpe chinois.

— Sir Edward, je crois que nous jouons au plus fin.

— Alors, madame, j'ai perdu en commençant le jeu.

— Dansez-vous ordinairement, sir Edward ?...

— Quelle question, madame !...

— Une question comme une autre.... Dans une contredanse, avec ces interruptions continuelles, il est impossible de tenir un entretien suivi.... On parle au hasard.... Je ne me rappelle plus ce que je vous ai demandé.

— Madame, voici ma réponse à votre question oubliée : je danse toujours dans un bal.

— C'est encore une habitude que vous avez prise avec votre société du désert.

— Vraiment, madame, vos lèvres et vos yeux parlent à la fois, avec deux paroles et deux pensées différentes ; je n'écoute que vos yeux, et je ne les comprends pas....

— Vous les comprenez trop, sir Edward ! dit la comtesse d'un ton sérieux qui succéda sans transition à la feinte légèreté du badinage. Écoutez, sir Edward, et voyez si je devine la situation.... En ce moment, vous n'êtes pas mon danseur, vous êtes mon geôlier.... Oh ! vous avez beau sourire et regarder le plafond à la case des énigmes, vous me comprenez.... Il se trame quelque chose d'infernal contre ma jeune amie Amalia.... L'étourdie, elle danse!... Et moi aussi je danse, et je ne suis pas là où il faut être pour la défendre!

— Madame, dit Edward avec un calme digne, contenez-vous encore quelques instants, tous les regards sont fixés sur vous; il y a de l'inquiétude sur les visages de notre quadrille : on va croire que je vous ai insultée.

— Oh! ceci devient horriblement clair! dit la comtesse sans écouter les paroles d'Edward. Regardez au fond des salles.... il y a une agitation menaçante.... les domestiques du colonel Douglas courent partout avec un empressement significatif. Sir Edward, vous avez prêté votre nom et votre main à une ténébreuse machination!.... Un gentilhomme, c'est infâme! »

Le bruit de la danse, le murmure éclatant des paroles, le fracas de l'orchestre, couvraient la voix de la comtesse Octavie; elle n'était entendue que d'Edward. La figure de la jeune femme avait des éclairs de colère, lancés à propos dans les yeux de son danseur; puis elle reprenait subitement le plus adorable des sourires pour donner le change aux voisins. Sir Edward, qu'aucune voix d'homme ou de bête fauve, aucun rugissement du ciel, de la terre et de l'Océan, ne pouvait émouvoir, tremblait en écoutant cette voix de femme qui, même dans son expression irritée, gardait sa mélodie de grâce et d'amour.

La contredanse finie, sir Edward conduisit la comtesse vers le coin de la salle où Amalia venait de s'asseoir; et, chemin faisant, il avait bégayé, avec l'émotion d'un criminel, ces paroles peu significatives :

« Madame, si votre langage eût été plus clair, j'aurais répondu, j'espère, à votre satisfaction; je suis incapable d'une déloyauté. Bientôt l'événement répondra pour moi.

— Oui, aux Indes, » dit la comtesse.

Et elle salua sir Edward; et, traversant la foule d'un pas rapide, elle chercha M. Edgard de Bagnerie, pour connaître le résultat de la commission qu'elle lui avait donnée.

« Madame, lui dit Edgard, voici ce que j'ai vu : Le comte Élona était dans la plus vive agitation, mais personne ne le remarquait; tous les yeux étaient fixés sur vous et sir Edward. Il est sorti sur la terrasse pour respirer un peu de fraîcheur, car la fièvre empourprait son visage. En ce moment, un homme vêtu à la créole, et qui avait des yeux de flamme sur une figure de cuivre, s'est approché du comte Élona et lui a remis un billet. Un entretien vif et court s'est établi entre eux. Une détermination subite a été prise; ils ont quitté la terrasse et se sont dirigés vers la mer. Je les ai suivis. Le comte Élona s'est embarqué sur le canot du paquebot anglais. A cette heure, il est à Smyrne, sans doute, et je l'y trouverai au lever du soleil, si vos ordres l'exigent.

— Nous verrons. Merci, » dit la comtesse Octavie avec une voix sourde.

Et elle monta aux appartements pour trouver le colonel Douglas, dont la longue absence ne justifiait que trop les pressentiments sinistres.

Le colonel, le consul anglais et le tuteur d'Amalia se promenaient au pas de course dans une galerie, lorsque la comtesse parut subitement au milieu d'eux.

« Un coup de foudre! madame, dit le colonel en élevant ses mains croisées sur son front.

— Un coup de foudre prévu, dit Octavie d'un ton strident.

— Prévu, madame! oh! vous êtes injuste dans votre pensée! Comment prévoir cet ordre du ministre? Lisez, madame, la dépêche.....

— Je l'ai lue, colonel, avant le ministre qui l'a écrite.

— Madame, le service de Sa Majesté.....

— Le service de Sa Majesté, colonel, peut attendre huit jours, et vous allez partir aujourd'hui, j'en suis sûre.... n'est-ce pas? »

Un silence de quelques instants suivit ces paroles.

Le tuteur d'Amalia prit un ton calme et dit :

« Les intérêts de Mlle Amalia sont sauvegardés.

— Oh! voilà bien le langage d'un tuteur, dit la comtesse avec un sourire fou : on donne la dot comme la rançon de la liberté du mari!...

— Mais, au nom de Dieu, madame, dit le colonel, lisez la dépêche.... Voilà ma justification.... L'ordre du ministre est formel, inexorable.... Il ne me laisse pas une heure de liberté.... Savez-vous bien, madame, qu'une heure perdue peut mettre en péril la vie de dix mille soldats? La province de Nizam est en feu. Nos meilleurs officiers ont péri. L'armée de Golconde n'est plus qu'un corps sans tête. De sinistres nouvelles sont parvenues au *Foreign-Office*. On m'a fait l'honneur de me croire nécessaire; il faut que je réponde à la confiance du roi. Il faut que je parte pour cette guerre lugubre, où tant de jeunes et nobles têtes ont disparu. Voulez-vous que, pour mon cadeau de noces, je donne à ma femme un veuvage à peu près certain? Voulez-vous que je l'entraîne avec moi sur ce théâtre de désolation et de mort? Voulez-vous que je sois son époux d'un jour et que je l'abandonne le lendemain en ne lui laissant que mon nom? Soyez juste, comtesse Octavie, si vous êtes vraiment l'amie d'Amalia, soumettez-vous comme moi, comme nous tous, aux terribles exigences du moment et attendez avec nous ce que nous réserve l'avenir. »

La comtesse Octavie croisa les bras sur sa poitrine haletante, inclina sa tête sur l'épaule gauche et lançant au colonel la pointe acérée d'un regard, elle dit :

« Colonel, vous n'aimez pas Amalia; voilà tout ce que m'a prouvé votre discours

— Madame, en ce moment, vous pouvez m'accabler de toutes les manières. Je ne sais pas ce que j'aime, je ne sais pas ce que je déteste; je sais que le plus impérieux devoir, que la plus terrible mission m'appelle à l'autre bout du monde, et que ces deux mains doivent être libres de tout lien pour tirer mon épée du fourreau. »

A ces mots, le colonel s'inclina respectueusement, et entra, suivi du consul, dans un salon voisin.

Le tuteur d'Amalia se rapprocha de la comtesse, et lui dit :

« Au reste, dans tout ceci, madame, les intérêts de notre belle enfant sont sauvegardés.

— Oh! monsieur, s'écria la comtesse, n'êtes-vous pas honteux d'avoir déjà dit cela une fois? »

Elle descendit à la salle de bal en murmurant des paroles sourdes qui ressemblaient à une menace, et qui peut être aussi formulaient quelque énergique détermination.

L'orchestre s'était dégarni depuis longtemps, la majeure partie des invités avait suivi les musiciens; la fête ne finissait pas : elle s'écroulait.

Amalia causait tranquillement dans le dernier groupe composé d'intimes. A voir le calme de la jeune fiancée, on aurait dit qu'elle ignorait encore son malheur, et qu'il n'y avait autour d'elle personne d'assez hardi pour le lui annoncer.

Au premier signe de la comtesse, Amalia quitta le groupe, et les deux amies, enlacées l'une à l'autre, sortirent sur la terrasse.

« Je sais tout, ma chère Octavie, dit Amalia, sur le ton de l'indifférence; ainsi, vous n'avez plus rien à m'apprendre.

— Comme elle le prend à l'aise! dit Octavie; c'est impossible, mon ange, tu ignores encore quelque chose. Sais-tu que le colonel part avant le lever du soleil?

— Oui.

— Avant le mariage?

— Oui.

— Et qu'il va se battre aux Indes?

— Oui.

— Et qu'il ne t'épouse pas?

— Oui.

— Voilà quatre *oui* merveilleux, mon ange! dit la comtesse en s'inclinant devant Amalia. C'est de la philosophie grecque toute pure, et je ne la comprends pas.

— Mais dites-moi, ma belle Octavie, donnez-moi un conseil; à ma place, que feriez-vous?

— Je m'opposerais au départ du colonel. Il y a une justice à Smyrne, comme partout.

— Vous feriez un procès à un homme pour le forcer à vous épouser?

— En ce cas, oui; je ne balancerais pas. Je sommerais le consul de sa nation de me rendre justice à l'instant.

— Oh! quel scandale, chère Octavie! vous ne réfléchissez donc pas.

— Amalia, dit la comtesse en s'animant à chaque mot, Amalia, ce n'est pas la perte d'un mari que je déplore pour toi en ce moment; à ton âge, avec ta beauté, on trouve à chaque bal un mari qui vaut toujours mieux que celui de la veille. Aujourd'hui, ce qu'il y a d'ineffaçable, de malheureux, d'accablant, c'est le ridicule. Demain, tu seras la fable de la ville; on se moquera de toi chez les consuls; après le rire viendra la médisance; après la médisance la calomnie. La calomnie! entends-tu, mon ange?... Enfant, tu crois que le monde raconte les choses comme elles arrivent. Ce ne serait pas assez amusant pour le monde. Il est trop ennuyé pour se contenter de l'histoire; il lui faut le mensonge. Demain, le monde te déshonorera.

— Je me résigne, chère Octavie; il faut subir le monde comme il est. Le colonel Douglas est libre de tout engagement; je ne dirai pas une parole, je ne ferai pas un geste pour le retenir.

— Tu ne l'aimais donc pas, le colonel Douglas?

— Quelle question? Vraiment, Octavie, je ne te reconnais plus; on dirait que c'est toi que le colonel abandonne....

— Tu ne l'aimais donc pas?

— A peine l'ai-je vu trois fois dans ma vie.... J'attendais d'être sa femme pour essayer de l'aimer.

— Quel sang-froid de jeune fille! c'est désespérant! »

La comtesse s'éloigna de quelques pas, et, reprenant ensuite sa place à côté de son amie :

« Ma chère ange, dit-elle, tout bien réfléchi, je te félicite sur ta résignation. Il est impossible de recevoir plus gaiement un coup de foudre.... »

Elle fit un charmant sourire; et, prenant les mains d'Amalia, elle ajouta :

« Que je suis folle, moi!... Dans la maison, tout le monde est fort calme; les intéressés donnent l'exemple de la plus stoïque résignation; moi seule je m'irrite fort mal à propos pour le compte d'autrui.... C'est stupide! Amalia, voici ton tuteur, je te laisse entre ses mains; je te rejoindrai bientôt, et nous partirons ensemble pour ma maison de campagne, où tu passeras la belle saison.... Il faut que je fasse mes adieux à sir Edward, qui traverse la terrasse avec l'intention de s'éclipser totalement. »

Malgré son habileté féline dans l'art de dissimuler la direction de ses pas, sir Edward ne put échapper à la douce main de la comtesse Octavie.

« J'ai l'amour-propre de croire, sir Edward, dit-elle avec une grâce exquise, que vous cherchez la comtesse Octavie pour lui dire adieu?

— Madame, vous devinez toutes mes pensées ; aussi je ne prendrai plus la peine de penser devant vous, je parlerai.

— Sir Edward, vous ne me garderez pas rancune de la scène de mauvaise humeur que je viens de vous faire. Un départ est une espèce de mort ; il doit en avoir les privilèges ; on se pardonne le passé avant de se dire adieu.

— Madame, je ne me pardonnerai jamais d'avoir écouté tranquillement cette justification d'un tort imaginaire.

— Donnez-moi le bras un instant, sir Edward ; je veux que le monde sache que nous nous quittons bons amis.... Sérieusement, sir Edward, vous partez avant le lever du soleil ?... Vous me regardez d'un air.... Oh ! ne craignez rien, je ne vais pas recommencer ma scène de drame.... Tantôt j'ai cédé à je ne sais quel accès de colère stupide.... Vous partez donc ?

— Madame, chaque minute perdue ici coûte la vie à vingt soldats aux Indes.

— Vous exagérez l'importance du colonel Douglas. Il n'y a pas d'homme indispensable en ce monde ; pas même vous, sir Edward. Alors, si le colonel Douglas n'existait pas, l'Inde anglaise s'écroulerait ? Cela n'est soutenable que dans les romans.

— Mais, madame, le colonel connaît cette guerre du Nizam dans tous ses ténébreux secrets ; il....

— Ah ! brisons là, sir Edward ; les discussions ne servent qu'à ne pas se convaincre mutuellement. Parlons d'autre chose.... Quand nous reverrons-nous à Smyrne, sir Edward ?... Vous cherchez votre réponse dans les étoiles ?....

— Madame, mon destin est de voir et de ne jamais revoir.

— Eh ! mon Dieu, changez donc votre destin. Voir

est un plaisir, revoir est un bonheur. Pourquoi sacrifiez-vous de gaieté de cœur la plus douce de ces deux choses?

— Je crains le bonheur, madame ; je le crains comme un ennemi inconnu.

— Eh! que cherchez-vous donc à travers le monde?

— Le malheur. J'aime les choses faciles à trouver. »

La comtesse inclina sa tête en arrière avec une ondulation de cygne; ses boucles de cheveux noirs laissèrent à découvert son front et ses tempes, et ses yeux fixés sur le visage d'Edward brillèrent d'un éclat plein de tendresse et de séduction. Elle choisit, dans le clavier de sa voix, les notes les plus veloutées ; on aurait cru entendre le suave et mystérieux accompagnement de l'orchestre, au trio final du *Comte Ory*.

« On va chercher le malheur bien loin, sir Edward, dit-elle, lorsque le bonheur qu'on ne cherche pas est dans le voisinage! Il y a partout de nobles cœurs qui comprennent les nobles âmes ; partout des mains amies prêtes à serrer de généreuses mains ; partout des rayons de soleil et des rayons d'amour, des fleurs sous les pieds, de l'ombre sur la tête, des mélodies pour les oreilles, de doux paysages pour les yeux. Voyez comme ce pays est beau! Ici, on se sent vivre avec extase. Il y a dans l'air une fête continuelle, formée de toutes les charmantes choses de la nature, de tous les caprices de Dieu. Ces arbres, ces collines, ces rivages, ce golfe, sont pleins de voix joyeuses qui disent, dans des harmonies sans fin, que tous les êtres de cette création aiment, sont aimés, sont heureux. L'homme qui foule ces fleurs, à la clarté de ces étoiles, et qui n'éprouve au cœur que le besoin de poser son pied sur la planche d'un navire, invente un crime sans nom : il a l'ingratitude d'un premier ange damné ; il avilit son intelligence, il insulte le ciel. »

Edward baissa la tête et garda ce silence qui signifie :
« Je suis de votre avis, mais je ne devine pas pourquoi
vous me dites cela. » La comtesse attachait obliquement
sur lui un regard tendre et interrogateur.

Forcé de parler pour être poli, Edward dit à la comtesse :

« Vos idées sur la vie sont justes à vingt ans : à vingt
ans je pensais comme vous. Malheureusement j'ai vécu,
j'ai voyagé, je me suis perverti. En avançant en âge, on
a deux torts : celui de vieillir et celui d'avoir raison.
Nous commençons à voir clair dans les choses de ce
monde, lorsque notre vue s'affaiblit.

— Ah! sir Edward! dit Octavie avec une de ces voix
d'ange qui attendriraient un démon, ah! mon pauvre
philosophe, vous parlez comme un homme qui n'a jamais
eu la patience d'attendre un lendemain! Il n'y a pas de
bonheur à la minute. Votre pas est trop rapide; le bonheur ne peut vous atteindre, il est boiteux. Essayez un
jour de vous arrêter sous un arbre du chemin; au premier relais, oubliez de demander une voile ou un cheval;
attendez.... Sir Edward, vous avez une haute expérience
de ce monde, je le sais.... cependant, croyez-le bien, il
y a dans votre profond savoir un coin ténébreux voilé
par l'ignorance.... Si, par exemple, une femme amoureuse du merveilleux, et séduite par l'éclat de votre histoire, n'attendait qu'un mot de vous pour vous donner
son affection, vous ne la devineriez pas, vous ne la comprendriez pas. Les hommes supérieurs sont ainsi faits.
Les gens médiocres ne doutent jamais de rien, eux. Ils
ont l'audace qui échoue ; et vous, messieurs, vous n'osez
prendre l'audace qui réussit.... et puis, vous voulez avoir
l'orgueil d'être malheureux; et vous courez le monde
pour insulter la vie par des railleries amères! Cela est
injuste, sir Edward. La vie est un travail intolérable,
j'en conviens, quand on le fait seul. Pour vivre, il faut
être deux.... Essayez un jour d'être deux, sir Edward.

— Madame, les essais ne m'ont jamais réussi, dit Edward avec un sourire charmant et une légèreté de ton qui dissimulait une soudaine préoccupation, occasionnée par les paroles étranges d'Octavie.

— Tant mieux ! sir Edward, dit la comtesse ; le hasard a plus d'esprit que vous ; il a retardé vos succès pour les faire plus beaux.

— Madame, dit Edward d'une voix qui se timbrait d'émotion, en toute autre circonstance, je prolongerais jusqu'au lever du soleil un entretien plein de charme pour moi ; mais je vois beaucoup de mouvement devant notre canot.... Il faut un devoir aussi impérieux que le mien, pour que je me croie obligé de regarder d'autres choses lorsque vous êtes là, devant moi, madame, avec votre grâce de femme, votre mélodie de paroles, votre formidable beauté.... Au nom du ciel, madame, fermez vos lèvres et vos yeux ; laissez-moi fuir une seconde fois ! Adieu, comtesse Octavie, adieu pour toujours.

— Non, sir Edward, je ne reçois pas votre adieu. Vous ne partirez pas, dit la comtesse avec un accent mêlé de haine et de tendresse, vous ne partirez, sir Edward, qu'après avoir assisté au mariage du colonel Douglas.

— Demandez-moi ma vie, madame, et je prierai Dieu de vous la donner ; mais ne me demandez pas l'honneur. Le colonel doit partir à l'instant même, et je dois le suivre aux Indes. »

Sir Edward se dégagea vivement du bras d'Octavie, qui fit un geste de menace, accompagné du double éclair de ses yeux.

« Sir Edward, dit-elle avec une voix sourde et stridente, vous voulez ma haine ? Vous l'aurez ! vous l'aurez terrible, acharnée, inexorable, jusqu'à la mort !

— Madame, je veux ce que veut le ciel. »

Et il s'avança vers le rivage d'un pas ferme et résolu.

Le fidèle Indien Nizam attendait sir Edward.

« Nizam, lui dit-il, le jeune comte Élona est-il à bord?

— Oui, sir Edward, vos ordres sont exécutés ; je lui ai donné votre cabine. Seulement, d'après l'avis du capitaine, le comte Élona ne pourra monter sur le pont qu'au milieu de la nuit, jusqu'à notre arrivée en Égypte; il sera prisonnier dans sa cabine pendant le jour. J'aurai soin de lui.

— C'est bien, » dit Edward.

La comtesse Octavie était encore immobile à la place où l'avait laissée Edward. L'agitation convulsive de son corps annonçait un désespoir suprême. A l'éclat de ses yeux, au désordre de sa chevelure, à la majesté orageuse de son visage, à la pose superbe de ses bras nus, on aurait cru voir une jeune prêtresse d'Homère évoquant les mânes des héros sur les rivages de l'Hermus.

Le grave tuteur d'Amalia vint distraire la comtesse Octavie de ses sombres méditations.

« Ah! vous voilà, madame! dit ce tuteur; je vous trouve enfin.... Eh bien! tout s'est passé à merveille. Notre demoiselle a supporté la crise jusqu'au bout avec un bon sens au-dessus de son âge. Au reste, il n'y a rien de perdu. Le banquier Lhéman nous doit douze mille livres sterling. Les intérêts d'Amalia sont sauvegardés.

— Voilà une belle fête ! dit la comtesse avec une voix de rêve étouffant. Monsieur le tuteur, je n'ai pas entendu un seul mot de ce que vous avez dit ; aussi je vous prie de ne pas répéter votre phrase. Donnez-moi votre bras et partons. Nous trouverons Amalia sur notre chemin. »

II

A Golconde.

La grande place de Dondy, à Golconde [1], a un aspect charmant ; on ne saurait mieux la comparer qu'à la *Piazza del Campo*, à Sienne, surtout à cause de l'effet que produisent les façades à briques rouges, entre l'ombre mobile des arbres et l'éblouissante irradiation

---

[1] Hydrabad, sous le nom de Golconde, était autrefois la capitale du royaume de Télingana. Nous lui donnons ici son ancien nom. Une petite ville voisine, regardée comme la citadelle d'Hydrabad, est encore aujourd'hui appelée Golconde. C'est dans cette ville que fut fondée l'association des Taugs, en 1812. C'était après les conquêtes de lord Cornwallis, et quelques écrivains anglais croient que le but principal de la secte, et surtout de son chef, était politique encore plus que religieux. On voulait anéantir les conquérants et les Indiens renégats qui avaient embrassé leur cause. L'époque de la naissance des Taugs semble, par sa date, justifier cette assertion. Elle est clairement indiquée, cette époque, dans l'ouvrage que le capitaine Taylor a publié en 1840, et qui a pour titre : *Confessions of a Taug*, avec une épigraphe dont le sens est celui-ci : *J'ai entendu raconter et j'ai lu beaucoup de fables monstrueuses ; mais ce que je vais écrire à mon tour surpasse toute fiction* (*Law of Lombardy*).

M. Taylor m'a raconté, à Marseille, quelques incidents de cette guerre, et il a mis à ma disposition un album fort curieux, représentant divers sites et plusieurs scènes de la guerre qui a désolé la province du Nizam. Mon but n'était pas de raconter exclusivement une longue histoire, mais voulant me borner à peindre et à lier à une autre action quelques épisodes de la fin de cette guerre, je me suis servi plutôt des récits de ses principaux acteurs que des rares articles publiés par les revues anglaises.

L'orthographe que j'ai donnée au mot *Taug* indique assez la manière dont les Anglais le prononcent dans notre langue

du soleil. Deux *mandars* ou pagodes aux coupoles coniques, trois mosquées aux dômes arrondis, et plusieurs maisons de nababs, avec leurs balcons, leurs kiosques, leurs vérandas, encadrent admirablement cette place et lui donnent ce caractère indien primitif, qui s'efface aujourd'hui peu à peu devant la colonisation de l'Occident.

Un seul édifice rappelle l'Europe, sans nuire toutefois à l'effet général du tableau, car il est tout voilé par un rideau de tamariniers, et ce n'est que par une éclaircie de verdure, habilement ménagée, qu'on peut lire sur la façade cette enseigne : *West-India hotel*. Il y a toujours grande affluence d'étrangers dans cette auberge européenne. Elle est bâtie sur le modèle d'Adelphi à Liverpool, et la cuisine de *Star and garter* de Richmond y fraternise avec les plats extravagants de l'Indien et du Chinois : on trouve sur la carte le potage de tortue et le potage de nids d'oiseaux, la colline de bœuf rôti et l'entrée innocente de bourgeons de frêne et de racines de nénufar. Le land-lord ou maître-d'hôtel est en costume de bal et porte des diamants de Golconde à tous ses doigts ; les domestiques sont habillés comme le chef, moins les diamants ; les chambres ont des meubles d'acajou, lumineux comme des miroirs, des lits, des nattes, des hamacs, au choix des voyageurs ; un assortiment complet de parfums et de savons de Windsor, des persiennes légères qui tremblent au moindre souffle sur le balcon des kiosques, et sont les grands éventails de l'hôtel.

On célébrait sur cette place la fête indienne de Dourga, déesse de la destruction.

L'idole, ornée de ses formidables attributs, s'élevait sur un piédestal au milieu d'un cercle de hideux fakirs, immobiles comme des figures de bas-reliefs. L'air retentissait du concert aigu formé par tous les instruments que l'Inde a inventés pour déchirer les oreilles des hommes et des dieux. Les jeunes baloks, les belles ran-djénys, dansaient la *natche* nationale avec une furie d'élan et un dévergondage effrénés, au son du *baunk*, la trompette du Bengale, et du *bansy*, la flûte de bambou; tandis que les sarada-caren, accompagnés de l'aigre *sitar*, chantaient les amours adultères de Kistna et la délivrance de la belle Sita, ravie par le monstre de Ceylan. Une foule immense applaudissait avec des sifflements de boas à ce concert de cuivres et de voix de démons, aux tours de force des jongleurs qui pirouettaient à la cime des bambous, aux danses de l'orgie, à ce spectacle infernal donné au peuple en l'honneur de la déesse de la destruction.

Des groupes de voyageurs européens passaient à travers cette foule avec un dandysme superbe; de jeunes femmes créoles, l'ombrelle négligemment posée sur des épaules nues, mêlaient leur éblouissante carnation à ce tourbillon cuivré de chair sauvage, à ces flots de bronze vivant. Par toutes les issues, on voyait s'entr'ouvrir les rideaux soyeux des *mohhafas*, les palanquins des femmes riches, et descendre, dans tout l'éclat des étoffes et des pierreries, les filles, les épouses, les concubines des nababs. Kiosques, balcons, vérandas, portiques de bois de sandal, terrasses des pagodes, étaient inondés de spectateurs : mosaïque mouvante formée de tous les épidermes et de tous les costumes de l'univers, où se déployaient partout les larges ailes des *pankas*, agités par des milliers d'esclaves libres, pour répandre une fraîcheur d'emprunt aux heures incendiaires du milieu du jour.

L'attention des spectateurs européens qui se promenaient sur la place se fixait avec une curiosité singulière sur le balcon d'une maison opulente, bâtie à côté de l'hôtel de *West-India*. C'était la résidence du nabab Sourah-Berdar, le plus riche marchand de pierreries de Golconde, par excellence la ville des diamants.

Ce nabab, après les victoires de lord Cornwallis, n'avait pas balancé, pour conserver ses mines, à déserter le culte de Siva. Il était devenu l'ami de ses conquérants, et ses maisons de ville et de campagne servaient souvent d'hôtellerie ou de corps de garde aux officiers de cipayes et aux voyageurs.

Cependant, malgré ses diamants et son apostasie, ce n'était point lui que la foule regardait. Le nabab, étendu nonchalamment sur une natte, fumait le *gourgoury-houka*, et ne prêtait qu'une attention fort distraite à la fête de la déesse indienne. Près de lui étincelaient, sur une figure d'ange dorée au soleil indien, deux yeux noirs d'une dimension surhumaine, et qui ne permettaient pas aux regards de l'Européen de descendre jusqu'au triple collier de pierreries, roulé sur un sein de quinze ans. Le corps svelte et suave de la jeune fille se voilait, avec un mystère diaphane, sous le sari de soie à franges brodées; et le châle de crêpe chinois, semé de fleurs et d'oiseaux, laissait dans leur nudité lumineuse des épaules d'or de sequin. Un concert d'admiration, formé de toutes les langues de l'Europe, s'élevait du pavé de la place au balcon du nabab, et la belle Indienne, sensible à ces hommages, répondait par des sourires célestes et des regards veloutés et limpides à l'enthousiasme de ses adorateurs. Il semblait que Dieu, qui a créé tant de femmes diverses, avec un luxe de complaisance digne de lui, venait d'en inventer une nouvelle, toute parée de charmes inconnus, pour renverser l'idolâtrie de la déesse Dourga.

La civilisation et la conquête opèrent, à notre insu, chaque jour de singuliers miracles ! Cette jeune fille qui, le siècle dernier, aurait adoré Siva et porté au front le signe blanc des sectateurs de ce dieu, était, un peu après 1830, une demoiselle aussi bien élevée qu'une princesse européenne; elle avait reçu à Calcutta la plus brillante éducation, dans le palais de sir William Bentinck, d'où le nabab, son père, ne l'avait rappelée qu'à l'âge de treize ans.

Dans le groupe d'Européens qui sont debout sur le balcon, à côté du nabab et de sa fille, nous n'en distinguerons que trois, et il nous suffira de les entendre causer pour les reconnaître. Nos trois personnages portent le modeste costume blanc du pays du Soleil ; mais, à la distinction de leurs visages, à l'aisance gracieuse de leurs manières, il est facile de voir qu'ils appartiennent au monde élégant du Nord.

« Sir Edward, disait le plus jeune, je ne comprends pas quel est le but de la politique anglaise, en autorisant à perpétuité ces bacchanales indiennes.

— Comte Élona, vous êtes bien intolérant. Que diable voulez-vous que fassent ces pauvres Indiens ? L'Angleterre ne doit pas se mêler de leurs plaisirs ; elle se mêle de leurs affaires, c'est le plus essentiel. Voulez-vous que lord Bathurst envoie aux Indes une collection de Caligulas, de Nérons, de Domitiens anglais, pour établir des ateliers de supplices depuis les Cinq-Rivières jusqu'à Ceylan ?

— Non, sir Edward ; mais il me semble qu'en tolérant ce fanatisme effréné, l'Angleterre s'expose à subir quelquefois de sanglantes déceptions.

— C'est un malheur, comte Élona. L'Angleterre porte aux Indes un gant de velours sur une main de fer ; ceux qui ne veulent pas sentir le gant ne tardent pas à sentir la main.

— Sir Edward, le colonel Douglas, qui nous écoute, ne paraît pas être de votre avis.

— Comte Élona, dit le colonel, hier encore je pensais comme sir Edward.

— Ah ! colonel, dit Edward, je suis fâché de n'avoir pas dit cela hier.

— Sir Edward, dit Douglas, vous serez de mon avis demain.

— Je ne demande pas mieux, colonel, si vous me donnez de bonnes raisons.

— Je vous donnerai des faits, sir Edward.

— Oh! je m'incline toujours devant les faits.

— Sir Edward, dit le colonel après une pause, je cherche partout dans la foule votre brave Nizam, et je ne le vois pas; il est pourtant arrivé à Golconde?...

— Oui, colonel; il s'est arrêté à la baie d'Agoa, où je l'avais envoyé quand nous avons relâché à *Cape-Town*. Il a vu nos amis de la Floride et il est venu me rejoindre à Golconde.

— Il me serait fort difficile, sir Edward, de donner un nom à la position que Nizam occupe auprès de vous.

— C'est une position qui n'a pas de nom; elle tient le milieu entre le serviteur et l'ami. Le serviteur et l'ami trompent parfois; le milieu ne trompe jamais.

— Vous m'avez souvent dit qu'il a fait déjà la guerre du Nizam.

— Son surnom l'indique assez.

— Il pourra peut-être nous rendre quelques services; n'est-ce pas, sir Edward?

— Colonel Douglas, mon brave Nizam n'attend pas qu'on lui demande des services pour les rendre, et il ne rend que ceux qu'on ne lui demande pas.

— Connaît-il la maison du nabab Sourah Berdar, sur la frontière des possessions anglaises?

— Nizam connaît tout ou ne connaît rien, à mon choix.

— Sir Edward, vous parlez en énigmes aujourd'hui.

— C'est ainsi, colonel Douglas. Je parle comme les événements; tout est obscur autour de moi. On nous dit que le pays de Nizam est en feu. Nous arrivons à Bombay; on nous affirme que le pays est tranquille.

Première obscurité. A Smyrne, vous manquez donc un mariage superbe pour venir pacifier le pays. Hier, j'accours à votre ordre, ordre solennel s'il en fut; j'arrive à Hydrabad, que vous appelez Golconde; je crois qu'une bataille avec les Taugs va s'engager. Le ton de votre lettre respirait la guerre, nous trouvons Hydrabad ou Golconde dans toute la gaieté rassurante d'une fête indienne. L'obscurité se complique. Bien plus, vous ajoutez que le résident anglais a été invité à cette fête de Dourga par le souverain d'Hydrabad, et que la même invitation avait été adressée à tous les Européens. Vous avez donc compris qu'il n'y avait aucun péril pour vous et pour nous tous, puisque vous n'avez pas balancé à vous livrer à la merci d'une ville habitée par cent mille brigands cuivrés. Ici les ténèbres se condensent. Enfin, j'avais supposé naturellement que vous étiez descendu au palais de notre résident britannique, lequel palais ne fait flotter son drapeau qu'à la fête de Dourga, de Kisna, ou de Siva; et je vous trouve installé en ami dans cette maison, chez le nabab Sourah-Berdar, qui vend des pierreries, et expose sa fille, comme enseigne, à la porte de son comptoir. Ici mes yeux se voilent, et le grand soleil augmente encore ma cécité.

— Attendez donc la nuit, sir Edward, vous serez guéri.

— Ah! vous tournez à la plaisanterie, mon cher colonel. Vraiment, je vous admire. C'est pour vous que je me suis mis en hostilité mortelle avec la belle comtesse Octavie; que j'ai quitté Smyrne, dont je voulais faire ma Capone, pendant une longue semaine au moins! que j'ai accepté la moitié des malédictions données par l'Asie Mineure à votre paquebot; que j'ai distillé l'ennui indien soixante-cinq jours à Bombay, avec des Arabes et des Chinois! Et maintenant voici ma récompense : vous m'invitez à la fête de Dourga, et vous me proposez des énigmes sur le balcon d'un nabab. »

Le colonel fit un signe d'intelligence à sir Edward, et marcha nonchalamment vers l'angle le plus reculé du balcon, pour parler sans crainte d'être entendu. Le comte Élona causait avec le nabab et sa fille.

« Sir Edward, dit le colonel en s'appuyant sur la balustrade dans l'attitude d'un spectateur ennuyé, sir Edward, vous voulez me faire parler avant l'heure; eh bien ! je parlerai....

— C'est inutile, colonel. Votre intention me suffit. Je sais tout ce que vous voulez me dire, vous ne m'apprendriez rien. Je sais le motif qui vous a fait rompre violemment votre mariage à Smyrne; je sais que la province du Nizam était tranquille lorsque j'ai quitté Londres avec les dépêches que vous avez sollicitées vous-même par vos puissants amis du *Foreign-Office* ; je sais aussi que la guerre des Taugs se rallume d'Hybrabad au Mysore; que cette fête est une fête de mort; que cette place publique est pleine de fanatiques indiens, nos intraitables ennemis, et que la hache magique de la déesse Deera s'aiguise à cette heure sur la pierre d'Hyder-Allah, le *Lion de Dieu*. Vous voyez, colonel, qu'il est inutile de prolonger notre entretien. Si vous avez vos espions aveugles, moi, j'en ai un sous la main qui a toujours les yeux ouverts, et c'est avec ses yeux que j'ai l'habitude de regarder. »

Le colonel posa sa main sur le bras de sir Edward, et, se relevant comme fatigué d'une attitude pénible, il s'avança vers le nabab avec une nonchalance pleine de naturel. « Nabab Sourah-Berdar, dit-il, à quelle heure vos porteurs de *mohhafa* sont-ils appelés ce soir? »

Le nabad retira lentement le bec d'ambre du *houka* de ses lèvres, regarda le ciel et dit :

« Après le coucher du soleil, colonel Douglas.

— Nous vous ferons bonne escorte jusqu'à votre habitation de Nerbudda, seigneur nabab.

— Les jours du danger sont passés, colonel Douglas, dit le vieux Indien du ton d'un homme qui ne croit pas beaucoup à sa parole.

— Oh! je sais bien qu'il n'y a rien à craindre aujourd'hui du côté des Taugs. Ces démons de nuit sont rentrés aux enfers.... Mais là-bas, dans les plaines, il y a toujours, sur les bords de la rivière, quelque tigre à l'abreuvoir ; et nous ne voulons pas qu'une griffe insolente déchire les rideaux du palanquin de miss Arinda. »

Une voix plus harmonieuse que l'instrument indien qui prêtait son nom à la jeune fille du Mysore s'éleva sur le balcon.

Arinda replaça ses pieds nus dans ses petites sandales d'odalisque, et donnant à son col une inflexion gracieuse :

« Colonel Douglas, dit-elle, vous avez toujours de bonnes idées. Les heures noires ne me font pas peur, mais j'aime les précautions. Avec une escorte de cent cipayes choisis par vous, on ne craint ni les bêtes ni les hommes fauves, et notre voyage est une promenade entre deux soleils. Votre Hydrabad est inhabitable : vous avez beau l'appeler Golconde, il reste Hydrabad. A la première brise du soir, partons. »

Le ton impérieux de jeune reine qui accompagna ces paroles était adouci par une exquise contraction de visage, que l'on pourrait appeler un sourire d'or.

« Miss Arinda, dit le colonel avec une voix légèrement émue, je vais donner mes ordres, et, comme ce sont les vôtres, ils seront encore mieux exécutés. »

Le colonel Douglas et sir Edward descendirent sur la place, et se séparèrent après avoir échangé quelques paroles et fixé l'heure du départ.

Sir Edward fut aussitôt abordé par Nizam, qui depuis longtemps suivait tous les mouvements des personnages du balcon de Sourah-Berdar.

Sir Edward et Nizam étaient si habitués à vivre et à penser ensemble, qu'ils auraient pu se dispenser de se servir de la parole pour se communiquer leurs réflexions. Ils s'étaient élevés, par des efforts de perspicacité merveilleuse, à la hauteur de l'intelligence des grands quadrupèdes indiens, ceux qui agissent de concert, dans les moment de crise, avec un ensemble admirable, sans avoir besoin des lettres d'un alphabet. Les signes même, la langue des muets, étaient supprimés entre eux. C'est d'ailleurs la plus dangereuse des langues, en public surtout, lorsqu'on est entouré d'ennemis qui peuvent vous comprendre de loin, en écoutant avec les yeux.

En se plaçant à côté de Nizam, devant un groupe de danseurs, sir Edward prit une attitude nonchalante qui figurait, pour le serviteur indien, un point d'interrogation. Ce signe, formé par tout le corps, était traduit par cette phrase :

« Nizam, qu'y a-t-il de nouveau ? »

Nizam, les yeux tournés vers les danseurs, poussa un grand éclat de rire qui signifiait pour sir Edward que l'heure était sérieuse et menaçante ; et tout à coup le serviteur indien mit sa main droite en auvent sur ses paupières, pour se donner un prétexte naturel de jeter un regard au soleil qui l'incommodait dans ses plaisirs de spectateur, et ce regard, retombé sur la terre, embrassa rapidement la foule, la place, la fête, et rebondit à l'horizon des montagnes et du désert.

Edward battit des mains sous l'estrade des danseurs, avec une figure pleine de surprise et de gaieté. L'entretien venait de s'épuiser en moins d'une minute ; tout était compris.

Des Indiens hideux et sombres, des fakirs à face de mandrilles, des spectres nus et chauves, tatoués de blanc sur un visage de laiton, passaient et repassaient avec des ondulations convulsives et des râles sourds et stridents.

Le signe tranquille tombé du visage serein d'Edward demandait à Nizam :

« Est-ce un Taug, celui-ci ?

— Oui, répondait Nizam, courbé par un enthousiasme menteur devant les danses indiennes.

— Et celui-ci ? poursuivait Edward.

— Oui.

— Ce batteur de riz ?

— Oui.

— Ce joueur de *sitar* ?

— Oui.

— Ce fakir ?

— Oui. »

Sir Edward croisait les bras et inclinait sa tête ; tout son corps, moins sa bouche, disait à Nizam :

« Voilà une belle collection de Taugs ! »

Cependant, la fête arrivait à sa fin avec le jour. L'idole Dourga s'agita sur son piédestal, et des cris furieux s'élevèrent dans toute la ville avec tant de force, que les antiques maisons d'Hydrabad, déjà réduites en poudre par le vent et le soleil, tremblèrent sur leurs fondements d'argile. Vingt fakirs venaient de soulever l'informe statue de la déesse de la destruction, et ils l'emportaient vers la porte occidentale de la ville, à travers des rues étroites, sombres et lépreuses. Cent mille Indiens formaient le cortége, et tous les volcans de l'univers, réunis sur un point du globe et faisant éruption à la fois, auraient à peine dominé le fracas inouï formé par cette population en délire, accompagnée de tous les orchestres de l'enfer.

On arriva au sépulcre destiné à la déesse, selon le rit indien : c'est un gouffre ténébreux, où deux cascades se croisent, tombent et fument. L'idole Dourga y fut précipitée aux acclamations furibondes de tout Hydrabad ; des fakirs, enlacés l'un à l'autre, saluaient d'un regard d'amour le firmament bleu de l'Inde, et suivaient leur divinité dans l'abîme en s'élançant par-dessus les massifs de bambous, au milieu du nuage d'écume qui flottait sur la trombe des grandes eaux.

Un éclair de crépuscule annonça la nuit. La foule, silencieuse après le sacrifice, regagnait la ville. Cette armée d'Indiens, nus et cuivrés, ressemblait alors dans les ténèbres à un fleuve de bronze en fusion, que traversaient à la nage des troupeaux d'éléphants chargés des hideux fantômes de l'olympe de Siva.

Pourtant, ils ne rentraient pas tous à Hydrabad, ceux qui venaient de détruire, pour l'honorer, la déesse de la destruction. Par intervalle, des ombres se détachaient du flanc de cette foule, et suivaient les sentiers solitaires qui ne conduisaient pas à la porte d'Hydrabad.

L'allure de ces ombres n'annonçait ni des laboureurs, ni des béraidjes, ni des batteurs de riz, laborieux habitants des fertiles jardins de Golconde : leur démarche avait quelque chose de solennel et de mystérieux, et dans les éclaircies de cotonniers blancs, lorsqu'un rayon d'étoile tombait sur leur front, il était facile de voir, à la faveur de cette délation lumineuse, que ces spectres indiens n'appartenaient point à la classe des agriculteurs : leur tête haute semblait se détacher des choses terrestres ; elle ne regardait que le ciel, comme pour lui demander une sainte inspiration, à l'heure suprême du péril ou de la mort.

Aux limites de la plaine d'Hydrabad, ces mystérieux Indiens, arrivés isolément par mille sentiers, se réunirent et se parlèrent bas, comme si leur souffle eût été un langage. Le chef donna un signal, et ils s'élancèrent tous, comme un vol de démons, vers les montagnes du couchant.

Une caravane d'Indiens et d'Européens suivait à peu près la même direction, mais par une grande route pavée de briques et bordée de beaux arbres, comme tous les chemins routiers du Bengale. Les constellations marquaient minuit au cadran du ciel. Une brise délicieuse montait de la rivière et entr'ouvrait mollement les rideaux des palanquins. Les soldats cipayes marchaient avec joie à la fraîcheur de la nuit et à la clarté des étoiles. Deux cavaliers allaient le pas et causaient à voix basse, pour respecter le sommeil d'une jeune voyageuse endormie dans son alcôve mouvante, à leur côté.

« Oui, comme vous le remarquez fort bien, sir Edward, disait le colonel Douglas, il y a des heures solennelles où l'on dit tout. Les étoiles semblent même nous exciter à l'indiscrétion.

— Colonel, on est obligé de causer la nuit, lorsqu'on ne dort pas; et, si l'on cause longtemps, on devient indiscret.

— D'ailleurs, sir Edward, nous sommes en péril de mort; en descendant de cheval, nous courons la chance d'être étranglés par le foulard d'un Taug; il faut donc que je vous explique ma conduite, afin que vous l'expliquiez aux autres, si je meurs.

— Et si vous sortez vivant de cette guerre, justice que vous rendra le ciel, croyez-vous, colonel, que vous n'aurez pas besoin d'un autre genre de justification ?

— Oui, je vous comprends, sir Edward. A Londres, mes ennemis diront que j'ai épousé Arinda pour ses diamants.

— Et vos amis l'affirmeront.

— A Londres, ils n'ont aucune idée de la femme bengali et du croisement des races....

— A Londres, cher colonel, ils ont depuis trente ans devant leurs yeux la figure verte et molle du fils de Typoo-Saïd, et ils croient que le beau sexe du Mysore a des faces de ce vert.... On dira que vous avez quitté Amalia pour épouser une mine de diamants.

— Moi qui donnerais tous les diamants de Golconde pour ce rayon de soleil, ciselé en femme, qui dort dans ce palanquin!

— On ne vous croira pas, cher colonel. Le monde est comme cela. Si vous donniez tous les diamants de Golconde, le monde dirait qu'ils sont faux.

— Eh! que faut-il faire alors, sir Edward?

— Supprimer le monde et prendre la jeune fille malgré ses diamants, comme on épouse une femme aimée malgré ses défauts.

— Sir Edward, à ma place, épouseriez-vous la fille du nabab?

— Je l'épouserais.

— Sans réflexion?

— Non, avec réflexion. Je l'épouserais pour consacrer, par mon exemple, le système du croisement des races, sans lequel l'intelligence humaine doit périr. Je l'épouserais pour faire une chose qui contrarie l'opinion de Londres. Je l'épouserais pour créer une pluie de diamants au bénéfice de ceux qui manquent de pain.... Vous voyez que j'agirais avec réflexion.

— Et puis, je l'aime! je l'aime!... c'est un amour déjà vieux de deux ans; un amour qui a traversé les mers, qui a résisté aux séductions de Londres, qui m'a fait rompre à Smyrne, par un stratagème peut-être déloyal, un mariage forcé. »

En ce moment les rideaux du palanquin s'entr'ouvrirent du côté opposé au vent de la nuit, et deux yeux superbes étincelèrent sur un fond d'étoffe sombre.

« Colonel Douglas, dit une voix douce et affaiblie par le sommeil, où sommes-nous à présent?

— Devant les ruines de la pagode de Djéni, sur la grande route de Mundesur et aux bords de la rivière Mozé.

— Ah! nous avons fait bien peu de chemin!... J'ai

cru entendre le tigre ; c'était un rêve, n'est-ce pas, colonel ?

— Nous sommes deux cents autour de votre palanquin, miss Arinda, et le tigre compte ses ennemis avant de rugir.

— Colonel, le tigre est prudent.... Il me semble que sir Edward était à côté de vous?

— Oui, miss Arinda.

— Je ne vois pas le comte Élona, votre jeune ami le Polonais.

— Le comte Élona est à cheval devant le palanquin de votre père, à cinquante pas d'ici.

— Colonel, prenez soin que les soldats ne manquent de rien. Nous avons des provisions de voyage pour mille hommes.

— Miss Arinda, vous savez que j'obéis toujours aux ordres de votre cœur. »

Pendant le colloque entre miss Arinda et le colonel Douglas, sir Edward s'était insensiblement éloigné du colonel, et il côtoyait les arbres de la route.

Un sifflement subtil comme le susurre de la sauterelle courut dans le fossé plein de gazons, et tout à coup un être humain s'élança, avec une agilité de tigre, sur la croupe du cheval, étreignit le cavalier, murmura quelques paroles à son oreille et disparut.

Sir Edward ne donna aucun signe d'émotion ; un accident naturel et prévu ne l'eût pas laissé plus tranquille.

Le colonel Douglas, qui se rapprochait de lui après avoir vu se refermer les rideaux du palanquin, ne remarqua aucun trouble dans la parole ou le maintien de son intrépide compagnon.

C'était Nizam, qui venait de souffler à l'oreille d'Edward ces paroles formidables :

« Le serpent a réuni ses tronçons, le Taug rampe et

le ; avant le soleil, on égorgera les soldats cantonnés [à] Mundesur. »

Nizam avait coupé ses beaux cheveux noirs ; il avait [jet]é au fleuve son élégant costume de créole, acheté à [L]ondres. Nu de la tête aux pieds, parfumé de tous les [ar]omates de l'Inde, recourbant ses orteils d'airain [co]mme des griffes de vautour, supprimant son haleine [c]omme un naufragé au fond de la mer, il bondissait de [c]ime en cime, avec les Taugs, depuis le dernier verger [d]'Hydrabad. Il épiait la direction de leurs regards, il [guett]ait leurs gestes, il devinait leurs pensées, il avait [e]nfin compris que la guerre sainte se rallumait de Gol[c]onde au Mysore, et que les ténèbres de cette nuit de[v]aient couvrir des sacrifices humains et des mystérieux [a]ssassinats.

« Sir Edward, dit le colonel, miss Arinda n'a rien [d]e secret à me dire. Hélas ! Je ne suis pas encore arrivé [à] ce degré d'intimité qui fait des confidences à la clarté [de]s étoiles. Vous auriez pu écouter tout ce que nous [a]vons dit.

— Colonel, dit sir Edward, j'ai poussé mon cheval [s]ur la lisière de la route, pour voir un instant les ruines [d]e cette pagode : la nuit, elles sont d'un effet superbe.

— L'an dernier, sir Edward, ces ruines étaient un [ni]d de Taugs.

— Vous savez, colonel, que les oiseaux carnassiers du [B]engale retournent à leurs anciens nids.

— Mon cheval n'a pas donné un signe d'inquiétude ; [s]es oreilles flottent sur la crinière. Mon cheval flaire les [T]augs d'une lieue.

— En votre absence, colonel, votre cheval s'est fait [T]aug, j'en suis sûr.

— Auriez-vous vu quelque tête chauve de ce côté, sir [E]dward ?

— Oui. »

Ce *oui* fut accompagné d'un sourire charmant qui aurait donné tous les frissons de terreur à un officier moins intrépide que le colonel Douglas. Un monosyllabe banal, soutenu par un sourire, peut donc devenir formidable selon la situation.

« Colonel, dit Edward avec un ton de voix et un visage grave, vous avez beaucoup de monde au poste de Mundesur?

— Cinquante soldats commandés par le brave capitaine Reynolds.

— Croyez-vous qu'ils s'attendent à être attaqués cette nuit?

— Non, sir Edward.

— Eh bien! ils seront attaqués.

— Comment le savez-vous?

— Colonel, ils seront égorgés, » ajouta Edward d'un ton sec et désolant.

Les rideaux du palanquin d'Arinda s'entr'ouvrirent une seconde fois, et un bras charmant, qui secouait à son extrémité un bracelet de pierreries, s'arrondit en dehors pour agrafer les étoffes et donner un peu de fraîcheur à l'alcôve de voyage.

« Colonel, dit Edward, escortez à pied le palanquin ; donnez votre cheval au plus fidèle et au plus intelligent de vos soldats ; il sera mon guide jusqu'à Mundesur. Nous arriverons au poste menacé avant les Taugs.

— Pas une minute de retard! » dit le colonel en descendant de cheval.

Presque au même instant, Edward et son guide s'élançaient avec la vitesse de la vapeur sur la route de Mundesur.

III

L'habitation de Nerbudda.

Les deux cavaliers avaient franchi tout l'espace que le plus rapide élan peut dévorer en quatre heures. A mille pas de Mundesur, ils mirent pied à terre, lièrent leurs chevaux à un arbre, et s'avancèrent avec toutes les précautions usitées dans cette formidable guerre de surprises, de ruses, d'embûches infernales toujours dénouées par des assassinats. Edward et son guide rampaient comme deux reptiles, en supprimant leur souffle comme deux plongeurs, toujours voilés par la verdure, et n'avançant qu'à la faveur des brises intermittentes de la nuit, pour laisser attribuer au vent l'agitation des feuilles. Ils arrivèrent ainsi au pied du *block-house* de Mundesur, à la frontière des possessions anglaises. Hydrabad et son territoire sont censés appartenir à un chef indien, lequel n'est, au fond, que l'esclave docile des conquérants du Mysore. Les naturels du pays, doués de quelque intelligence, ont deviné cette politique de gouvernement occulte, organisée par l'étranger. La guerre des Taugs le prouve bien.

Edward coiffa sa tête nue des fleurs du tulipier, se fit un masque avec une large feuille d'acanthe, imperceptiblement piquée à la place de ses yeux, et regarda le *block-house* et ses environs en laissant flotter sa tête à la direction du vent.

Le silence de ce lieu était triste et donnait un augure funèbre. Tout attestait que le poste avait perdu ses soldats; le drapeau seul s'inclinait sur la corniche, entre les sculptures de la licorne et du lion. Devant le *block-house*, une fontaine coulait avec un murmure effrayant, parce qu'il n'était jamais brisé dans sa monotonie par les mains ou les lèvres d'un soldat, dans un pays ardent, où l'eau vive est comme un ami consolateur que la souffrance appelle à son secours. Une heure écoulée, le doute n'était plus permis; il fallait changer en réalité une horrible supposition.

Cependant sir Edward attendit le lever du soleil pour se montrer à découvert dans cette campagne ennemie, où il était sans doute arrivé une heure trop tard. La clarté du jour révéla les secrets de la nuit; autour du *block-house*, il n'y avait pas une goutte de sang sur les gazons, mais les feuilles des arbres et les fleurs sauvages élevées au-dessus du niveau des hautes herbes, portaient l'empreinte d'une résistance convulsive, et attestaient les efforts suprêmes d'une agonie au désespoir. Il paraissait évident que la petite garnison, endormie dans une sécurité imprudente, et ne croyant plus au retour des hostilités, avait été surprise et enlevée par une meute de Taugs.

Sir Edward jeta un regard mélancolique sur l'horizon du midi, formé par de hautes montagnes arides, et dont les antres recélaient sans doute les cadavres des victimes et l'armée des assassins. Ce regard était l'adieu donné aux morts.

Edward et son guide rentrèrent dans le chemin qu'ils avaient déjà parcouru, et remontèrent à cheval pour se rendre à l'habitation de Nerbudda.

Le colonel Douglas entendit le galop des chevaux dans l'avenue et s'élança d'un pas lent, avec la fièvre à l'âme, pour serrer les mains de sir Edward.

« Pas un mot de ce que vous avez vu à qui que ce soit, » dit Edward à son guide en lui donnant son che-

al ; puis s'adressant à Douglas, le sourire sur les lèvres :
— Eh bien, mon cher colonel, je me suis égaré dans la campagne ; c'est ma faute, j'avais pris un guide. Donnez-[m]oi des nouvelles du seigneur nabab et de miss Arinda.
— Sir Edward, dit le colonel, point de détour ; personne ne peut nous entendre. La famille prend son repas [a]u matin. Dites promptement ce que vous avez à me [d]ire. Votre gaieté m'annonce des malheurs....
— Ma gaieté ne ment pas : tout a péri. Nous sommes [ar]rivés une heure trop tard.
— Tous morts ?
— Tous, mon cher Douglas ! et pas une goutte de sang !
— Oui, c'est la guerre. Les Taugs ont horreur du sang humain ; ils étranglent.... Oh ! cette horrible guerre [n]e finira donc jamais !... Je vais écrire à sir William [B]entinck.
— Colonel, sir William Bentinck est à Calcutta ; il [v]ous faut des troupes demain !
— J'ai les garnisons voisines, c'est suffisant pour [tr]ois mois ; mais la guerre va prendre un caractère [a]troce et gagner tout le pays intérieur de la pres-[qu]'île.... Cette maudite fête de leur déesse Dourga les fanatisés !... Voilà bien les conséquences du système [d]e Whitehall !... La douceur, la tolérance religieuse, la [c]olonisation pacifique !... Oui, avec des bandits, des [as]sassins !.... Je voudrais voir messieurs les clercs du *Foreign Office* dans la province de Nizam, prêchant [l]eur théorie de tolérance à ces démons de Taugs !... [C]omme il est aisé d'être philanthrope, lorsqu'en ou[vr]ant sa croisée le matin on voit le jardin de White[h]all et la statue de Jacques II !... Mon Dieu ! il y a un [s]ystème de tolérance bien plus simple, abandonner les [I]ndes et venir faire le commerce entre le pont de Lon[dr]es et Kensington-Garden ! Nous laisserons les Taugs

vivre en paix avec leur déesse Dourga.... En 1812, on recommandait la même tolérance au lieutenant Monsell. On envoyait des bibles aux Taugs, et les Taugs étranglaient nos plus braves officiers à chaque ballot de bibles ! Vingt ans d'expérience n'ont corrigé personne.... N'importe, il faut faire notre devoir de soldat jusqu'au bout, sans murmure, sans repos, dans une héroïque obscurité : se battre aux étoiles et dormir au grand soleil.

— Colonel Douglas, dit Edward, tout ce que vous dites est fort sensé ; mais les clercs de Whitehall ne nous entendent pas, et pourtant il faut prendre un parti. Nous voilà, je crois, au centre de la guerre.

— Au foyer, sir Edward.

— Votre quartier général est établi à Nerbudda, chez le nabab ?

— Oui.

— Nous devons laisser ignorer au nabab tous les événements, n'est-ce pas ?

— Oh ! le nabab ne doit rien savoir, rien, sir Edward.

— Voilà une singulière existence qui nous attend. Il faut venir au cœur du Bengale pour vivre ainsi. Le jour, nous serons d'heureux et nonchalants campagnards, faisant de longs repas, cultivant la Flore indienne, déchiffrant des partitions, peignant un paysage, élevant des oiseaux-pêcheurs pour la chasse aux étangs. Pour ma part, je remercie Dieu qui m'a fait arriver à cette vie de mon goût par trois gradations : d'abord je me suis voué au service d'un seul ami, puis au service d'une famille, enfin au service d'une armée. Il n'y a que le premier pas qui coûte dans la carrière de l'obligeance. Aujourd'hui, j'exerce ma profession en grand, et je me souhaite des imitateurs.

— Un conseil, sir Edward, dit le colonel en serrant les mains de son compagnon ; sur quel pied devons-nous ivre avec le comte Elona ? Ne trouvez-vous pas qu'il est embarrassant ?

— Le comte Élona mènera la vie que nous menons ; c'est sa faute si cette vie ne lui convient pas. Il s'est embarqué furtivement à Smyrne avec nous, et à votre insu, pour se dérober à un malheur mystérieux qui est encore son secret. Proscrit, toute terre lui est bonne ; toute patrie est la sienne ; tout péril doit le trouver prêt. Il est brave, résolu, sombre et peu causeur ; c'est donc l'homme des guerres de nuit. Nous l'enrôlons. Je réponds du comte Élona.

— Tout est dit, sir Edward ; les croisées et les oreilles sont ouvertes devant nous. »

L'habitation de Nerbudda donne à l'Européen la plus haute idée du luxe des nababs. Elle est bâtie en pierres blanches, et ses murs sont épais comme ceux d'une forteresse ; cependant le style de son architecture ne manque ni de grâce ni de légèreté. La solidité massive de l'édifice est déguisée par des sculptures, des corniches à jour, et des balcons aériens avec des balustres en bois de santal. Le toit a la forme d'un cône écrasé : quatre rangs de supports le séparent du corps de logis, et permettent à l'air de circuler librement dans un grand espace. Aussi les étages supérieurs se dérobent à l'action verticale des rayons du soleil, qui n'embrase qu'une toiture inhabitée, espèce de bouclier levé contre la chaleur. Les salles basses ont banni les meubles lourds et étouffants : le bois de nancléa s'y entrelace en mille formes sveltes et capricieuses pour tous les besoins de la sieste, du recueillement, du repos et de la causerie nonchalante. Les gerbes d'eau vive, les persiennes des balcons, les grandes ailes des *pankas*, y entretiennent une fraîcheur éternelle, dans un demi-jour plein de volupté.

Le colonel Douglas et sir Edward entrèrent la joie au front, et prirent place à la table du nabab.

« Seigneur Sourah-Berdar, dit Edward en acceptan
un plat de riz *benafouly*, j'ai voulu voir les ruines d
temple de Doumar-Leyna, et je me suis égaré en chemin

— Les ruines de Doumar-Leyna, dit le vieux nabab
sont dans la montagne, à quarante milles de Nerbudda.
Vous avez commis une grande imprudence, sir Edward
et fort inutilement, je vous assure, parce que votre guid
est un cipaye de Ceylan, et il ne connaît pas nos che
mins.

— Il faut donc une bonne escorte, seigneur nabab, si
l'on veut voyager sans imprudence de ce côté? dit Edward avec une indifférence très-marquée.

— Sans doute, sir Edward.

— A cause des tigres…

— D'abord, à cause des tigres, sir Edward…

— Oh! ce sont pour moi de vieux amis…

— Oui, sir Edward, dit miss Arinda en croisant ses
bras nus sur la table avec une exquise nonchalance; oui,
mais il y a d'autres animaux dans la montagne, qui sont
vos vieux ennemis.

— Ah! » dit Edward d'un air ébahi.

Et il continua d'enlever les grains de riz à la pointe de
l'aiguille avec la dextérité d'un Chinois.

« Vous dites : *Ah !* poursuivit la jeune Indienne d'un
ton moqueur, on voit bien que vous arrivez de Londres….
Tenez, connaissez-vous ce quadrupède…. là…. regardez…. »

Edward suivit l'indication du doigt d'Arinda, et vit sur
la muraille une gravure anglaise fort connue à Londres,
et représentant un Taug. Il regarda longtemps, et de
l'air d'un homme qui cherche un nom oublié pour le
mettre au bas d'un portrait anonyme.

« Vous ne reconnaissez pas cela, sir Edward! dit la
jeune fille en croisant ses jolies petites mains d'ivoire
doré.

— C'est le *sea-bishop* (l'évêque de mer), si je ne me trompe, » dit Edward avec un naturel parfait.

Miss Arinda laissa éclater un rire fou, dont le timbre était bien en harmonie avec la carnation de la jeune Inne. On aurait cru entendre rouler une cascade de perles sur des lames d'or.

Edward se leva vivement pour examiner la gravure de plus près.

« Il est vrai que l'on pourrait s'y méprendre comme sir Edward, dit le colonel Douglas. Ce Taug, avec son air mystique, son front chauve taillé en mitre, et sa hache de Déera, ressemble assez bien de loin à un évêque de mer.

— Ah! c'est un Taug! dit Edward en se frappant le front; on a beaucoup parlé des Taugs à Londres. J'ai vu un drame au théâtre d'Adelphi, sur les Taugs : la scène se passe dans l'Inde, sous le règne d'Alexandre le Grand, quelques siècles avant Jésus-Christ. »

Et il ajouta lestement :

« Seigneur nabab, le riz *benafouly* est le meilleur de l'Inde : je le préfère au riz de Mangalore, dont le grain est pourtant plus fort..... Pardon, miss Arinda, vous croyez donc qu'il y a encore des Taugs dans les montanes de Doumar-Leyna?

— Certainement.

— Des Taugs fossiles?

— Des Taugs vivants comme vous et moi, sir Edard.

— Oui.... peut-être.... il est à présumer, dit avec nsouciance le colonel Douglas, que la dernière guerre a aissé là-bas quelques ermites.

— Mon père vous affirmera, dit miss Arinda en fixant es grands yeux sur le visage impassible d'Edward, que, e mois dernier, deux voyageurs ont été étranglés sur la oute de Mazulipatnam.

— Par des Taugs? dit sir Edward.

— Et par qui donc?...

— Miss Arinda, dit sir Edward en s'inclinant, Dieu me garde de vous contrarier! je crois à l'existence des Taugs, et je me garderai bien d'aller sans escorte à Doumar-Leyna et à Mazulipatnam.

— Toute la nuit j'ai rêvé de ces monstres-là, dit Arinda en frissonnant ; cela prouve bien qu'ils existent.

— Alors, c'est incontestable, dit Edward. On m'avait pourtant bien affirmé que la guerre était finie depuis longtemps.

— Sans doute la guerre est finie, sir Edward ; mais le vieux Sing n'est pas mort. La guerre peut donc recommencer à tout moment ; et, si elle recommence, je ne reste pas à Nerbudda, j'entraîne mon père au littoral du Malabar ou du Coromandel. Je ne dormirai pas une seule nuit dans cette habitation.

— Point d'inquiétude, miss Arinda, dit le colonel Douglas, nous veillerons pour vous. On est en sûreté ici comme à Tranquebar ou à Bombay. Nous avons derrière nous trois régiments échelonnés sur le territoire britannique. Les Taugs, s'ils existent encore, ne remueront pas. »

Le repas fini, tous les convives descendirent sur la terrasse, et furent rendus à leur liberté. Les serviteurs déroulèrent leurs nattes sur le plancher d'un *chattiram* à colonnades de bois d'érable, où l'on respirait une fraîcheur délicieuse devant un magnifique tableau.

Les yeux se reposaient d'abord sur un petit étang bordé de narcisses jonquilles et de trèfles d'eau, et sillonné dans toute sa longueur par des arabesques de nénufar blanc. A l'autre rive s'élançaient comme des fusées les tiges des cocotiers épanouis à leurs cimes en gerbes gracieuses; et, par les éclaircies de ce péristyle végétal, on voyait fuir jusqu'à l'horizon bleu une campagne où la verdure des sénevés confondait ses teintes ardentes avec la neige des cotonniers bengalis. Une pluie de lumière semblait inonder cette création immense et la faire tressaillir sous des caresses de feu. C'était le Bengale dans tout son éclat dévorant, avec son grand soleil qui donne la langueur de la force, qui tue et ressuscite, verse l'amour au cœur de l'homme, et le diamant au cœur de ses monts.

La jeune fille du nabab, à demi couchée sur la natte du chattiram, jouait avec des tulipes sauvages écloses dans les fentes du bois de santal, et les lançait par-dessus sa tête au nabab son père, qui fumait le houka non loin d'elle. Edward et le comte Élona herborisaient au bord du lac. Une foule de serviteurs, indolents comme des maîtres, étaient échelonnés sur les marches du chattiram, et s'écoutaient vivre dans une somnolence voluptueuse, fille du ciel indien.

Le colonel Douglas, debout et appuyé contre un pilastre, engageait un entretien avec miss Arinda.

« Je crois, ma charmante Arinda, disait le colonel, que ces maudits Taugs vous ont donné de l'humeur.

— Colonel, disait Arinda, voulez-vous me faire un beau présent de noces?

— Parlez, miss Arinda.

— Apportez-moi le vieux Sing dans une cage.

— Arinda, vous avez une idée fixe, vous ne rêvez que de ces bandits la nuit et le jour. Vraiment j'en suis jaloux; prenez grade! je me ferai Taug.... Voici le cadeau de noces que je vous destine, belle Arinda; je l'attends par le premier télinga qui doit nous apporter nos lettres de Bombay. C'est une garniture de perles pour vos beaux cheveux de soie. Il faut toujours choisir ce qu'il y a de plus indigent pour l'offrir à la plus riche. Cependant je suis obligé de rehausser la valeur de mon cadeau. C'est moi qui ai retiré ces perles du fond de la mer à Ceylan;

je les ai données à Hamlet, qui est à Londres le roi des bijoutiers, et qui refuserait le trône de Danemark, occupé par les fantômes ses aïeux. Hamlet a pris l'ouvrage à cœur ; il le soigne comme Dieu a soigné le soleil, et il a gravé sur l'agrafe, large comme l'œil d'un bengali, sa signature HAMLET, surmontée de ces mots si touchants, lorsque le prince de Danemark les adresse à Ophélia : *Madame, puis-je me reposer sur vos genoux* [1] ?

— Ah ! voilà qui est très-gracieux ! » colonel Douglas, dit Arinda en renversant sa tête en arrière, pour donner un regard de bas en haut à Douglas.

Dans cette position horizontale du visage, les boucles soyeuses des cheveux noirs de la jeune Indienne descendaient en se festonnant jusqu'au sol de bois de santal, et ses lèvres de corail, à demi ouvertes par le sourire, laissaient entrevoir un échantillon de perles fines inconnues aux bazars du Coromandel. Arinda ressemblait ainsi à une nouvelle fleur du Bengale, créée, à midi, par le puissant caprice du soleil, et remerciant son père céleste avec un regard de flamme lancé au firmament.

« Il me semble, dit Douglas, que je fais au grand jour le plus doux des rêves. Laissez-vous adorer ainsi quelques instants, miss Arinda. Vous êtes belle comme la fleur de la terre et le rayon du ciel. Croiriez-vous ? ô folie de l'esprit ! croiriez-vous que je vous plains, parce que vous ne pouvez pas en ce moment vous voir et vous aimer, comme je vous vois et comme je vous aime ?

— Colonel Douglas, dit Arinda avec cette gracieuse coquetterie, vertu de toutes les femmes, sans distinction de zone, de nuance ou de couleur ; lorsque j'aurai votre garniture de perles, je me ferai coiffer comme Sidónia, la nièce de sir William. Elle a des cheveux comme les miens : quand on les serre étroitement, on peut les ca-

---

[1] *Shall I lie in your lap?* — HAMLET.

cher tous dans la main ; quand on les abandonne à flots, ils enveloppent le corps, comme un *sari* de veuve. Si les perles sont très-fines, on les tresse avec les cheveux ; elles font un effet charmant ; on en laisse pendre une grappe, sous le nœud, derrière la tête ; les deux nattes se déroulent sur les tempes, arrondies et lisses comme des plaques d'ébène, mais sans mélange de perles ; elles chargeraient trop le front. Avec cette coiffure Sidonia était adorable dans un bal.... je n'avais que des diamants, moi : c'est vulgaire. Colonel, je vous remercie ; vous connaissez mes goûts.

— Je voudrais connaître vos pensées, belle Arinda....

— Ah ! c'est plus difficile, colonel ! »

Arinda prit un papillon qui venait de se poser sur ses genoux, le regarda un instant, et lui rendit la liberté.

« Colonel Douglas, poursuivit la jeune fille, j'ai attaché une pensée sur les ailes de ce papillon ; devinez-la.

— Me permettez-vous de réfléchir longtemps ?

— Non, monsieur, je vous ordonne de la deviner tout de suite.... le papillon s'est reposé en traversant le lac.... tant pis ! ma pensée a raison.... Eh bien ! colonel, avez-vous deviné ?

— Excusez-moi, charmante Arinda, je n'ai jamais étudié les mœurs des papillons.

— Colonel, je vous parle sérieusement ; répondez-moi sérieusement.

— Miss Arinda, je vais m'asseoir sur cet escalier, immobile comme un fakir, patient, muet, éternel comme lui ; passez devant moi, une fois tous les dix ans, jusqu'à la mort ; et quand j'aurai, dans mon recueillement et ma solitude, récapitulé toutes les pensées humaines, il est possible que je devine la vôtre quelque jour, et je vous la rendrai.

— Colonel Douglas, dit Arinda en inclinant la tête sur l'épaule et en donnant au doigt indicateur de sa main droite un mouvement de menace amicale, colonel, vous ne seriez pas fakir un seul jour, si je vous prenais au mot.... Oui, oui, monsieur, ouvrez vos grands yeux indigo.... Voyons si vous aurez de la franchise.... j'attendais un tête-à-tête pour vous interroger.... Dites-moi, colonel, qu'avez-vous été faire à Londres?... voyez comme il pâlit!

— Mais vous le savez très-bien, miss Arinda.... on m'a appelé au *Foreign-Office*, pour donner des renseignements sur la guerre des Taugs.... heureusement terminée aujourd'hui.

— Et pourquoi pâlissez-vous? pourquoi frissonnez-vous en me répondant?

— Je vous affirme, charmante Arinda, que je n'ai aucune émotion.

— Comme il tremble en disant cela!

— Miss Arinda, votre père est à dix pas de nous; il peut nous entendre....

— Il a peur de mon père aussi, maintenant! mais tout le fait donc trembler, ce colonel!... Heureusement, comme vous le dites, la guerre est terminée aujourd'hui.

— Miss Arinda, dit le colonel d'une voix étouffée, mais qui ne laissait égarer aucune syllabe, miss Arinda, depuis deux ans je vous aime, et tout ce qu'il y a d'amour sur cette terre de flamme, entre ces jardins et le soleil, je le sens bouillonner en moi, et je ne le sens que pour vous. Je ne vous aime pas parce que vous êtes riche, parce qu'on vous a surnommée le diamant de l'Inde, parce que vous méritez d'être assise sur le trône du Bengale, à côté du Soleil, votre époux; je vous aime parce qu'un attrait mystérieux, invincible, inexorable, m'a cloué dans la trace de vos pieds, quand je vous vis, pour la première fois, descendre de votre navire sur le sable du Coromandel. Ce fut un de ces moments d'extase qui font la vie d'un homme, et ne lui permettent plus de vivre que dans ce moment éternel. Depuis, vous le savez, j'ai fait une guerre d'extermination ; j'ai vu bien des nuits de sang et d'horreur, j'ai vu s'accomplir d'affreuses funérailles ; j'ai donné tout ce que j'avais de larmes à d'inconsolables amis ; j'ai brisé tous les ressorts de mon âme, au point de croire que j'avais enfin obtenu cette insensibilité bienheureuse qui est la récompense de ceux qui ont abusé de la douleur. Eh bien ! mon amour a traversé toutes ces ténèbres sanglantes, ce chaos de deuil et de désolation ; il est encore là, devant vous, avec l'énergie de sa première aurore. Dans cet ouragan infernal déchaîné sur mon front, toute chose qui était en moi s'est éteinte, excepté la flamme de cet amour ! Osez maintenant, miss Arinda, osez me parler avec cette contrainte glacée, avec cette méfiance injurieuse indigne de vous et de moi. Si j'ai commis une faute envers vous, c'est un crime, ayez le courage de me le jeter au front, et je le ferai descendre au cœur, à la pointe de ce poignard. »

L'arme étincela sur la ceinture du colonel.

Il y a dans la passion vraie un accent inimitable, que l'oreille la plus novice reconnaît aux premières notes. Les femmes ont la perception merveilleuse de toutes les choses qui viennent du cœur : celles qui se laissent tromper par la parodie de cet accent ne méritent pas l'honneur d'être femmes.

Arinda essuya des larmes honteuses, et cueillant une tulipe sauvage, elle dit avec un sourire céleste :

« Colonel, faisons un échange, donnez-moi votre arme, et prenez cette fleur.... Obéissez, monsieur.... C'est bien, je suis contente de vous.... Je sais aussi que vous m'aimez, colonel Douglas.... Voulez-vous que je vous cite les partis que j'ai refusés ? M. Lewis Wyatt, l'agent de la Compagnie des Indes ; M. Baretto, fils de l'associé de John Palmer ; M. Riow, qui possède quinze vaisseaux à Surate ; le major Flamstead, neveu de sir

4.

William.... J'en citerais vingt. Pourquoi les ai-je refusés? Parce que je sais que vous m'aimez, vous; que vous m'aimez pour moi, et non pour les diamants de mon père.... Maintenant, colonel Douglas, il faut revenir au commencement de notre entretien, mais sans nous fâcher, n'est-ce pas?... Savez-vous ce qu'on m'a dit à Hydrabad l'autre jour? C'est ce que je voulais vous faire deviner lorsque votre colère est arrivée au poignard.... On m'a dit qu'au mois de juin dernier, vous avez été sur le point de vous marier en Europe....

— Sans doute, dit le colonel Douglas avec beaucoup de sang-froid, c'est un de vos amoureux refusés qui vous a dit cela?

— Oui. C'est M. Riow.

— M. Riow a menti. Je jure sur l'honneur que je n'ai jamais eu l'intention de me marier en Europe.

— Je vous crois, mon cher colonel.... Ah! c'est que j'ai besoin de vous croire....

— Arinda, je jure de n'avoir jamais d'autre femme que vous.... Aujourd'hui même, j'aurai un entretien avec votre père, et nous fixerons le jour de notre mariage dans la première quinzaine du mois prochain.... J'ai quelques affaires de service à terminer dans les cantonnements voisins.... c'est une inspection pour la forme. Nous sommes en pleine paix. Mes devoirs de militaire remplis, je serai à vos pieds comme époux, ma chère Arinda.

— Mon colonel, je vous rends votre poignard.

— Arinda, j'espère bien que vous m'aimerez un peu....

— Je suis trop riche pour faire l'aumône. Quand je donne, je veux enrichir. »

On aurait dit, en ce moment, que le prédestiné au seuil du paradis avait prêté son sourire d'extase au visage de Douglas.

La jeune Indienne se leva et descendit l'escalier du

chattiram, pour laisser toute liberté à l'entretien du nabab et du colonel.

Sir Edward, qui se promenait avec le comte Élona, dit à son compagnon :

« Voilà miss Arinda qui vient dépouiller le parterre pour vêtir de fleurs ses vases du Japon ; c'est l'heure de cette toilette odorante. Comte Élona, vous êtes un peu trop sauvage ; cela n'est pas permis dans l'Inde. Allez donc offrir votre bras à la jeune reine des roses du Bengale. Je vous invite à cette politesse : elle est due à la fille de la maison.

— Sir Edward, dit Élona en souriant, il me semble que vous pouviez vous adresser à vous-même cette invitation.

— Lorsqu'il s'agit d'un plaisir à prendre, je le cède toujours à un ami. C'est l'inverse lorsqu'il s'agit d'une peine : essayez-moi. »

Le comte Élona fit un signe d'adhésion et s'avança pour recevoir miss Arinda au bas de l'escalier.

Edward, resté seul, tourna nonchalamment sur ses pieds, comme pour s'assurer qu'aucun regard n'était fixé sur lui ; ensuite il fit quelques pas dans une direction opposée à celle qu'il voulait prendre ; il côtoya l'étang, cueillit des narcisses et des tulipes sauvages, et retira des eaux, sans le moindre étonnement, une feuille de papier roulé qui ressemblait à une feuille de nénufar. Il déploya cette fleur d'espèce nouvelle en ayant soin de la dérober aux regards, sous le bouquet massif qu'il venait de composer, et les lignes suivantes furent dévorées avec tant de calme apparent, que le lecteur ressemblait au loin à un botaniste étudiant avec amour une belle collection de fleurs.

« Sir Edward, mon noble maître,

« Vous êtes arrivé trop tard à Mundesur ; c'est ma faute : j'ai couru, il fallait voler.

« J'ai assisté au dernier conseil tenu dans les ruines de Doumar-Leyna. Je sais où marchera le vieux Sing. Dites au colonel Douglas de renforcer demain les postes entre les villages de Boudjah et la montagne de Sérieh, à deux milles de votre habitation de Nerbudda. Deux heures après le coucher du soleil, inventez quelque stratagème pour faire fermer les portes de l'habitation. Le vieux Sing a prononcé le nom du nabab Sourah-Berbar. Dieu veille sur nous; veillons.

« Nizam. »

Le brave serviteur était arrivé à l'étang sans être aperçu, en rampant sous les hautes herbes. Il s'était blotti dans l'eau, la tête voilée de larges feuilles stagnantes, et il avait envoyé aux oreilles d'Edward ce sifflement léger que l'intelligence du maître distinguait si bien au milieu de tous ces murmures confus qui s'élèvent des eaux, des montagnes, des bois, sur cette terre puissante où la vie abonde, où la plante, l'oiseau, l'insecte, ont toujours quelque chose à dire aux étoiles et au soleil.

Le comte Élona et la jeune fille du nabab s'avançaient vers Edward, qui ne se laissa pas surprendre son billet à la main.

« Miss Arinda, dit-il à la distance de quelques pas après avoir serré la missive de Nizam, il est fâcheux que les bouquets les plus gros soient aussi les plus lourds. Je vous offre celui-ci, mais je le garde. Il est cueilli à votre intention, et vous le trouverez à table ce soir devant vous.

— Sir Edward, je vous remercie, dit Arinda d'un air plein de distraction et d'inquiétude, vous faites les bouquets admirablement.... Sir Edward, vous avez l'œil et l'oreille de l'Indien; n'avez-vous pas remarqué une agitation, là, dans les gazons et les bambous? J'ai vu onduler l'herbe jusque sous les arbres qui montent de l'étang à la forêt.

— Est-ce dans la direction du vent? demanda Edward d'un ton naturel.

— Au contraire, sir Edward, et c'est ce qui me donne de l'inquiétude.

— Miss Arinda, dit Edward avec une tranquillité persuasive, il est impossible de supposer qu'une bête fauve vienne boire en plein jour devant vingt personnes, à la porte d'une habitation. Je connais les animaux de l'Inde : cela n'est pas dans leurs mœurs. Voulez-vous, miss Arinda, que nous allions en chasse de ce côté?

— Non, non, sir Edward.... Si c'est un tigre, il est déjà bien loin ; si c'est un serpent, il ne vaut pas la peine de se déranger pour si peu.

— Ce doit être un serpent, miss Arinda. On a fait à ces reptiles une réputation de finesse bien usurpée. Le serpent est stupide comme un naturaliste du siècle dernier. »

Cette dissertation zoologique fut interrompue par la brusque arrivée du colonel Douglas. Il descendit l'escalier du chattiram, le visage rayonnant de joie, et serrant les mains d'Edward et du comte Élona.

« Messieurs, leur dit-il, je vous invite à signer mon contrat de mariage. Le nabab vient de fixer lui-même le jour de la cérémonie : j'épouse miss Arinda d'aujourd'hui à vingt jours, au village anglais de Boudjah. »

Un éclair de joie surhumaine éclaira le front du comte Élona. Il semblait que ce jeune homme, toujours silencieux et sombre, ressuscitait d'entre les morts. Personne ne remarqua cette transformation.

« Colonel Douglas, dit Edward exalté, cette nouvelle me comble de joie. Il me semble que je me marie. Mon système triomphe. L'Occident épouse l'Orient; le vieux sang de la vieille Angleterre va se rajeunir au cœur du Bengale. L'intelligence et la force humaine ne périront pas.... Voilà un bel exemple à suivre, comte Élona Brodzinski. Vous êtes jeune, grand, robuste; nous vous trouverons quelque fille de nabab.... Eh! vous avez assez pleuré sur les malheurs de Varsovie! Dieu sait pourquoi il fait tomber les villes, et le czar ne le sait pas. Le reflux de l'océan humain commence. Le Nord s'ennuie d'être Nord. Nous rentrons au berceau du soleil, qui est notre berceau. A cette heure le canon de la France troue l'Atlas ; les colons américains de la baie d'Agoa, et les nouveaux planteurs français de l'Afrique, bientôt se rencontreront, la charrue à la main, sous des zones inconnues, et s'embrasseront dans un hyménée de géants. Un jour on verra quelle puissante et nouvelle race d'hommes est sortie des entrailles de l'Afrique et du Bengale, de ces terres fécondes qui allaitaient les tigres, les éléphants et les lions, en appelant toujours des lèvres humaines attendues depuis six mille ans!

— Sir Edward, dit le comte Élona, ce jour renouvelle mon existence. Vous serez content de moi. Tout a une fin dans ce monde, même la douleur.

— A ce soir, messieurs, dit le colonel Douglas. Permettez-moi de conduire miss Arinda vers son père, qui l'attend.

— Sir Edward, dit Arinda, n'oubliez pas mon bouquet.

— Il s'est changé en bouquet de noces, miss Arinda; je dois l'oublier beaucoup moins. »

Edward et le comte Élona, restés seuls, eurent ensemble ce court et vif entretien :

« Sir Edward, dit le comte polonais, je puis parler maintenant, je puis vous parler à vous, qui avez un cœur noble et digne de toutes ces confidences. Savez-vous ce que je suis venu faire au Bengale?

— Non.

— Sir Edward, je suis venu me mettre dans les pieds du colonel Douglas.... En arrivant à Alexandrie, figurez-vous ma stupéfaction lorsque je vis sur le pont le colonel Douglas!... J'avais quitté Smyrne pour lui.... il n'avait donc point épousé Amalia! Je vous adressai une question timide, embarrassée.... Vous me répondîtes sans connaître l'intérêt puissant que j'attachais à vos paroles.... le mariage n'avait pas eu lieu.... Alors, je pris une résolution étrange.... avec ce titre de proscrit, qui semble justifier tous les voyages aventureux à travers le monde, je me déterminai à suivre le colonel Douglas partout! Je ne m'expliquai pas trop bien quel bénéfice je retirais de ma résolution, mais elle semblait donner un adoucissement vague à mon désespoir : cela me suffisait. Concevez-vous, sir Edward, la joie immense qui a rafraîchi mon cœur lorsque le colonel nous a annoncé son mariage avec la fille du nabab? On ne meurt pas de joie, je vis.... Maintenant, mon destin change. Ce Bengale s'écroule sous mes pieds; il faut que je parte, sir Edward : mon âme est bien loin d'ici; il faut que mon corps se lève pour la chercher.

— Comte Élona, dit Edward, dans votre discours, il faut que je devine la seule chose que vous avez oubliée.

— J'ai foi en votre intelligence, sir Edward.

— Vous aimez la jeune Grecque Amalia?... Votre silence répond.... et sans doute Amalia vous aime?... Bien! je garderai le silence à mon tour.... Enfin tous ces mystères d'Europe et d'Asie commencent à s'éclaircir.... Un fils de la malheureuse Pologne, une fille de la malheureuse Grèce, deux orphelins de deux illustres guerres!... C'était un amour inévitable et fort naturel.... il n'y a que les diplomates qui arrangent des mariages impossibles.... L'amour est plus intelligent que lord

Palmerston, quoique le noble lord se soit surnommé *Cupido*.... Eh bien! mon cher comte, que puis-je faire pour vous?

— Il faut, sir Edward, vous qui êtes plus Indien que Brama....

— Bravo! comte Élona, vous avez les plaisanteries du convalescent.... Achevez....

— Il faut que vous me trouviez un vaisseau pour mon retour.

— Je vous trouverai une flotte.... mais avant tout, comte oublieux, il faut assister au mariage du colonel.... Vous êtes invité officiellement.

— C'est bien mon intention! je ne serai complétement guéri qu'en entendant le *oui* des deux époux, prononcé en bon anglais.

— Vous êtes très-raisonnable pour un amoureux. Le lendemain du mariage, je vous apporte un vaisseau à trois mâts.

— Vous avez l'habitude d'obliger vos amis, sir Edward; ainsi je ne vous remercierai pas pour une habitude.

— Oui, comte Élona, il est trop facile de suivre une habitude. Je me suis habitué à vivre de la vie des autres ; de cette manière on centuple la durée de son existence : c'est un calcul d'égoïste. J'ai trouvé le secret de vivre plus longtemps que Mathusalem.

— Et vous, sir Edward, qui feriez un si bon mari, est-il vrai que vous ayez renoncé au mariage? Cependant vous devriez, comme chef de secte, donner l'exemple du croisement des races. C'est le reproche que vos disciples vous feront.

— Comte Élona, n'approfondissons pas mon histoire domestique à cet endroit. Les étoiles nous trouveraient ici.... J'ai trente-huit ans, et je ne suis pas marié; il est fort aisé maintenant pour moi de continuer ce système :

il n'y a que les premiers trente-huit ans qui coûtent....
et, pour vous rendre confidence pour confidence, comte
Élona, je vous avoue que j'ai toujours un certain penchant pour les femmes que d'autres vont épouser. C'est
une fatalité!... En arrivant à Hydrabad, j'ai été frappé
de miss Arinda.... Heureusement le colonel s'est prononcé.... Je vous ai parlé de miss Elmina; eh bien!
miss Arinda, c'est miss Elmina traduite de l'américain
en indien.... A Smyrne, Dieu m'a sauvé deux fois dans
un an.... Vous avez connu la comtesse Octavie? Ah!
quelle femme! je voudrais bien que Dieu me dît si c'est
un ange ou un démon.... Elle avait de plus l'attrait ir-
ritant de la jeune veuve. Oh! pour éviter cette Circé de
l'Hermus, cette sirène de l'Ionie, il ne fallait pas se fermer les oreilles avec de la cire; la cire fond, et l'on est
perdu : il fallait partir sur un nuage de vapeur, et laisser derrière soi la barrière de deux tropiques et de deux
océans!... A cette heure, la comtesse Octavie doit être
mariée, puisque j'ai failli en devenir amoureux.... Je
souhaite deux anges gardiens à son mari! Comte Élona,
pour rassurer miss Arinda, qui a vu onduler les gazons
au bord de l'étang, je vais faire ma sieste, même de ce
côté. Allez le lui dire, là-haut, dans ce chattiram. Quand
elle daignera jeter ses beaux yeux vers moi pour calmer
ses inquiétudes, je dormirai. »

IV

La veillée.

Les premières paroles qui furent échangées au repas du soir roulèrent sur le prochain mariage du colonel Douglas et de miss Arinda. Sir Edward affectait de garder ce silence morose qui provoque toujours une interrogation : elle ne se fit point attendre.

« Sir Edward, lui dit miss Arinda, vous êtes bien taciturne ; on dirait que vous avez commis une faute dont votre silence demande humblement excuse à vos convives. Dites, sir Edward, votre conscience vous reproche-t-elle quelque chose ?

— Miss Arinda, dit Edward, dès que la conversation tombe sur le mariage, j'ai l'habitude d'entrer en rêverie....

— Cela vous rappelle un oubli peut-être ?

— Oui, miss Arinda, cela me rappelle que j'ai toujours oublié de me marier.

— Oh ! vous êtes plus coupable que cela, sir Edward ! vous avez oublié mon bouquet de noces. »

Edward bondit avec une spontanéité de mouvement si naturelle, que la plus femme des Indiennes s'y serait trompée.

« Mille pardons, miss Arinda, s'écria-t-il les mains sur le front, je me suis endormi la tête sur votre bouquet de noces au bord de l'étang et j'ai laissé mon chevet sur mon lit. Vous l'aurez dans cinq minutes. »

Et il s'élança sur la terrasse de l'habitation.

Les étoiles luisaient au ciel. La campagne était pleine des harmonies mystérieuses de la nuit.

Edward rentra bientôt le bouquet à la main, et le plaça devant Arinda.

« Seigneur nabab, dit-il en se remettant à table, et d'une voix qui paraissait émue, je crois qu'il serait prudent de donner ordre aux domestiques de rentrer dans l'habitation.

— Vous avez vu quelque chose d'affreux? dit miss Arinda, les mains jointes et les yeux démesurément ouverts.

— Affreux, ce n'est pas le mot... mais, seigneur nabab, croyez-moi, faites rentrer vos domestiques. Ces gens-là sont si imprudents! ils joueraient bientôt avec des tigres comme avec des chats. »

L'ordre fut donné.

« Vous avez vu un tigre? dit Arinda.

— Noir.

— Un tigre noir?

— Il se détachait avec un relief superbe sur un fond blanc de cotonniers. »

Le colonel Douglas et le comte Élona se précipitèrent sur un faisceau de carabines. Edward se leva pour les arrêter, et laissa glisser adroitement le billet de Nizam dans la main du colonel.

« Ah! vous croyez donc que le tigre va vous attendre de pied ferme, pour recevoir une balle au front? dit Edward. Vous ne connaissez pas les tigres noirs du pays; ils ont inventé la poudre avec les Chinois; ils la flairent d'une lieue. Avant l'arrivée de lord Cornwallis au Bengale, les tigres avaient encore quelque candeur; mais depuis qu'ils ont assisté de loin aux batailles du Mysore, ils connaissent mieux la portée des carabines qu'un armurier de Birmingham. Aujourd'hui le tigre noir s'est fait maraudeur; il cherche du gibier, et ne veut plus l'être.

La nuit, autour des habitations, il rôde, pour étrangler sans péril quelque péripatéticien philosophant aux étoiles, ou quelque amoureux étourdi. Vous connaissez tous l'histoire de ce pauvre Dhéran...

— Vos histoires font peur, sir Edward, interrompit Arinda, qui avait jeté ses bras au cou de son père.

— Mes histoires font peur? tant mieux! mes histoires donnent de la prudence; mes histoires font fermer la porte des habitations; mes histoires éloignent de la gueule des tigres les jeunes et belles demoiselles qui vont se marier.

— Eh bien! racontez-nous l'histoire de ce pauvre Dhéran, dit Arinda; personne ne la connaît ici.

— C'est une histoire de circonstance, miss Arinda; et rien n'est amusant, aux veillées du Bengale, comme les histoires de tigres, lorsqu'on est à l'abri. Mon parent, le poète Thames, naturaliste peu estimé par les hommes, mais très-apprécié par les animaux, a fait, dans son poème de Typoo, une prosopopée en l'honneur de Dhéran. Je vous réciterais bien les vers originaux anglais; mais, s'il y a quelque tigre noir aux écoutes, il me garderait rancune : ces démons comprennent notre langue. Je vais vous les traduire en français. Pour les tigres noirs, c'est de l'hébreu.

— Pardon, sir Edward, dit le colonel Douglas avec un signe rapide d'intelligence, excusez-moi si je vous enlève un auditeur. J'ai quelques ordres à donner au capitaine Moss, une lettre courte à écrire; elle doit partir avant le lever du soleil... d'ailleurs, je connais les vers de Thames et l'histoire de Dhéran.

— Ne sortez pas, colonel Douglas! dit Arinda avec une convulsion de frayeur.

— Miss Arinda, je vais écrire là-haut, dit le colonel; le télingua va bientôt nous porter nos lettres; c'est son heure, et je veux que ma missive soit prête... Écoutez l'histoire de Dhéran, et vous verrez s'il me convient de sortir. »

Le colonel quitta la salle, et sir Edward récita ces vers :

> Oui, je voudrais aimer cette grande presqu'île
> Qu'un double océan baigne avec un flot tranquille,
> Que le Gange caresse, en son vol diligent,
> De ses lèvres d'azur à l'écume d'argent ;
> Mais dans ce beau pays, Éden que rien n'égale,
> Fleurit sous l'aloès le tigre de Bengale,
> Qui, sur le bonze illustre et l'esclave grossier,
> Imprime également ses deux griffes d'acier,
> Et désole, la nuit, cette terre féconde
> Où s'élèvent Delhi, Cachemire et Golconde !
> Ombre de mon ami Dhéran, le voyageur,
> Mort, sans avoir la tombe avec son ver rongeur,
> Lève-toi ! Tu partis, tout brillant de jeunesse,
> Pour offrir ton amour à quelque brahmanesse,
> Mystérieuse femme, ange de l'Orient,
> Au balcon du kiosque assise, et souriant !
> Un jour, selon le rit des prêtres de l'Asie,
> Tu menas aux autels l'odalisque choisie ;
> Et la nuit, quand le ciel et le fleuve étaient doux,
> Quand on dansait au son des orchestres hindous,
> Tu sortis pour rêver à cette nuit charmante,
> Que promit à tes vœux ta poétique amante.
> Et rêvant, tu vis luire à travers les gazons
> Deux yeux, comme Satan fait rougir ses tisons ;
> C'était un tigre noir, qui, par droit de nature,
> Cherchait pour ses enfants un peu de nourriture,
> Et te porta, gibier d'innocents appétits,
> En quatre livraisons à ses pauvres petits.

« Mais c'est affreux, sir Edward, ce que vous nous déclamez là sentimentalement ! s'écria miss Arinda. Comment ! ce malheur est arrivé à M. Dhéran !

— La première nuit de ses noces, miss Arinda.

— Et que fit la veuve ?

— La veuve voulait se brûler sur le bûcher de son

mari; mais comme on lui fit observer qu'il était impossible de brûler un mari dévoré par un tigre, elle se résigna héroïquement, et elle entra comme favorite au harem du sultan d'Hydrabad. La moralité de cette histoire, la voici. Nous habitons un pays superbe; nous respirons un air qui est la vie, un air délicieux, loin des villes, ces cimetières des vivants; nous avons la fraîcheur sous le soleil et la fécondité sans orages; nous avons des plantes et des arbres chargés de parfums, d'oiseaux et de fruits. Nous avons de grands paysages d'ombre et de lumière, des vallons recueillis, veloutés et caressants comme les bras d'une femme; de beaux lacs et de larges herbes pour savourer toutes les voluptés de l'être amphibie, s'endormir philosophe et se réveiller poisson. Nous avons tout ce que Dieu donna aux premiers hommes avant qu'ils eussent l'idée de numéroter leurs cages, et de changer en rues fétides les sillons embaumés des jardins. Seulement, à cause de la faute de notre premier père, nous ne sommes pas complétement heureux : si le jour nous appartient tout entier, la nuit ne nous appartient qu'à demi. Les formidables animaux qui ont veillé si longtemps sur la virginité du Bengale ont fui à l'approche de l'homme conquérant; mais ils se souviennent de l'ancienne mission que Dieu leur a donnée, et, dans les ténèbres de la nuit, ils courent, l'œil en flamme, la griffe aiguisée, la langue flottante aux lèvres, et rôdent autour des habitations de l'usurpateur anglais.

— Mon Dieu! dit Arinda en frissonnant, vous dites cela, sir Edward, avec un accent... il me semble que vous avez raison... Et mon père qui s'est endormi... Le colonel Douglas est ordinairement plus expéditif lorsqu'il donne des ordres... »

Edward ouvrait la bouche pour répondre; miss Arinda fit un geste vif qui commandait le silence.

On entendait un bruit extérieur qui ne rappelait rien de connu dans les murmures de la campagne. C'était un cliquetis de lames de cuivre agitées avec précipitation.

« C'est le télinga de Bombay, dit sir Edward.

— Le malheureux! s'écria miss Arinda; il demande peut-être du secours. »

Edward s'était déjà élancé vers la porte, qui fut ouverte et fermée au même instant. Le messager indien jeta dans le vestibule la boîte de fer-blanc qui contenait les dépêches, et demanda de l'eau et du riz.

Le colonel descendit précipitamment, ramassa la boîte et l'ouvrit.

Ce tumulte domestique réveilla en sursaut le vieux nabab.

« Messieurs, dit-il d'une voix de somnambule, il paraît que vos dépêches sont nombreuses, il est déjà fort tard, nous vous laissons. Probablement vous voulez lire vos lettres avant de monter à vos chambres. Nous allons vous souhaiter une bonne nuit. »

Un instant après, le colonel et sir Edward étaient seuls dans la salle et s'entretenaient à voix basse, la lèvre de celui qui parlait toujours effleurant l'oreille de son auditeur.

« Sir Edward, disait le colonel, ces dépêches sont fort longues à lire, et l'heure nous domine...

— Colonel, renvoyez cette lecture à demain.

— Une dépêche de Whitehall...

— Colonel, il y a une dépêche plus importante à cette heure...

— Laquelle, Edward?

— La dépêche de Nizam.

— Mon Dieu! je le sais... Laissez-moi parcourir à la hâte les autres lettres... je veux seulement reconnaître les écritures... Nous lirons cela demain, comme vous dites, Edward. Ah! voici du curieux!... une longue, très-longue épître de la comtesse Octavie... Vous savez, Edward, cette charmante dame qui sait rire comme un ange et chanter comme Pasta...

— La comtesse Octavie!... Ah! ceci est fort... La comtesse Octavie! elle vous écrit donc, colonel?...

— Voyez, sir Edward, voilà sa signature... et dix pages de papier noirci avec la vigueur anguleuse d'une griffe de panthère... Vous avez été son danseur à Smyrne?

— Parbleu! je m'en souviens... trop... démon de satin blanc!... Elle nous poursuit aux Indes!... Colonel, me croyez-vous poltron?

— Non, certes, sir Edward.

— Eh bien! je tremble en ce moment comme une feuille de sensitive... Cette signature m'est entrée au cœur comme un crick malais.... Colonel, il faut brûler cette lettre sans la lire... Croyez-moi, elle ne peut vous apprendre que des choses fâcheuses... Les lettres de femme, lorsqu'elles sont longues, sont toujours foudroyantes pour le lecteur... Quand les femmes ont du bonheur à vous annoncer. elles écrivent trois mots; trois lignes, c'est un malheur; trois pages, un désespoir; trois feuilles, une mort.

— Oh! mon cher Edward, je parie deviner tout ce que cette lettre contient... Il ne faut pas être sorcier pour cela... Je ne crains pas une catastrophe... Amalia se résignait à m'épouser avec le plus grand sang-froid du monde. Elle avait l'air de me subir par autorité de justice... Un jury l'avait condamnée à m'épouser... Aussi mon départ ne m'a coûté aucune peine. Je sentais qu'Amalia ne demandait pas mieux que d'être veuve avant le mariage. Sans doute, la comtesse m'écrit pour me ramener à l'autel et au *oui* fatal... Elle a été furieuse de cette rupture... Cette longue lettre est tout simplement le *post-scriptum* d'une courte malédiction qu'elle a lancée sur moi à mon départ.... Nous lirons cela demain si nous sommes vivants.

— Nous serons vivants, colonel Douglas. Je vous le promets. Je connais les mœurs de la mort. Pour être dispensé de mourir la veille, il faut avoir quelques obligations à remplir le lendemain : une lettre de femme à lire, par exemple, ou à déchirer.

— C'est résolu, nous lirons tout cela demain.

— En avant donc, mon colonel, en route.... il faut partir.

— Sérieusement, Edward, vous continuez votre service dans l'expédition?

— Eh! que voulez-vous que je fasse ici? Si vous aviez une guerre européenne, régulière, je serais peut-être un embarras pour vous ; mais je puis très-bien me mêler à vos rangs, comme amateur, sans déranger votre stratégie.... C'est ainsi que j'ai déjà fait vingt campagnes contre les tigres, les lions et les éléphants : vos Taugs sont de la même famille; seulement le naturaliste Saavers ne les a pas classés. »

Le colonel répondit par un sourire et un geste d'adhésion, et fit un signe qui signifiait : « Suivez moi. »

Ils montèrent l'escalier. Le colonel ouvrit une croisée dont le balcon était comme suspendu sur un abîme de verdure, du côté du couchant. Les rameaux des grands arbres flottaient contre la façade, et les feuilles jouaient avec les lames des persiennes. Une échelle de corde était liée au balcon. Douglas et sir Edward descendirent avec la promptitude et l'audace de gens exercés à grimper aux cimes des palmiers et aux mâts des vaisseaux.

Partout les hauts gazons amortissaient le bruit des pas du colonel et d'Edward. Nos deux amis, lancés dans les allées naturelles de la forêt, semblaient lutter de vitesse pour gagner le pari d'une course.

5.

Le colonel Douglas courait sur un terrain connu, et tous les accidents de ces sentiers mystérieux et sauvages lui étaient familiers comme une grande rue de Londres.

Après deux heures d'élan furieux, il s'arrêta sur la lisière d'une forêt, au bord d'un lac.

« L'étoile de Léby n'est pas levée sur le mont Sérieh, dit-il à Edward. Les Taugs sont encore dans leurs antres. Les Taugs ne marchent qu'aux rayons de cette étoile. »

Il regarda la campagne, sombrement illuminée par les grandes constellations indiennes, et dit : « Mes ordres ont été exécutés; le capitaine Moss est là. Ce palmier à demi décoiffé me l'indique. Les palmiers sont nos télégraphes. Nous choisissons toujours les plus élevés. »

V

Les Taugs.

Le costume d'Edward et du colonel appartenait, à peu de chose près, au genre primitif. Dans cette étrange guerre, le vêtement était une chose de luxe et d'embarras; toute nuance d'étoffe était une délation. Ils avaient à leur ceinture une paire de pistolets et un poignard, peints de couleur sombre sur les canons et les pommeaux.

La vieille pagode de Miessour étale ses horreurs au bord de ce lac. C'est une petite colline de ruines où la pierre se voile de mousse, d'euphorbes, de genêts et d'aloès ; par intervalles surgissent quelques énormes têtes de dieux indiens, dont le granit métallique a repoussé toute végétation, et qui conservent encore aux étoiles la hideuse immobilité que leur donna l'architecte mahratte d'Aureng-Zeb. Quand la clarté des astres, tamisée par le feuillage des lentisques, descend nébuleusement sur les faces rudes de ces simulacres, on croirait voir les géants de l'Iliade indienne de Ravana sortir des tombes pour recommencer la guerre de Ceylan. Ce paysage lugubre est souvent animé par des tigres noirs qui recherchent un piédestal de leur nuance, s'allongent en sphinx, et recourbant, avec une grâce efféminée, la griffe droite sous leur langue humide, rendent le vernis de l'ébène à leur fourrure dévastée après une orgie de sang ou d'amour.

« Dans cette guerre, dit le colonel à l'oreille de sir Edward, tout nous sert de signal ; les bêtes fauves même sont nos auxiliaires. Vos yeux sont excellents, Edward : vous avez la perception féline des mystères de la nuit. Regardez ces ruines, là, de ce côté, à cinq cents pas. Que voyez-vous ?

— Attendez, dit Edward, en s'appuyant avec nonchalance sur le tronc d'un arbre, les deux mains verticalement posées sur sa ceinture, attendez, Douglas.... Voici ce que je vois.... de belles ruines.... fort belles. C'est le style du temple détruit de Brambânan, à Java, qui s'élevait au pied du volcan nommé *Mara Api* (colère du feu). Ces poétiques Indiens excellent dans les appellations ! Ils se seraient bien gardés, eux, de nommer un volcan Vésuve ou Etna, ce qui ne signifie rien du tout.... Quand la brise soulève ces grands panaches de verdure flottante et les replie du côté opposé, je vois très-bien, à l'aide des étoiles, ce superbe travail d'architecture. Cependant je dois vous dire, mon cher Douglas, que je lui préfère le temple de Soukou à Java, près de Solo. Ce temple annonce une civilisation supérieure à la civilisation grecque ou romaine : car, à mon avis, un grand peuple se révèle par son architecture. Rome a laissé le testament de son génie sur la page ronde du Panthéon. Or, les Indiens....

— Mon cher Edward, dit le colonel en fermant la bouche à son interlocuteur, vraiment, vous parlez avec une tranquillité superbe ! Croyez-vous que je vous ai conduit ici pour écouter un cours d'architecture indienne ?.... Avancez un pas ; faites-vous éclipser par ces massifs de verdure ; écartez doucement les petits rameaux avec le bout du doigt, comme si vous étiez le zéphyr, et regardez ce qui se passe entre la statue d'Indra et un tronçon d'Iravalti.... Répondez-moi avec le souffle.

— Ah !.... oui.... c'est lui.... il est charmant dans cette pose.... il fait un groupe avec un goût parfait.... un beau tigre noir.... d'une belle venue !.... Saavers l'a surnommé le tigre Néron.... il manque à la collection de Londres.... il fait sa toilette de nuit, avec une griffe caressante comme la main de la comtesse Octavie.... On les vend cinq cents guinées au marché de Java.... S'il veut se vendre, je l'achète à ce prix.... Douglas, me permettez vous de faire cent cinquante pas, et de l'acheter gratis avec une balle au front ?

— Gardez-vous-en bien ! ce tigre est mon espion.

— Ah ! ceci est fabuleux !

— Attendez un instant, et vous verrez. »

Le tigre continuait sa toilette avec un soin de détails et un calme débonnaire qui annonçaient une conscience pure de remords. Il déposait, avec de molles ondulations de tête, l'écume de sa langue sur sa griffe, et distribuait cette essence fauve du sommet des oreilles à l'extrémité des narines. Tout à coup l'animal frissonna sur toute la longueur de l'épine de son dos, et des étincelles jaillirent de ses poils. La griffe caressante s'arrêta brusquement à la hauteur de l'œil droit ; les oreilles se courbèrent sur les tempes ; les narines flairèrent le vent. On entendit un râle strident, sourd, prolongé, comme le son d'un orgue qui ouvrirait, un instant, son clavier à l'ouragan de la nuit. Si les ruines eussent tremblé sous l'éruption soudaine d'un volcan, elles n'auraient pas donné à l'élan du tigre des secousses plus merveilleuses. Il se leva, bondit sur les ruines, et disparut dans les bois.

« Avançons, maintenant, dit le colonel; le capitaine Moss arrive de l'autre côté.

— Avançons, » dit Edward.

Un étrange spectacle fixa bientôt l'attention d'Edward. Dans toute la longueur des crevasses des ruines, les hautes herbes tremblaient à leurs cimes, comme si elles eussent abrité une invasion d'énormes reptiles, une traînée de boas.... Plusieurs détachements de cipayes arrivaient aux ruines de la pagode. En tête rampait le capitaine Moss, jeune homme de vingt-deux ans, déjà vieilli dans cette guerre, et qui s'était deux fois échappé du lacet des Taugs, en glissant dans leurs mains comme une couleuvre insaisissable. Dès ce moment la parole, le souffle, le geste furent interdits. Cependant la troupe agissait avec un ensemble merveilleux. Chaque soldat semblait deviner l'ordre du chef, ou suivre le conseil d'une inspiration soudaine et infaillible, tombée du ciel dans la tête de tous.

Il avait fallu renoncer à l'ancien arsenal des ruses usitées aux dernières rencontres. A toutes les reprises d'hostilités, la tactique était modifiée ou renouvelée complétement. On ne pouvait tromper deux fois les Taugs avec la même stratégie, eux, les trompeurs par excellence, puisque leur nom signifie *tromper* en Indien.

Chaque cipaye, officier ou soldat, avait apporté avec lui, dans son bagage, un tronçon de bois d'érable, taillé grossièrement et à la hâte, mais qui, voilé à demi par les ruines, les ténèbres, la verdure massive, et surmonté de la coiffure militaire, devait ressembler de loin à un soldat embusqué avec une timide précaution.

Pourtant il ne suffisait pas de tromper l'œil du Taug, il fallait encore tromper son odorat, subtil comme celui de la bête fauve. Les cipayes entassèrent sur les terrains nus et les plus exposés au vent leurs uniformes lourds, tout ruisselant des âcres sueurs de la marche. Ensuite, ils traversèrent tous le lac à la nage, et se parfumèrent, sur l'autre rive, avec les aromates que le soleil indien distille à côté des poisons. Cela fait, on suivit le vent, dans son sillon le plus direct, et, à mille pas des ruines, on fit halte au milieu des bois, sur une allée tortueuse, hérissée de plantes rudes, mais la seule praticable pour des êtres à peu près humains. Les officiers et les soldats couchés dans les grandes herbes, et embusqués horizontalement sur deux lignes, attendaient pour agir le signal du colonel Douglas.

Les Taugs ne sortaient de leur repaire qu'après le lever de leur étoile protectrice, l'étoile Léby; mais ce n'était pas seulement par un motif religieux qu'ils n'engageaient une lutte sanglante qu'aux rayons de cet astre, à la première heure matinale : ils comptaient aussi tomber sur un ennemi accablé par la double fièvre de l'attente et de l'insomnie, ayant déjà consumé la moitié de ses forces dans une veillée inutile et sans espoir. La meute des Taugs qui, par l'ordre du vieux Sing, devait attaquer cette nuit les postes avancés de Roudjah, se dirigeait sur la pagode ruinée de Miessour. Le fakir Souniacy conduisait les brigands fauves. C'était un sauvage hideux, comme l'idole du ravisseur de Sita. Ses cheveux noirs pleuvaient sur ses épaules de squelette, amaigries par l'abstinence; son corps avait perdu la teinte primitive sous un badigeonnage végétal; le haut du visage était d'un blanc mat, et quatre bandes blanches cerclaient ses bras nus, comme de larges bracelets peints à la craie; une barbe de vieillard s'allongeait sous son menton d'airain; mais l'éclat des yeux, la vigueur anguleuse des tempes, l'agitation convulsive des narines et des muscles du cou, donnaient un démenti à la nuance de la barbe, et trahissaient le jeune homme dans sa puissante virilité.

Souniacy, seul, s'avançait debout, et sa démarche et son regard avait quelque chose de mystique et de solennel qui formait le plus bizarre des contrastes avec le costume extravagant tatoué sur son corps. Le fakir était habillé de nuances et de couleurs : on aurait cru voir un gigantesque mandrille, devenu anachorète, meurtri par des macérations, et sortant de sa cellule d'ermite pour méditer dans les bois, aux clartés nocturnes du firmament.

La meute formidable, se déroulant sur les gazons comme les liasses de reptiles, suivait le fantôme Souniacy.

Quand le fakir flaira dans l'air des émanations humaines et découvrit le sommet de la colline des ruines, il se fit reptile à son tour.

Dès ce moment, le regard humain attaché sur ce sentier d'herbes hautes et ténébreuses n'aurait pu deviner qu'une meute de bandits religieux traversait le bois, car le mouvement léger du gazon devait être attribué aux brises de la nuit. Les bêtes fauves, surprises par ce fleuve vivant débordé sur leurs domaines, bondissaient avec des élans furieux à travers des massifs de feuillages déchirés, pour échapper à cet immense ennemi, qui effleurait à la fois, du bout de ses griffes, tous les arbres de la solitude.

Le colonel Douglas, Edward et les soldats comprirent ainsi que l'ennemi approchait. Les tigres, lancés en ellipses prodigieuses, dans un accès d'épouvante folle, franchissaient les soldats de l'embuscade, et ceux-ci, conservant leur immobilité horizontale, atteignaient au sublime de l'héroïsme, placés comme ils étaient entre les griffes des hommes et les griffes des tigres, sous les ténèbres de la nuit et des bois.

Le moment arriva où le torrent des Taugs entra, pour ainsi dire, dans un lit nouveau, dont les deux rives étaient formées par les soldats de Douglas.

Un sifflement aigu retentit dans les solitudes et fut répété vingt fois par l'écho du lac et des ruines. Trois cents hommes, le poignard et le pistolet au poing, se levèrent au signal du colonel. Les Taugs se levèrent aussi, en poussant des cris surhumains qui semblaient sortir des entrailles d'un volcan. On engagea une lutte formidable qui n'avait pas même les étoiles pour témoins; car l'épais feuillage flottait sur toutes les têtes et ce champ de bataille, hérissé de spectres, ressemblait au ténébreux souterrain, vestibule de l'enfer. Les Taugs échappés au premier coup de foudre de cette attaque se ruèrent, en désespérés, sur leurs ennemis pour les étouffer dans une étreinte dévorante, ouvrir leurs crânes sous leurs dents de mandrilles, et boire un peu de leur sang avant de mourir.

C'est que les Taugs n'ont pas dégénéré des races primitives de l'Inde. La vieillesse du Bengale n'a pu amollir ni leur âme ni leur corps. Ils sont toujours les dignes fils des géants qui ont amoncelé des montagnes, en les ciselant au-dessus et au-dessous de la terre, comme des escaliers de l'enfer ou du ciel. Leurs bras, jetés au cou de leurs ennemis, étreignaient la chair comme des carcans de bronze, et leurs victimes, en se débattant dans une agonie convulsive, sentaient un souffle ardent et fauve courir sur leurs faces, et voyaient un rire monstrueux éclater dans des caresses de démons.

Au centre de ce tourbillon de duels infernaux, Edward et Douglas, exercés dès leur enfance aux grandes luttes de force, d'adresse, d'agilité, n'égaraient pas un seul coup du fer de leurs poings robustes, ou de l'acier de leurs poignards : les monstres tombaient en les abordant, et ceux qui se relevaient tombaient deux fois et ne se relevaient plus. Cet horrible travail de destruction s'accomplissait dans un silence morne qui n'était pas même troublé par les plaintes des mourants.

Une seule voix, un seul cri retentissait sous les voûtes d'arbres, cri lugubre et impossible à noter sur le clavier humain : c'était le fakir Souniacy qui jetait, par intervalles, une syllabe d'exhortation religieuse à ses fanatiques étrangleurs. Lorsque les Taugs, un instant découragés, entendaient cette voix, ils faisaient craquer leurs dents de cannibales; ils ployaient leurs corps sur leurs jarrets d'acier, tordaient leurs bras immenses, secouaient leurs cheveux noirs, et se précipitaient avec une furie nouvelle sur l'ennemi. Ceux qui, percés au cœur d'un coup de poignard, roulaient sur l'herbe, comme des tronçons de serpent, ressuscitaient à la voix du fakir; et, cadavres sanglants et galvanisés, ils étreignaient encore les pieds des soldats, et rendaient le dernier soupir en arrachant des lambeaux de chair vive sous la dernière contraction de leurs dents.

Tout à coup cette voix du fakir s'éteignit au centre de la bataille; on ne l'entendit plus que dans un lointain confus, mais plaintive et déchirante : elle semblait sortir d'un sépulcre aux limites du bois.

Les Taugs répondirent par un long cri de désespoir et, comme si la désertion incompréhensible du fakir leur eût soudainement enlevé leur courage, ils s'élancèrent avec une agilité sans rivale sur les traces de Souniacy.

VI

Une lettre.

L'ennui, ce fléau de toutes les histoires, est enfanté par la complaisance des détails intermédiaires. Les tâtonnements de la transition tuent l'intérêt du récit. La transition n'est pas dans la nature. Le torrent qui roule, la cataracte qui tombe, la foudre qui écrase, ne s'arrêtent pas en route pour nous parler du caillou, du rocher ou de Franklin. Imitons la nature, quoique de fort loin, hélas! comme quatre brins d'herbe se cotisent pour imiter un palmier.

La transition est souvent aussi une insulte à l'intelligence du lecteur; il faut cependant mentionner, à cette page, que le colonel Douglas a donné des ordres pour dérober, aux yeux des vivants les moindres traces de ce drame de mort, et pour recommander un secret inviolable sur les horreurs de la nuit; officiers et soldats se sont purifiés dans le lac de leurs sanglantes souillures; rien ne doit transpirer à Roudjah et aux environs. Il le faut ainsi pour ne point donner l'alarme aux populations des campagnes et des villages, et pour continuer l'horrible guerre avec toutes les apparences de la paix.

Douglas et Edward sont rentrés à Nerbudda, furtivement, comme ils en étaient sortis. Personne n'a remarqué leur absence. L'habitation du nabab vient d'être, à son insu, élevée à la dignité de quartier général.

Une heure après, le soleil se leva comme à son ordinaire, avec cette insouciance radieuse qui sourit au crime et à la vertu, et ne garde aucun ressentiment contre les ténèbres nocturnes qui viennent profiter de son absence pour couvrir de sanglantes horreurs. Les cimes des arbres souriaient, comme aux âges primitifs, lorsque leurs ombrages ne protégeaient que de candides pasteurs, innocents comme leurs troupeaux. La nature resplendissait de cette gaieté virginale qui ne fait rien soupçonner d'odieux dans le domaine des hommes, et conseille d'user de ce jour nouveau comme d'une faveur divine qui pouvait rester dans le trésor du ciel.

La terrasse de l'habitation de Nerbudda est pleine de cette gracieuse et sereine animation qui accompagne les heures matinales. Les serviteurs soulèvent les persiennes des salles basses; les oiseaux chantent dans les volières; les chevaux et les bœufs sortent des étables; les jardiniers cueillent les fleurs aimées de la jeune Arinda; les chanteurs ambulants, arrivés la veille au tomber du jour, quittent la maison hospitalière, et vont quêter leur pain au village de Roudjah. Le vieux nabab préside à l'inauguration des travaux, avec cette tristesse d'habitude que donne la possession d'une mine de diamants, et attend le lever de sa fille pour laisser courir un sourire sur son impassible visage de métal.

A l'heure du premier repas du matin servi sous les arbres, Arinda descend sur la terrasse, et, regardant autour d'elle avec inquiétude, elle s'étonne, dans un monologue mental, d'arriver la première à ce rendez-vous de amille.

Mais sir Edward n'était pas homme à laisser trahir quelque chose des secrets de la nuit par une imprudente prolongation de sommeil. A la faveur des grands arbres, il dissimule adroitement sa sortie, et marche vers Arinda du pas nonchalant du promeneur qui termine sa course du matin.

« Miss Arinda, dit-il en s'inclinant, me permettez-vous de vous donner un bon conseil?

— Donnez, sir Edward, dit la jeune fille en présentant sa main ; on ne refuse jamais un conseil.

— A la campagne, miss Arinda, il faut toujours se lever avec le soleil. C'est une habitude qui fait vivre cent ans.

— Il paraît, sir Edward, que vous ne vous êtes pas donné ce conseil à vous-même aujourd'hui?

— Moi! miss Arinda! je croirais commettre une impolitesse envers le soleil, si je ne le saluais pas à son lever. Je viens d'herboriser autour du lac.

— Seul?

— J'étais avec le colonel Douglas. Nous avons même commis une légère imprudemce, nous sommes sortis à l'aube. Douglas est remonté dans son appartement pour écrire quelques lettres à Roudjah.

— Sir Edward, votre toilette est ce matin d'une distinction, d'une fraîcheur et d'une élégance ravissantes. Personne ne vous soupçonnerait d'avoir herborisé autour du lac.

— Oh! miss Arinda, j'ai l'habitude des terrains de l'Inde. En marchant avec précaution, je traverserais le Bengale en habit de bal, et je danserais, en arrivant, chez le colonel Fénéran, à la pointe du Coromandel... Aimez-vous les songes, miss Arinda?

— Oui, quand ils sont beaux. J'en ai fait de tristes cette nuit ; aussi, vous m'avez horriblement effrayée avec vos tigres noirs.

— Ah! miss Arinda, il le fallait. C'est une terreur salutaire, c'est une bonne leçon. Le nabab votre père fermera, j'en suis sûr, maintenant les portes de sa maison, une heure après le coucher du soleil... Revenons à mon rêve : il est délicieux ; je l'ai fait entre minuit et deux heures. J'ai rêvé que je me mariais.

— Voilà un rêve charmant! Avec qui, sir Edward?

— Avec miss Sidonia, votre amie, et que sir William Bentink m'avait donné pour dot la ville de Calcutta sur un plateau d'argent. A mon réveil, je commençais à adorer miss Sidonia; et, quand vous aurez épousé le colonel Douglas, nous partirons tous les trois, et nous irons demander la main de votre amie pour moi à sir William. Il faut que mon rêve ait raison.

— Êtes-vous fou, sir Edward? vous ne connaissez pas miss Sidonia!

— Voilà pourquoi je dois l'épouser. Il ne me reste plus qu'un moyen pour me marier, c'est d'épouser une femme que je ne connais pas. Je veux tout tenter avant de mourir. »

Edward, pendant la réponse de miss Arinda, tourna la tête avec cette nonchalance affectée qui, chez lui, cachait toujours une intention. Il donna aux balcons et à la porte de la façade un de ces regards rapides qui contiennent une longue et triste pensée, et rendit subitement à son front son habituelle sérénité.

« Sir Edward, vous êtes un hypocrite, disait Arinda. Quand un jeune homme veut sérieusement se marier, il trouve toujours un parti convenable; surtout à Calcutta, où nous avons compté dans un bal deux cents demoiselles et quarante jeunes veuves... Ah! sir Edward, vous me permettrez de vous quitter un instant pour embrasser mon père, que j'aperçois là-bas. »

Au même instant, le colonel Douglas parut sur le seuil de l'habitation; sa toilette était soignée comme celle d'Edward, et l'on aurait vainement cherché sur toute sa personne la trace de la griffe d'un Taug; mais sa figure était empreinte d'une horrible pâleur.

Edward courut à lui.

« Venez donc, cher Douglas, lui dit-il; votre retard est une imprudence sans pardon. Pour distraire miss Arinda de ses réflexions, j'ai mis l'entretien sur le mariage : c'est la seule conversation qui amuse les femmes des deux hémisphères et leur fait tout oublier, même leurs maris. Mais un quart d'heure de plus...

— Edward, dit le colonel, heureux les braves qui sont morts cette nuit en faisant leur devoir !

— Heureux ceux qui vivent, cher Douglas ! Si la mort est un bonheur, c'est le seul qui soit toujours à notre disposition.

— Heureux les morts ! vous dis-je, cher Edward !... Laissez-moi mettre un masque serein sur ma figure de deuil... Il faut que j'aborde le nabab et sa fille... Vous, Edward, retirez-vous à l'écart... cherchez un coin de forêt bien sombre, et lisez cette lettre, sans témoin... Je vous attends. »

Edward prit la lettre, la roula dans ses mains, et s'achemina lentement vers le bois qui s'étendait derrière l'habitation. Nous allons lire ce qu'il lut.

La comtesse Octavie au colonel Douglas.

Vous recevrez, mon cher colonel, dans le même pli, ma lettre et la lettre du ministre : elles s'expliquent mutuellement.

Vous avez rompu violemment votre mariage avec Amalia ; vous avez fait une chose sans exemple dans l'histoire des mariages ; vous avez cru mettre votre conscience à l'abri de tout reproche, en sauvegardant les intérêts d'une jeune fille, comme dit le tuteur ; vous voguez vers l'Inde, libre de tout souci ; vous allez vous battre avec les sauvages, traverser le Bengale, faire de l'histoire ; vous allez vivre, jouir, oublier. Eh bien ! voici un coup de foudre dans une enveloppe de papier.

Comme tous ceux qui ont vécu chez les sauvages, mon cher colonel, vous ne connaissez pas le monde civilisé ;

c'est un monde ténébreux, qui n'a pas encore eu son Christophe Colomb et qui ne l'aura jamais.

Ce monde est charmant; il s'habille de satin, couche sur la soie et marche sur le velours; il parle une langue douce comme le lait et le miel; chez lui, toute chose a perdu ses angles et s'est arrondie pour les doigts et les yeux. Abordez ce monde, et, si vous faites violence un seul jour à ses usages, vous sentirez le dard de l'aspic.

En ce moment, vous êtes au Bengale, cher colonel; vous êtes dans un pays peuplé d'innocents animaux féroces, qui n'ont peut-être jamais dévoré personne, et qui ont une formidable réputation de cruauté. On dit ici, en parlant de vous :

« Ce pauvre Douglas! Dieu fasse qu'il ne tombe pas sous quelque griffe de lion ou de léopard! »

Quelle ingénieuse compassion! Nous avons dans nos grandes villes, sous le lustre de nos salons, sous les ombrages de nos jardins, deux tigres noirs que Buffon n'a pas classés dans sa ménagerie, et qui dévorent l'humanité depuis la fondation d'Hénokia : on les nomme, en termes de dictionnaire, la médisance et la calomnie. Le sang humain que ces monstres ont fait répandre teindrait la mer que Moïse a traversée avant vous. N'importe! on continue à vous plaindre ici, comme un autre Daniel dans la fosse aux lions.

Il fallait un éclair à mon coup de foudre. Cette préface est l'éclair.

Huit jours après votre départ de Smyrne, Mme de N.... ouvrait son salon de campagne à la société oisive et opulente de ce pays. Il était convenu que les invitations de l'an dernier seraient bonnes et valables cette année, sans exception aucune. Voici, d'après un témoin digne de foi, l'entretien qui s'établit entre quelques intimes au début de la soirée, avant le bal. Une dame de nos ennemies, laquelle a le malheur de regretter sa jeunesse depuis quarante ans, appliqua la bordure de son éventail ouvert sur sa lèvre inférieure et dit :

« Il faut convenir que notre ville n'a jamais rien vu d'aussi dégoûtant. On ne nous a pas invités à une fête particulière, mais bien à un scandale public. »

Un vieux monsieur prit un air de commisération qui contrastait avec son œil d'orfraie et son nez de vautour, et dit en larmoyant :

« C'est affreux pour la pauvre jeune fille, si elle est innocente, comme je ne le crois pas.

— Amalia, dit un savant voyageur, attaché aux ruines de Carthage, m'a toujours paru une jeune étourdie fort exaltée, fort romanesque et gâtée par les poèmes de *Baïron*. Avec l'habitude que j'ai des femmes, je n'aurais pas voulu donner Mlle Amalia pour compagne à ma femme ou à ma sœur.

— Croyez-vous bien que la chose soit positive ; là, comme le monde la raconte ! dit un invité qui ne savait que dire.

— Eh ! mon Dieu ! dit l'attaché aux ruines, je tiens l'histoire de la bouche de deux consuls. C'est maintenant de l'histoire ancienne. Mlle Amalia était en intrigue criminelle, depuis six mois, avec ce jeune comte polonais.... dont j'ai oublié le nom....

— Le comte Elona Brodzinski, dirent quatre voix.

— Tout juste ! le comte Elona. J'avais son nom sur les lèvres, poursuivit le chroniqueur. Un ami dévoué arrive, par hasard, de Londres.... ou des Indes ; ce grand monsieur brun, Anglais, je crois.... oui, puisqu'il se nomme sir Edward. On ouvre les yeux de Douglas. L'ami lui dit : « Mon cher, telle chose se passe ; il faut rompre : vous êtes trompé avant d'être mari. » Le pauvre Douglas demande des explications. Une correspondance d'amour est remise entre les mains du colonel. La scène se passait au premier étage. Un consul m'a dit que c'était désolant. Douglas aimait la petite Grecque comme un fou; mais les preuves étaient accablantes. La comtesse Octavie, qui connaissait l'intrigue à fond, a voulu défendre l'honneur d'Amalia. On lui a fermé la bouche avec la correspondance. Vous connaissez la comtesse. Quel démon habillé en femme! elle attendait sir Edward sur la terrasse; elle a tenté un dernier effort, elle a même fait des gestes de menace et de malédiction. Sir Edward lui a dit : « Madame, vous ne parviendrez pas « à blanchir ce qui est noir. Adieu. » Trois domestiques l'ont entendu. En dernière ressource, et pour n'avoir aucun regret, le colonel Douglas a voulu se ménager une explication avec le comte Elona. Nous avons cherché notre Polonais partout; pas de trace du comte Elona. Au premier nuage, il était disparu. On ne l'a pas revu depuis. Le monde affirme que la comtesse Octavie lui donne asile dans sa maison. Voilà l'histoire en trois mots. C'est scandaleux, mais c'est vrai. Je ne calomnie pas. Dieu m'en garde! je raconte ce que vous savez tous.

— Oh! tout cela est exact; il n'y a pas un mot à changer! » dirent en chœur plusieurs vieilles femmes peintes sur la tapisserie du bal.

Tel était, mon cher colonel Douglas, l'échange de calomnies qui se faisait entre nos amis, et qui devait amener un résultat déplorable comme vous allez le voir.

Cependant les invités arrivaient en foule, les croisées resplendissaient de lumière : on dansait déjà partout.

J'avais triomphé de la résistance d'Amalia; je l'avais entraînée à la fête pour la distraire un peu. Il était convenu qu'elle ne danserait pas. Le tuteur et deux parents d'Amalia nous accompagnaient; M. Ernest de Lucy donnait le bras à ma jeune amie; M. Edgard de Bagnerie me donnait le sien. Nous arrivons à la grille, nous descendons de voiture.... Un domestique nous barre le passage et nous demande avec un ton insolent, écho de la voix de ses maîtres, si nous avons nos billets d'invitation.

« Nous les avons reçus l'an dernier, répondit M. Ernest de Lucy.

— J'obéis à des ordres, » dit le domestique en se plaçant devant la grille, en pose de Cerbère.

Une inspiration soudaine m'éclaira; je compris tout. « Venez, dis-je à M. de Lucy. N'attendons pas une troisième insolence. » Le jeune homme garda le silence et m'obéit.

De nouveaux invités arrivaient, et la grille s'ouvrait à deux battants. On ne leur demandait pas de cartes d'entrée à ceux-là. Oh! il n'y a pas de supplice comparable à celui que j'ai souffert à cette heure! descendre d'une voiture, en robe de bal, recevoir l'insulte d'un valet, subir les regards ironiques des belles dames qui entrent, joyeusement suspendues aux bras de leurs cavaliers!... le Néron des femmes ne saurait leur inventer rien de plus cruel!... Nos deux jeunes gens furent admirables de tact parisien et de présence d'esprit. Excusez mon orgueil national : il n'y a au monde que les jeunes gens français pour savoir ce qu'il faut dire ou faire, dans un aussi terrible moment.

« Eh bien! mesdames, dit M. de Bagnerie avec le plus gracieux sourire, ce domestique est une sentinelle stupide; il faut respecter sa consigne. C'est sans doute une méprise. Il n'y a qu'un bal de perdu. Tout s'arrangera demain.

— Oui, oui, tout s'arrangera demain, dit M. de Lucy avec une tranquillité charmante. Ce domestique est sans doute nouveau dans le service. Je ne le connais pas, moi qui suis un ancien de la maison. »

Nous feignîmes de nous payer de ces raisons, Amalia et moi, et notre fausse gaieté se mit à l'unisson de la gaieté de ces messieurs.

Le lendemain, au tomber du jour, une terrible nouvelle se répandit dans la ville. Edgard de Bagnerie et Ernest de Lucy s'étaient battus en duel avec les deux proches parents de Mme de N.... Les quatre combattants avaient été grièvement blessés. Cette fois le bruit public disait vrai. Je ne vous peindrai pas notre désespoir; je vous supprime même les détails qui suivirent. Souvent une seule ligne dit tout ce qu'on ne dit pas.

La chancellerie s'émut de cette nouvelle : *Foreign-Office* en fut instruit. Moi-même, je ne vous le cacherai point, je crus devoir écrire à Londres, dans votre intérêt, comme dans celui de l'honneur d'Amalia. Je vous défendis énergiquement tous les deux. Mais cette justification, écrite dans le premier accès de fièvre, eut un résultat que je n'avais pas prévu. Elle tourna contre vous. Certes, vous ne me garderez pas rancune de ce tort, si c'en est un. Votre âme est trop généreuse pour me reprocher une démarche qui va vous ménager l'occasion de faire la plus belle action de votre vie, mon cher colonel.

Avec moins de franchise dans l'âme, je vous aurais soigneusement dérobé mon intervention dans cette affaire; mais je ne sais pas voiler mon visage, ma parole ou ma main. J'ai trouvé le secret d'être plus diplomate que tout le monde : c'est de dire toujours la vérité.

Au point où en sont les choses, et lorsqu'il s'agit de rendre l'honneur à une noble orpheline sans appui, déshonorée par votre brusque et inconcevable départ, vous ne balancerez point. La dépêche du ministre a un caractère officiel d'indignation et de menace, fort inutile à mon sens. Lorsqu'on écrit ainsi, il semble qu'on doute et le doute est déjà une injure. On vous donne, avec une grande sécheresse officielle, un ordre qui peut se traduire littéralement ainsi, en changeant les termes : « Colonel, en recevant cette dépêche, vous remettrez vos épaulettes au capitaine Moss; vous abandonnerez votre poste la veille d'un combat; vous déserterez, vous vous déshonorerez. »

Vous n'avez qu'un parti à prendre pour vous sauver de cette honte : épouser Amalia.

Le nom de Byron a même été mentionné dans la dépêche. C'est la première fois que White-Hall s'occupe de ce grand poète. On voit bien qu'il est mort.

Vous allez voir maintenant, mon cher colonel, qu'une femme a plus d'intelligence qu'un ministre : le ministre doute et insulte; moi, je ne doute pas et je réhabilite. Je voudrais que le colonel Douglas épousât Amalia avant de lire la dépêche ministérielle, si cela est possible. Cela tient à la bonne volonté du vent et de la mer. C'est vous dire que nous voudrions arriver avant le paquebot des dépêches; c'est vous dire que nous partons. Plaise à Dieu que je puisse vous annoncer de vive voix ce que je vous écris en ce moment !

Oui, nous partons. Amalia ayant été reconnue, en cette occasion, pupille de la chancellerie, son nouveau tuteur, M. Tower, homme de noblesse et de probité, nous accompagne dans ce long voyage. Amalia fait ses préparatifs avec un empressement qui ressemble à de la joie; elle était si triste depuis si longtemps, que son premier sourire m'a paru l'aube de son bonheur.

Moi, j'ai hâte de quitter une ville où trop de calomnies nous ont accablées, où trop de sang généreux a coulé pour nous. Aucun lien ne m'attache à ce pays; j'ai vendu mes propriétés depuis plusieurs mois, en prévision de quelque chose de fatal. Toute terre me sera bonne maintenant, je serai heureuse en voyant le bonheur d'Amalia.

Nos deux jeunes gens sont rétablis de leurs blessures, et rappelés en France, l'un par le ministre, l'autre par sa famille. Voilà un bel exemple de dévouement que vous ont donné ces deux Français, mon cher colonel. Vous ne serez pas vaincu par eux.

Nous avons pris nos renseignements à bonne source. Nous aborderons à quelque port du Malabar, et ordre a été donné de nous faire escorter jusqu'au grand village de Roudjah, au centre des possessions anglaises, où nous nous arrêterons. Il y a à Roudjah un état civil, deux temples et cinq ministres presbytériens. Avec cela on garde ses épaulettes et l'honneur.

Votre toute dévouée,

Comtesse OCTAVIE DE V.

P. S. Le monde, comme vous venez de le lire, a prétendu que je donnais asile, dans ma maison, au jeune comte Élona Brodzinski. Voici la vérité : le comte polonais a disparu le lendemain de cette malheureuse fête ; on ne sait ce qu'il est devenu ; je présume qu'il a suivi la caravane de Métélin, et qu'il est allé en terre sainte. Pauvre jeune homme !

En lisant cette lettre, Edward avait accompagné chaque ligne d'un monologue de commentaires ; après l'avoir lue, il la laissa tomber, et ses bras tombèrent aussi de toute leur longueur, comme pour suivre la lettre. Cet homme intrépide, qui venait de lutter, sans pâlir, avec une armée de démons indiens, entre des ruines et des tigres, dans un carrefour de l'enfer, tremblait comme la feuille au vent, à la lecture d'une lettre de femme. Puis, comme il arrive à toutes les âmes fortes, il se retrempa vigoureusement dans un accès de courage viril ; il ramassa la lettre et se dit à lui-même, pour s'exciter mieux : « Allons secourir le pauvre Douglas ! »

Le nabab, sa fille, le colonel Douglas et le comte Élona se mettaient à table, lorsque Edward parut ; il salua de son plus gracieux sourire, et s'assit.

« Nous vous avons attendu, sir Edward, dit Arinda; votre exactitude est en retard d'un quart d'heure.

— C'est que, miss Arinda, j'avais réglé mon exactitude sur ma montre; vous savez que les montres ne servent qu'à dire l'heure qui n'est pas.

— Avez-vous reçu des lettres de Londres par le dernier paquebot, sir Edward?

— Oh! j'ai renoncé au genre épistolaire depuis longtemps. Les lettres abrègent la vie. On passe la vie à désirer des lettres. Un facteur est un messie qui n'arrive jamais quand on l'attend, et qui arrive quand on ne l'attend pas. Dernièrement, j'assistais à *Golden-Cross* au départ de la malle-poste. Je fus attristé en songeant à l'énorme quantité de fautes d'orthographe que cette voiture allait distribuer aux cinq parties du monde, et je me promis bien de ne jamais envoyer une de mes pages en si mauvaise compagnie. *La lettre tue*, dit la Sagesse, et la Sagesse a raison. Celui qui a une bonne nouvelle à vous annoncer la garde pour lui; la mauvaise ne manque jamais. Si j'étais ministre, je voudrais me donner un spectacle admirable. Je convoquerais tous les citoyens de Londres qui attendent des lettres, sur le vaste plateau d'Hampstead, à dix heures précises du matin, et je leur ferais la distribution par tous mes facteurs. On entendrait des soupirs, des colères et des grincements de dents sur toute la ligne. Ce serait une répétition générale du drame de Josaphat. La chambre des Communes supprimerait la poste le lendemain, par humanité. »

Le colonel Douglas riait de ce rire faux qui agite les épaules, contracte automatiquement le bas du visage et laisse la tristesse dans les yeux.

« Eh bien! moi, dit Arinda, je n'en ai reçu qu'une seule dans ma vie, ce matin, mais elle me comble de joie. Notre intendant m'écrit de Roudjah qu'il a reçu mon piano! et quel piano! Un chef-d'œuvre de Broadwood; ce fameux artiste anglais qui a ajouté une octave à l'instrument!... C'est au colonel Douglas, dit-elle en s'inclinant avec le plus gracieux sourire, que je dois ce cadeau superbe, et je lui en fais mes remercîments. »

Une pâleur mortelle couvrit le visage de Douglas. Edward ébranla la table en la frappant de sa main.

« Un piano de Broadwood! dit-il; un piano à Nerbudda! dans les entrailles du Bengale! Ô Brahma! et les philanthropes envoient des bibles! Qu'ils envoient des pianos, ces braves gens! Le monde doit être civilisé par le chant et la danse. Quand les cinq parties du monde exécuteront les quadrilles de Paris et la musique de Rossini, de Meyerbeer, d'Halévy, d'Adam et d'Auber, on ne tirera plus de coups de canon. Les canons ont le tort de chanter faux; les batailles sont des charivaris intolérables. Mais savez-vous, miss Arinda, que nous allons passer ici une vie délicieuse avec un piano de Broadwood? Nous ferons de la musique du matin au soir. Avez-vous des voisins?

— Des voisins d'une lieue, sir Edward.

— Aux Indes, ce sont des voisins. Nous inviterons les voisins et nous danserons.

— Bravo! sir Edward! s'écria la jeune Indienne en bondissant de joie. Nous danserons! Je veux d'abord que mon bal de noces soit superbe. N'est-ce pas votre avis, colonel Douglas?

— Superbe! dit le colonel en souriant faux.

— Nous inviterons la famille hollandaise Van Meulan, trois demoiselles et deux fils grands comme vous, sir Edward. Le plus jeune n'a pas vingt ans. Nous inviterons la famille portugaise Magnado : il y a dix personnes. La famille anglaise Clarke, six demoiselles et deux fils qui ont des cheveux roux...

— Tu oublies nos plus proches voisins, dit le nabab, tu oublies les colons d'Amérique, les Walles...

— Oui, c'est juste, je les oubliais, parce qu'ils ne sont pas amusants. On les accuse d'être quakers. L'an dernier, nous n'avons passé que cinq jours à Nerbudda. Cependant nous leur avons fait une visite, et ils ne nous l'ont pas rendue.

— Tu oublies encore, ma chère enfant, dit le nabab, que l'an dernier l'habitation de Nerbudda, malgré sa garnison, n'engageait pas trop les voisins à la visiter, à cause de la guerre. Aujourd'hui, c'est bien différent. Les Taugs ont disparu, les voisins nous reviendront.

— Ah! c'est bien à vous, colonel Douglas, dit Arinda, que nous devons la tranquillité de nos campagnes. Vous vous êtes dévoué avec un héroïsme modeste, comme dit sir William Bentinck. Maintenant, votre pays n'a plus rien à vous demander... Mais j'ai à vous demander quelque chose, moi, ajouta-t-elle avec un ton enjoué.

— Ah! voyons! dit le colonel en se dandinant nonchalamment sur son siége.

— Quand nous serons mariés, puisque la guerre est finie, vous me ferez voir Londres et Paris. Mon père nous donnera un congé d'un an. On m'a dit que Londres était plus grand que Calcutta.

— Londres! s'écria Edward d'une voix retentissante, pour détourner les yeux des convives de la figure cadavéreuse du colonel, Londres n'est pas une ville; c'est une planète, un monde; c'est une ville qui n'a ni commencement ni fin; Calcutta est son faubourg indien. Il y a un ruisseau entre eux deux, l'Océan. Mais je n'aime ni Calcutta ni Londres; s'il fallait choisir, je choisirais le ruisseau.

— Et moi aussi! dit le colonel, pour dire quelque chose.

— J'entends un bruit de roues dans la grande allée, dit Arinda en battant les mains; notre fourgon arrive de Roudjah! Voici mon piano! »

Et elle abandonna la table en courant comme une gazelle.

Le nabab, qui n'avait pas encore exercé ses droits de propriétaire, prit le bras du comte Élona pour lui montrer, à vol d'oiseau, l'étendue de ses domaines, du haut du belvédère de l'habitation.

Edward et Douglas étaient seuls.

Ils croisèrent les bras et se regardèrent quelque temps en silence, s'interrogeant mutuellement avec les yeux. Le colonel parla le premier.

« Edward, dit-il, voici une de vos phrases d'hier : *Je voudrais bien que Dieu me dît si la comtesse Octavie est un ange ou un démon!* Edward, êtes-vous fixé, maintenant?

— Je l'avais flattée dans ma dernière supposition, mon cher Douglas; j'avais calomnié le diable... Eh! maintenant je respire un peu; l'impression première est passée. Tout à l'heure j'ai fait le semblant de rire, et il me semble à moi-même que j'ai ri... Il faut avoir deux choses dans ce monde pour vivre jusqu'à sa mort, sans se courber : le courage des crises bourgeoises et la santé de ses passions. Ces deux qualités vous manquent, cher Douglas. Vous vous trahissez comme un enfant.

— Mais avez-vous bien envisagé ma position, mon cher Edward?

— Oui, Douglas.

— Sur toutes ses faces?

— Oui.

— Eh bien, Edward, vous pensez qu'il y a dans l'arsenal du cœur une espèce de courage pour subir avec alme ce coup de foudre?

— Et moi, Douglas, suis-je sur des roses? vous dirais-je comme l'empereur Guatimozin... La tigresse lanche arrive pour me dévorer..

— Et qui vous empêche de fuir, vous, Edward? Votre onneur militaire n'est pas en jeu.

— Je tiens à mon honneur civil comme vous tenez au vôtre... Je ne puis pas fuir aujourd'hui, parce que nous nous sommes battus hier. Que diraient vos jeunes officiers de Roudjah, que dirait mon brave Nizam, et que dirais-je moi-même? Je ne veux pas me déshonorer à mes propres yeux.

— Après tout, que pouvez-vous craindre de la comtesse Octavie? Il me semble qu'en l'attendant ici de pied ferme, vous ne faites pas une grande dépense d'héroïsme, cher Edward.

— Ah! cela vous paraît ainsi, cher Douglas... Eh bien, vous êtes dans l'erreur. Je l'attendrai, puisqu'il le faut; mais j'efface Régulus et Curtius... Parce que vous me voyez sourire, vous me croyez brouillé avec le désespoir. Je vous mens, mentez comme moi?

— Et que fais-je donc?... Savez-vous, Edward, que ma douleur est déjà vieille de la moitié d'un jour? que son premier accès a failli me tuer ce matin, et qu'en échappant à ce coup de tonnerre, j'ai appuyé trois fois la poignée de mon poignard sur mon cœur?... Vous voyez bien qu'à cette heure je vous mens.

— Pas assez, Douglas.

— Sondez-vous comme moi, Edward, l'horreur de ma position? Voyons... donnez un nom humain à la chose fatale qui m'arrive; imaginez un moyen pour me retirer vivant de ce gouffre où la dépêche d'hier m'a précipité... Je n'ai pas même le suicide pour me sauver. Ma vie est attachée à la vie de mes soldats. Si je puis disposer de la mienne, je dois respecter la leur.

— Mais vous ne pouvez pas même disposer de la vôtre, cher Douglas! et d'ailleurs le suicide est une lâche désertion, et vous êtes en pays ennemi, mon colonel.

— Edward! dit le colonel avec une expression de voix sourde, mais plus déchirante que le cri d'un blessé, Edward! ma tête brûle, ma raison s'échappe du cerveau, je le sens... Il faut que je réponde au ministre demain... il le faut... que répondre?

— Que vous donnez votre démission...

— Impossible, cent fois.

— Que vous épousez Amalia...

— Mille fois impossible.

— Eh! je le sais bien; je le sais comme vous, Douglas.

— Pourtant, il faut répondre.

— Avez-vous un troisième parti à prendre?

— Non, Edward, il n'y a pas de troisième parti.

— C'est donc celui qu'il faut créer.

— Mais s'il n'existe pas, Edward?

— Parbleu, nous ne serions pas obligés de le créer, s'il existait.

— Quant à moi, Edward, j'y renonce.

— Je ne renonce à rien, moi.

— Ainsi donc, Edward, vous trouverez...

— Je chercherai; on commence toujours par là quand on veut trouver... Douglas, ce que je vais vous dire est maintenant vrai, quoique l'histoire le rapporte. On disait à Christophe Colomb : « Vous avez voyagé en Asie et « en Afrique, nous vous défions de voyager ailleurs... »

— Il chercha l'Amérique...

— Et il la trouva.

— Edward, c'était plus aisé.

— Ah! Douglas, vous avez inventé l'orgueil! Je suis lus modeste, moi. S'il fallait découvrir un monde, j'y enoncerais; mais dans votre cas, il ne s'agit peut-être que de découvrir trois mots. Votre salut est dans le dictionnaire. Nous le trouverons... Douglas, attention à votre visage! Voici miss Arinda qui vient nous aborder...

— Edward, ma langue se paralyse... à mon secours!...

— Et voilà ce que nous appelons des hommes!... Une

femme tue un géant... et je suis comme cela aussi, moi!... C'est honteux!

— Colonel Douglas, dit Arinda quand elle fut à portée de se faire entendre, donnez-moi votre bras, je veux que vous veniez remercier l'accordeur de pianos que vous m'avez envoyé de Roudjah. Cela lui fera tant de plaisir, à cet excellent homme! Il vient de me dire : « Oh! si « j'avais un seul mot d'éloge du colonel Douglas, je « serais payé pour toute ma vie! » Il faut vous dire qu'il a refusé mon argent.

— Voici qui me confond de surprise! dit Edward. Comment! nous aurons même un accordeur! Décidément, le Bengale a donné sa démission.

— Un accordeur indien! dit Arinda. Un compatriote! il faut voir avec quelle dextérité de jongleur et quelle grâce d'artiste il a touché l'instrument!

— Un accordeur indien! dit Douglas; allons voir ce phénomène... Vous ne nous accompagnez pas, Edward?

— Dans l'instant, je vous rejoins.

— Ne tardez pas trop, Edward...

— Non; je fais deux tours dans cette allée, je découvre l'Amérique, et je suis à vous.

— Edward, trouvez-moi un secret de vivre encore quinze jours; après nous verrons.

— Douglas, je vous promets ces quinze jours. »

VII

La fable indienne.

« Colonel Douglas, dit Arinda en entrant dans la salle, je vous présente un brave homme, qui est plein d'admiration et de dévouement pour vous. »

Du premier coup d'œil, Douglas reconnut Nizam dans l'accordeur de pianos.

« Miss Arinda, dit-il, m'a fait le plus grand éloge de votre talent.... Comment vous appelez-vous ?

— Tauly, mon colonel, répondit Nizam avec une bonhomie charmante.

— Où avez-vous appris votre profession ?

— A Ceylan, chez le colonel Fénéran.

— Un de mes bons amis.... Vous habitez Roudjah ?

— Oui, mon colonel ; et de là je vais dans les habitations et les villages voisins où je suis appelé.

— Vous allez vous charger d'une lettre pour le capitaine Moss, n'est-ce pas ?

— Mon colonel peut me donner toute sorte de commissions, je les remplirai. Il sera content de moi, j'espère.

— Excusez-moi, miss Arinda, dit le colonel ; je monte à mon appartement pour écrire cette lettre. Tauly, suivez-moi. »

Lorsque Nizam et le colonel furent seuls, ce dernier lui dit :

« Je vous rends votre surnom qui vaut mieux que votre nom ; nous sommes seuls maintenant. Nizam, vous avez quelque chose à me dire ; parlez.

— Colonel, je ne voulais entrer dans cette habitation qu'avec un prétexte naturel. J'ai saisi l'occasion du piano; si celle-là m'eût manqué, j'en aurais trouvé une autre; les grandes routes sont pavées d'occasions. Voici donc ce que j'avais à vous dire pour le moment : On vous a sans doute montré le fakir Souniacy à la fête de Dourga?

— On m'a montré beaucoup de fakirs, des fakirs de toutes les couleurs, mais je n'en connais pas un seul par son nom.

— Cette nuit, le fakir Souniacy commandait la bande des Taugs. Mon colonel, c'est un jeune vieillard de trente ans, qui a beaucoup d'intelligence et d'imagination, mais qui se laisse affaiblir par l'abstinence et abrutir par le fanatisme. Les Taugs lui obéissent comme ils obéiraient au dieu bleu. J'ai connu, à Hydrabad, Souniacy enfant, et voilà pourquoi je ne l'ai pas tué cette nuit, quand il a passé devant la pointe de mon poignard....

— Vous étiez donc avec nous, cette nuit, Nizam?

— J'y étais et je n'y étais pas, mon colonel. A cette heure, vous me voyez en costume de colon; je ressemble à un gentleman cuivré; mais cette nuit j'étais déshabillé en Taug. Depuis plusieurs jours, j'ai rasé ma tête et je ne mange pas pour maigrir. Ces cheveux que vous voyez à présent sont faux. Ainsi, je ne pouvais pas m'exposer, la nuit dernière, à une méprise deux fois funeste, car je serais mort deux fois si j'avais été poignardé par vous ou par Edward. Mon poste, dans le combat, me mettait à l'abri de tous les coups. J'observais le fakir Souniacy; lui ne s'était pas engagé, le pauvre homme : un souffle le renverserait; ce n'est pas un corps, c'est un esprit. Il crie et ne se bat pas. Au moment favorable, je l'ai enlevé dans mes bras comme une feuille de bananier.

— Le fakir est pris, mon brave Nizam?

— Il est à moi et à vous, mon colonel. En le prenant, j'ai fait cesser le combat, voilà pourquoi je l'ai pris.

— Et personne au moins n'a vu ton prisonnier?

— Oh! mon colonel, montrer ce prisonnier, ce serait révéler la guerre. Je l'ai déposé en lieu sûr, dans le coin d'un bois. Maintenant me permettez-vous de vous interroger, mon colonel?

— Parlez, mon brave Nizam.

— Que faut-il que je fasse de mon prisonnier? Je vous avoue qu'il est fort embarrassant.

— Ce soir, à la nuit close, vous le conduirez chez le capitaine Moss, à Roudjah. Il faut en avoir le plus grand soin; nous pouvons en tirer parti.

— Voilà une affaire arrêtée. Il sera fait selon vos ordres.

— Et vous, Nizam, quand viendrez-vous demeurer avec nous à Nerbudda?

— Oh! pas encore, mon colonel : j'ai mon logement ailleurs.

— Peut-on le connaître, Nizam?

— A vous, mon colonel, je n'ai rien à cacher. Je suis logé dans un bas-relief, au temple souterrain de Doumar-Leyna. Ce bas-relief est fort beau; il représente le supplice de Ravana, le ravisseur de la belle Sita. Je dors sur les épaules du géant, et la chevelure de Sita me sert de rideau. C'est ainsi que j'assiste à tous les conseils des Taugs, présidés par le vieux Sing. J'ai broyé du granit de Doumar-Leyna; j'en ai composé une nuance de bas-relief; je me peins le visage, le torse et les bras, et, quand je veux mieux entendre, je me mêle aux *boudas çouras* de pierre qui tourmentent le ravisseur Ravana. Vous comprenez? Je m'incruste dans le bas-relief, j'ouvre les oreilles, et je ferme les yeux. »

Un sourire passa sur le visage du colonel Douglas. En tout autre temps, ce sourire se serait élevé jusqu'à l'éclat de la folle gaieté.

« Vous êtes un admirable serviteur, mon brave Nizam, dit-il, et quand l'heure de la récompense sera venue, vous ne serez pas oublié. Voyez quelle étrange guerre nous faisons ! Il nous est même impossible de récompenser les belles actions comme les vôtres, de peur d'éveiller le moindre soupçon autour de nous, dans ces campagnes tranquilles.

— Mon colonel, demandez à sir Edward si je travaille, moi, pour gagner une récompense. Lorsque je réussis dans une entreprise et que sir Edward me dit : « Très-« bien, Nizam ! » je suis récompensé. A Londres, j'ai vu, à l'angle de Charing-Cross, le palais du duc de Northumberland ; j'ai vu, au Strand, le palais du duc de Sommerset ; si vous me disiez : « Nizam, il faut en-« lever le vieux Sing, et pour récompense je vous donne « ces deux palais, » j'enlèverais le vieux Sing, et je ne prendrais pas vos palais. Maintenant, mon colonel, je viens vous donner des avis de la plus haute importance, comme vous le reconnaîtrez bientôt. Avant de vous donner ces avis, je pourrais vous demander un prix pour cette révélation. Je ne demande rien, pas même une offre. Je veux m'enlever même l'orgueil de refuser. »

Les sombres préoccupations du colonel s'évanouirent un instant ; l'intérêt militaire supprima pendant quelques minutes l'intérêt amoureux.

« Que mon colonel veuille bien m'écouter, poursuivit Nizam. Le repaire des Taugs est sur le versant méridional du mont Sérieh, au temple de Doumar-Leyna ; le colonel Sleeman, votre prédécesseur, l'avait soupçonné, mais il ne fut pas heureux dans ses explorations. Aujourd'hui nous sommes fixés ; un grand coup doit être frappé là ; c'est presque décisif. Colonel, pouvez-vous disposer de forces nombreuses ?

— Hélas ! non, mon brave Nizam ; on veut toujours nous obliger à faire de grandes choses avec de petits moyens. C'est la tactique du gouvernement de la métropole. Si, au commencement de la guerre, on avait réuni sur un seul point la centième partie des forces qu'on a épuisées, homme à homme, en dix années, tout serait terminé depuis longtemps. Les ministres n'ont jamais compris cela. Ils demandent : « Combien vous faut-il de « régiments? » On leur répond : « Quatre. » Ils en envoient deux. « Combien faut-il de livres sterling? — « Mille. » Ils en envoient cinq cents. C'est ainsi qu'on ne fait rien, qu'on ne termine rien, et que beaucoup de sang et d'or sont dépensés en vain. Si, au début, le ministre eût fait le contraire, s'il eût accordé le double de ce qui était demandé, on aurait tout écrasé du premier coup.... Mais cela est hors de propos ; la Chambre des Communes est trop loin pour m'entendre. Songeons à la chose urgente, Nizam ; tâchons de faire beaucoup avec peu.

— Nous essayerons, colonel.... Il s'agit d'anéantir l'élite des Taugs, et de faire prisonnier le vieux Sing, l'âme de la guerre. Nous avons quelques jours de repos devant nous. Nos ennemis ont reçu hier une bonne leçon. Ils n'en profiteront pas, c'est positif. Quand ils seront revenus de leur étourdissement, ils recommenceront. Alors nous frapperons notre coup. Je vous prie, mon colonel, de me donner une lettre pour le capitaine Moss, afin qu'il puisse mettre à ma disposition l'attirail nécessaire à notre grande expédition. Sir Edward vous dira que vous pouvez vous fier à moi.

— Oh! je n'ai pas besoin de la garantie de sir Edward! je vous connais, mon brave Nizam.... Je vais vous écrire la lettre pour le capitaine Moss.

— Mon colonel, poursuivit Nizam, pendant que Douglas écrivait, vous savez comme moi que Nerbudda est entouré d'espions. Tout à l'heure, en escortant le tandigel qui portait le piano, j'ai vu passer à travers champs des mines suspectes. Il y avait dans les rizières de faux béraidjes qui labouraient nonchalamment, et cachaient leurs têtes chauves sous des feuilles de bananier. J'ai rencontré un fakir, qui est fakir comme vous et moi. Il tendait la main comme un mendiant, à une très-grande distance de nous. Heureusement, j'ai de bons yeux : le bandit demandait l'aumône aux arbres. Nizam a été plus rusé que lui : quand nous avons été sur les mêmes pavés, je lui ai donné une roupie en lui disant : « Voilà « pour payer vos ablutions quand le crieur de *Gangaï-« Tirtam* passera. » A cette distance, je l'ai reconnu ; c'est un vieux Taug qui, en 1829, a failli étrangler le brave major Henley. Colonel, il faut tromper ces grands trompeurs. Quand nous serons à la veille de notre grande expédition, il faut donner des fêtes, des chasses, des festins, ici, à Nerbudda, si c'est possible. Les Taugs ne doivent rien soupçonner. Nous leur laisserons croire que nous sommes endormis dans une tranquille ignorance. Au reste, mon colonel, je me trouve fort impertinent de vous donner des conseils, lorsque ce sont de simples avis que vous attendez de moi.

— Vous vous trompez, mon brave Nizam, dit le colonel en se levant, la lettre fermée à la main. Vous êtes injuste envers vous. Un chef, dans ma position, doit écouter tous les conseils, même les plus absurdes, et ceux-là ne viendront jamais de vous…. Nizam, voilà ma lettre pour le capitaine Moss. Avec cela, vous aurez tout ce que vous demanderez.

— Mon colonel n'a plus rien à me dire ?…

— Non…. Seulement, je vous recommande votre prisonnier, le fakir Souniacy…. à moins qu'en votre absence quelque tigre ne l'ait dévoré.

— Soyez tranquille, mon colonel, les tigres ne mangent pas les squelettes. »

Le colonel congédia Nizam avec un sourire et un geste

amical de la main. Il venait de se distraire violemment de la pensée dominante qui brûlait son cœur et son front. Dans les crises terribles, dans les maladies de l'âme, on cherche partout un remède moral qui donne au moins le temps de prendre haleine, pour recommencer à souffrir. Douglas retomba dans son agonie quand il fut seul.

Pendant l'entretien de Douglas et de Nizam, une autre scène avait lieu sous les arbres, à quelques pas de l'habitation.

Le comte Élona avait abordé sir Edward avec cette franchise qui supprime tout préambule oiseux ou trompeur.

« Sir Edward, dit-il, excusez-moi si je vous interromps dans vos rêveries silencieuses; mais je vous trouve seul, il faut que je vous parle, et je saisis cette précieuse occasion.

— Je suis tout à vous, dit Edward avec un sourire; parlez, comte Élona.

— Ce que j'ai vu, d'autres peuvent le voir, sir Edward; ce que j'ai vu, moi, je saurai le taire; d'autres en parleront.... J'étais à mon balcon, la nuit dernière, rêveur et silencieux comme vous l'étiez tout à l'heure. Je regardais la nuit, les étoiles et les bois. C'est toujours ce qu'on fait à la campagne, dans les heures d'insomnie. J'ai entendu un bruit léger, un bruit prudemment diminué par la précaution, et, aussitôt après, j'ai vu deux ombres glisser sur la façade du Midi et disparaître dans les arbres. Ma première idée a été de courir à vos appartements pour vous communiquer cette découverte. Une réflexion m'a retenu. Je pouvais donner l'alarme à la maison pour un motif peut-être fort léger en lui-même. Il était fort probable que deux domestiques s'échappaient ainsi furtivement, et couraient à quelque rendez-vous nocturne. Je n'ai donc pas quitté mon poste d'observation ; j'avais vu le départ, je voulais assister au retour. Croyez bien, sir Edward, que mes oreilles n'ont pas été dupes d'une illusion ; j'ai entendu au milieu de la nuit un cri lointain, répété à courts intervalles, cri aigu et déchirant qui semblait n'appartenir ni à l'homme ni à la bête fauve. Quelques heures après, au lever des dernières étoiles, j'ai revu les deux mêmes ombres ; elles ont escaladé la façade avec une agilité merveilleuse, qui trahit assez l'origine indienne des deux maraudeurs. Au lever du soleil, il n'y avait sur la façade, aux balcons et dans le bois, aucune trace de la scène mystérieuse de la nuit. Maintenant, sir Edward, croyez-vous que je doive révéler au nabab....

— Gardez-vous-en bien, comte Élona ! dit Edward en suspendant la parole du jeune Polonais ; ce que vous avez vu par hasard est un secret de mort ; ce que vous avez vu n'est pas une réalité, c'est un rêve, une vision, une *cavale de nuit* [1] !

— Non, non, sir Edward....

— Alors, comte Élona, vous ne comprenez pas ce que je dis ; c'est peut-être ma faute. Ma parole est obscure comme cette dernière nuit dont vous parlez. Il le faut. Souvenez-vous donc de ceci : Ce que vous avez vu, vous ne l'avez pas vu ; ce que vous avez entendu, vous ne l'avez pas entendu. Suis-je clair, maintenant ?

— Je vous comprends, sir Edward, et je respecterai vos mystères, puisque vous vous méfiez de ma discrétion.

— Comte Élona, dit Edward en serrant les mains de son interlocuteur, Dieu me garde de vous faire une pareille insulte ! Cela est si peu dans mon intention, que je vais sur-le-champ vous donner le mot de l'énigme. Je serai bref, parce qu'à tout moment le colonel Douglas peut arriver. »

[1] Traduction littérale de *nigth-mare*, en français *cauchemar*.

Edward raconta rapidement la terrible rencontre de la nuit dernière au comte polonais.

En finissant il ajouta :

« A notre première expédition, comte Élona, il y aura sans doute trois ombres sur la façade du bois, n'est-ce pas?

— Certainement, je vous accompagnerai, si le colonel veut bien me le permettre, sir Edward.

— Parbleu ! le colonel ne demande pas mieux. Vous ne dérangez personne, vous ne nuisez à aucun avancement. Vous prendrez le grade que vous voudrez Votre uniforme est bien simple, un uniforme d'ombre passant le Styx : il ne vous gênera pas sur les coutures. Ensuite, vous verrez des batailles d'un genre nouveau. Une seule décharge de coups de pistolet, une seule, pour ne pas donner l'alarme aux voisins de deux lieues. Ce bruit, d'ailleurs, s'il était entendu de loin, serait mis sur le compte d'un coup de tonnerre, tombé du ciel serein par distraction ; c'est une chose commune dans l'Inde. Oh ! nous ne livrons pas une de ces batailles insipides à l'européenne, lorsque cent mille hommes, vêtus de rouge et de bleu, s'alignent aux deux horizons d'une plaine, et se tirent mutuellement dix heures de coups de canon, au milieu d'un immense charivari de trombones et de tambours. Vous verrez autre chose, et vous vous amuserez. Dans la phase de mélancolie accablante où votre vie se trouve, notre guerre poétique vous fera du bien. Maintenant, comme Élona, je vous demande confidence pour confidence... L'autre jour, vous m'avez entretenu de votre passion pour la jeune Grecque Amalia... Nous sommes à quelques milliers de lieues d'elle... la distance autorise quelques légères indiscrétions... C'est que je suis amoureux des aventures d'amour... l'amour est la seule folie qui soit raisonnable dans notre monde insensé ; dites-moi, mon cher comte, étiez-vous sérieusement avancé dans votre passion avec Mlle Amalia?

— Votre demande, sir Edward, ne m'embarrasse nullement. Je suis heureux de pouvoir vous faire une réponse sincère et qui ne compromet l'existence de personne. Il me serait permis d'avouer mon amour, même devant Amalia, sans crainte de donner la plus légère teinte de rougeur à son beau visage. C'était l'amour dans sa plus innocente et sa plus sainte expression.

— Parole d'honneur ?

— Je vous le jure, sir Edward.

— Comte Elona, je vous ai promis un vaisseau pour votre retour ; tôt ou tard je tiendrai mon engagement. Vous reverrez Amalia.... je vous le jure à mon tour.... Maintenant parlons d'autre chose.... Je vous ai demandé confidence pour confidence ; vous m'avez payé ; nous voilà quittes de ce côté.... Il vous reste une dette, et vous êtes trop bon débiteur pour ne pas satisfaire votre créancier.

— Voyons la dette ?

— La dette est plus facile à payer, comte Elona.

— Tant qu'il ne s'agit pas d'argent, je suis en fonds.

— J'ai été assez heureux, mon cher comte, pour vous rendre, à Smyrne, un service léger....

— Immense, sir Edward.

— C'est à vous de le peser à sa valeur. Comme ce service ne me coûtait rien, je l'apprécie moins que vous. C'est alors moi qui vais être votre débiteur, parce que le service que je vous demande en échange est très-important.

— Tant mieux, sir Edward.

— Il est même ennuyeux : si vous me le demandiez, je ne vous le rendrais pas.

— Je vous le rendrai.

— Très-bien ! comte Elona ; si vous bravez l'ennui, vous êtes héroïque, je m'incline devant vous.... Écoutez!... Écoutez!... Ah! voilà qui me met en extase!... Miss Arinda inaugure son piano! La musique fait son entrée au cœur du Bengale, au son de la marche triomphale de *la Muette* d'Auber! Les oiseaux chantent dans les volières et les arbres du bois! La jeune fille de l'Inde exécute sur un terrain anglais les gracieuses mélodies de la France! Comte Élona, il me semble que cette petite chose est plus grande qu'Austerlitz et Trafalgar. »

Un silence de quelques instants suspendit l'entretien.

« Comte Élona, dit Edward en renouant la conversation sur un ton calme, nous avons le temps de causer encore sans témoin. Le colonel a été appelé pour tourner les feuillets de la partition, et le nabab se pâme de joie comme un sauvage. Ainsi, le loisir me favorisant, je puis vous débiter une charmante fable locale traduite par mon ami, M. Boze, ce voyageur français qui nous a donné le meilleur dictionnaire indien. C'est de circonstance.

LA FORÊT ET LE TIGRE.

FABLE.

« Une forêt et un tigre vivaient en bonne intelligence. La forêt protégeait le tigre, le tigre défendait la forêt : le service était mutuel. Les bûcherons n'osaient pas aller couper du bois, de peur de rencontrer le tigre, et les chasseurs ne pouvaient jamais découvrir le tigre sous le feuillage épais et sombre de la forêt.

Un jour, l'animal féroce eut la fantaisie d'abandonner sa protectrice et de prendre ses ébats, à la rage du soleil, dans un vaste champ de riz. Les chasseurs aperçurent alors le tigre à découvert et le tuèrent facilement, et les bûcherons, ne craignant plus les dents et les coups de griffes, détruisirent la forêt. »

« La moralité de la fable, poursuivit Edward, c'est qu'il faut se rendre service pour service, et dans le Bengale surtout, puisque la sagesse indienne a découvert cette maxime au premier âge du monde...

— Sir Edward, vous pouviez vous dispenser de me citer cette fable à l'appui : cependant je suis charmé de la connaître...

— Elle est naïve comme une histoire de nourrice, ou comme la vérité... Voici donc ce que je vous demande, comte Élona. Vous irez à Roudjah ce matin même... avec une excuse... la première venue sera la meilleure pour le nabab... vous vous établirez dans la seule auberge de ce village, *Sweet-Hours-Inn* (l'auberge des Douces-Heures), et là, vous attendrez l'arrivée d'un nommé Tower.

— Quel est ce voyageur?

— C'est un voyageur... un homme de bon sens et de probité...

— Connu de vous?

— Inconnu. Au reste, tout cela importe fort peu au service promis. Vous attendrez donc M. Tower.

— Je l'attendrai, sir Edward.

— Voyons, comte Élona, comment l'attendrez-vous? Donnez-moi une idée de vos mœurs, au chapitre de l'attente.

— Mais je crois qu'il n'y a pas deux manières d'attendre...

— Vous êtes dans l'erreur, il y en a cent, comte Élona; vous avez le courage et l'expérience d'un vieux guerrier, mais je vous soupçonne fort d'être novice dans les choses de la vie. Écoutez bien. Vous me donnerez des leçons de courage, et je vous donnerai des leçons d'attente. Il faut que vous découvriez M. Tower au moment précis de son arrivée à Roudjah Ce village, d'après les renseignements que j'ai pris, est fortifié comme un grand *blockhouse*, et il a quatre portes. Si vous preniez, avec deux amis apostés, trois de ces portes, vous pouvez être certain que M. Tower arriverait par la quatrième. La vie s'amuse à nous jouer continuellement ces tours-là. Si vous demandez le chemin de la mer pour y rencontrer M. Tower, qui doit nécessairement passer par ce chemin, puisqu'il débarque d'un vaisseau, vous pouvez être certain que M. Tower, à cause d'un accident non prévu, arrivera par le chemin de terre, en dépit de toutes les vraisemblances. Si vous attendez M. Tower nonchalamment assis dans la seule auberge de Roudjah, vous pouvez être certain que l'espiègle hasard vous inventera sur-le-champ une seconde auberge pour arrêter au passage votre voyageur. Et cependant il faut, à tout prix, que vous parliez à M. Tower avant son entrée à Roudjah. Si je vous fais un si long préambule, c'est que le service à rendre dépend tout de ce point essentiel. Encore une observation. Les convois de la mer et les voyageurs arrivent ordinairement à Roudjah vers le milieu du jour. Ne vous fiez pas à l'heure indiquée par l'aubergiste. Prenez votre poste d'attente depuis le lever du soleil jusqu'à son coucher. Si tous les convois arrivent, sans retard ni avance, à midi, croyez bien que celui que vous attendrez arrivera à dix heures du matin ou à deux heures du soir. Une seule chose n'est pas à craindre, c'est l'arrivée pendant la nuit; donc la nuit est toute à vous. Je vais vous donner un ordre du colonel Douglas pour le capitaine Moss. Avec cet ordre, vous ferez fermer trois portes de Roudjah sous prétexte de tigre ou de panthère hydrophobe; il n'en restera ainsi qu'une pour M. Tower : le voilà bien forcé d'entrer par là. Lorsque vous verrez la poussière du convoi à l'horizon, vous trouverez un moyen naturel d'aborder en chemin M. Tower, et de lui offrir vos services comme étranges...

— Mais à quel signe reconnaîtrai-je ce M. Touwer?

— Attendez! Quelle vivacité polonaise! On voit bien que le Nord se fait Midi... Attendez; je n'oublierai rien. J'ai l'habitude de jouer aux échecs avec le destin : je tâche de deviner les pièces qu'il poussera, et je prépare les miennes... Vous reconnaîtrez aisément M. Tower; il voyage avec deux femmes d'une beauté merveilleuse, et qui, fort heureusement pour vous, ne sont pas à lui...

— Oh! que m'importe cela?

— Mon cher comte, vous êtes jeune et ardent comme un Français de Varsovie, et il se pourrait bien...

— Sir Edward, je vous en prie, au nom de Dieu! trêve aux plaisanteries sur ce point.

— Puisque vous le voulez, noble et fidèle comte, ces deux dames ne serviront qu'à vous faire reconnaître M. Tower. Malgré toute la mauvaise volonté du hasard, il est impossible d'admettre qu'un autre voyageur puisse, le même jour, arriver avec deux autres dames d'une aussi rare beauté. Les belles et gracieuses femmes ne courent pas les grands chemins du Bengale tous les jours. Ici, mon cher comte, malgré ma sagacité, il m'est impossible de prévoir ce qui éclatera aux premiers regards échangés entre la société de M. Tower et vous.

— Je ne vous comprends pas bien, sir Edward...

— Je ne comprends pas bien moi-même... Vous verrez... L'avenir a le tort de ne pas être le passé : nous serions trop instruits... Mais quelque chose qui puisse éclater dans cette entrevue, mon cher comte, souvenez-vous bien de ma dernière recommandation. M. Tower est un homme d'honneur; vous ferez un appel à ses nobles sentiments; vous lui direz qu'à cette heure le colonel Douglas a dans ses mains les plus graves intérêts de l'Inde; qu'il ne peut s'occuper absolument que de ces intérêts, à l'exclusion de toute autre affaire; de toute autre affaire, entendez-vous? fût-ce un mariage avec une

mine de diamants incarnée dans la Vénus de Médicis!...
Cependant, comme M. Tower n'est pas venu à Roudjah
pour s'ennuyer à l'auberge des *Douces-Heures*, vous
ajouterez que le colonel Douglas ne demande qu'une
trêve de quinze jours. Ces quinze jours, vous les passerez
avec lui; vous lui ferez bonne compagnie; vous mon-
trerez à ces dames les deux volumes in-quarto de l'ouvrage indien de Raffles, et les quatre volumes de l'Inde,
de Solwins, avec des gravures sans nombre. Le capitaine
Moss vous prêtera ces ouvrages. Il est cruel, je le sais,
dans votre position, mon cher comte, de passer quinze
grands jours avec les deux plus charmantes femmes
blanches du Bengale; mais il faut vous résigner à cet
ennui. Il faut accepter M. Tower avec son entourage...
et puis, qui sait?... Nous en avons vu bien d'autres...
fidèles comme vous, et, l'occasion offerte...

— Ne recommencez pas, sir Edward, je vous en prie.

— J'ai fini, comte Élona. Vous avez toutes vos instructions et avec luxe, j'espère...

— Pardon, sir Edward, vous avez oublié un point
essentiel, je crois...

— Voyons.

— Si M. Tower ne tenait aucun compte de mes conseils ou de mes ordres, que faudrait-il faire?

— Le cas est prévu. Nous sommes ici dans une position exceptionnelle. Roudjah n'est pas un village comme
Richmond ou Highgate, soumis aux lois de la charte
anglaise. Nous n'avons ni constable ni shériff. Or, si
M. Tower se révoltait, vous feriez un signe au capitaine
Moss, et à ce signe, la quatrième porte de Roudjah serait
fermée, sous un prétexte quelconque, pendant quinze
jours. Mais M. Tower ne demandera pas mieux, après
les fatigues de son voyage, que d'accepter le sursis. Vous
verrez que les dames plaideront pour vous. Cela dépend
de votre habileté.

— Quand faut-il partir, sir Edward?
— Tout de suite, avant si c'est possible.
— Et mes lettres pour le capitaine Moss?
— Vous les recevrez ce soir, en arrivant. Mon brave Nizam vous les remettra, et vous donnera peut-être un supplément d'instructions. Ce que vous allez faire est ennuyeux à la mort, je le sais; mais si c'était amusant, ce ne serait pas un service. On va vous faire seller un cheval; on vous donnera un guide, et, bien avant le coucher du soleil, vous serez à l'auberge des *Douces-Heures* : c'est une enseigne attrayante, mais trompeuse comme toutes les enseignes... Pourtant, comte Élona, je ne sais quelle inspiration me dit que l'enseigne ne mentira pas cette fois.
— Vous avez la plaisanterie incorrigible, sir Edward.
— On ne doit pas se corriger de ses vertus.
— Vraiment, sir Edward, à la façon dont vous donnez des ordres sérieux, on serait tenté de croire qu'ils ne le sont pas.
— En voilà une autre!... Eh! mon Dieu! ne faites pas attention à la forme, regardez le fond. Comment! je vous impose une corvée pleine d'ennui, et vous voudriez que je la fisse précéder d'une préface plus ennuyeuse encore, comme parlerait un député des Communes en pareille occasion! Je veux qu'on prononce mon oraison funèbre en riant. Comte Élona, la nuit dernière, si vous m'aviez vu avec les Taugs, j'étais sérieux... Vous souffrez d'une passion au cœur, dites-vous, une passion aiguë et chronique, et qui éternise la tristesse sur votre visage. Et croyez-vous donc que les autres soient exempts de passions, parce qu'ils vous parlent avec le sourire aux lèvres et l'étourderie aux yeux? Gardons notre mélancolie pour nous; causons avec elle dans notre isolement, avec la voix intérieure de l'âme; affligeons-nous nous-mêmes sans pitié, si cela nous amuse; mais n'affligeons

pas nos amis; respectons la sérénité du prochain! Comte Élona, vous voyez que je sais parler sérieusement quand il le faut.

— Serrez-moi les mains, sir Edward. Vous avez toujours raison.

— C'est mon seul tort dans mes relations d'amitié.... Mais puisque nous sommes à l'heure des confidences, je veux vous en faire une autre, moi. Seulement, j'exige, à l'amiable, que vous me parliez avec bonne franchise.... Espérez-vous un jour revoir votre jeune et belle Grecque Amalia?

— Certainement, sir Edward.

— Mariée?

— Mariée, je ne la reverrai jamais.

— Je comprends cela mieux que personne. Et si elle n'était pas mariée, la reverriez-vous avec joie? »

Le comte Elona leva les yeux au ciel avec une expression de béatitude divine.

« Dites-moi, maintenant, croyez-vous qu'Amalia vous reverrait avec le même bonheur?

— Je crois que, si elle était libre, elle ne me reverrait pas avec chagrin.

— Eh bien! voici la différence à remarquer entre nos deux positions. Moi, j'aime une femme créée tout exprès pour moi. Elle a les trois vertus de l'amour : la beauté, la grâce et l'esprit. Elle a ce charme sensuel, qui s'ennoblit par l'intelligence. Elle a cet attrait infernal ou divin qui fait croire à ses adorateurs que le globe de ce monde est le grain de sable foulé par ses pieds.... Comte Élona, si cette femme me revoyait, elle demanderait au ciel un coup de tonnerre pour m'en écraser. Et moi.... écoutez bien ceci, comte Élona.... moi, j'ai juré de ne jamais dire à cette femme : *Je vous aime!* en supposant que le coup de foudre dont elle me menace dût se changer en sourire sur son front.... Je l'ai juré. Je respecte mes serments et je ne veux plus jouer avec l'amour. Deux fois dans ma vie mon cœur s'est brisé !... Voyez si j'ai besoin de mes forces pour donner la frivolité à ma parole, le sourire à mon visage, la sérénité à mon front! Dites, quel est le plus homme de nous deux? de celui qui raconte sa mélancolie à tout le monde, ou de celui qui cache son désespoir, même à son ami ?

— Sir Edward, je vous remercie de la leçon, dit Élona au comble de l'émotion, j'en profiterai. Vous avez raison; la faiblesse du cœur ne doit pas être un vice de l'homme. A Roudjah, si M. Tower arrive trop tard, j'aurai le temps de réfléchir sur tout cela.

— Mon cher comte, j'aime à vous voir dans ces dispositions, et je me sépare de vous avec moins de regret. Votre absence ne sera pas longue, j'espère. Partez vite pour l'abréger. »

Après cet entretien, Edward s'occupa des préparatifs de ce départ. Il fit signer aveuglément au colonel Douglas deux lettres pour le capitaine Moss, et accompagna le comte polonais jusqu'aux limites du domaine de Nerbudda.

Douglas attendait le retour d'Edward avec une anxiété fiévreuse. Quand les deux amis se rejoignirent, ils eurent un court entretien; et de toutes les paroles échangées entre eux dans cette journée, nous ne mentionnerons que celles-ci, comme étant les seules nécessaires à l'intelligence de cette histoire.

« Eh bien! dit le colonel avec une voix agonisante, dois-je vivre? dois-je mourir?

— Vous m'avez demandé quinze jours, je vous les donne.

— Après ?

— Après, nous verrons. En attendant, allons épuiser les partitions de miss Arinda. »

VIII

Au village de Roudjah.

En arrivant à Roudjah, le comte Élona suivit littéralement toutes les instructions données par sir Edward. Il se posa en dieu Terme devant la seule porte du village, s'établit sous un dôme d'acacias à larges feuilles, avec deux domestiques toujours prêts à exécuter ses ordres, et trompa facilement les ennuis d'une longue attente en feuilletant les in-quarto de Raffles et les in-folio de Solwins. Dès qu'un nuage de poussière s'élevait vers l'horizon maritime, il courait sur la grande route et assistait au défilé des voyageurs indiens ou européens avec une émotion singulière dont il ne pouvait se rendre compte, et qui l'effrayait quelquefois comme un pressentiment. Un seul coup d'œil lui suffisait pour s'assurer que ce qui était attendu n'était pas là. Les rideaux des palanquins, les stores des voitures, les parasols agités sur le dos des éléphants, ne laissaient entrevoir que des faces cuivrées, noires, brunes, qui rejetaient bien loin les gracieuses images dépeintes par sir Edward.

Neuf jours après le départ de l'habitation, une escorte de cavaliers cipayes étincela sur le chemin de la mer, et le cœur du comte Élona battit avec une violence extraordinaire. Cette fois, l'élan sembla lui manquer, il ne s'avança qu'avec lenteur, comme un homme qui désire ne pas voir ce qu'il attend.

Élona laissa passer l'escorte, et ses yeux plongèrent dans un palanquin superbe, auprès duquel un voyageur européen faisait piétiner son cheval. Deux femmes étaient dans le palanquin, mais l'ombre des rideaux ne permettait point de distinguer et de juger leurs figures.

Le comte Élona salua gracieusement le cavalier, et lui adressa d'un ton aisé cette question :

« Ai-je l'honneur de parler à M. Tower? »

Le cavalier regarda fixement Élona et lui dit :

« Oui, monsieur ; et vous êtes sans doute le colonel Douglas?

— Je ne suis pas le colonel Douglas ; mais, dans son intérêt, il faut que j'aie un entretien avec vous, monsieur Tower, à votre arrivée à Roudjah.

— C'est bien, monsieur. Nous pouvons causer en arrivant, dit Tower. Nous ne sommes pas fatigués. Ces dames sont endormies dans leur palanquin. Comme vous voyez, nous ne crevons ni les chevaux ni les porteurs ; nous allons le pas.... Où nous rencontrerons-nous, monsieur ?

— Je vous accompagne jusqu'à *Swen-Hours-Inn,* où vous descendez, sans doute : c'est la seule auberge de Roudjah.

— Alors, il n'y a pas à choisir, » dit Tower.

Le comte Élona suivit le palanquin jusqu'à l'auberge, et se fit le garde du corps du voyageur.

Cependant, à vingt pas du seuil de la porte, il crut devoir s'arrêter pour ne pas témoigner une curiosité indiscrète, lorsque les deux dames allaient descendre. Quand le palanquin eut cédé ses voyageuses à l'hôtellerie, le jeune comte s'élança vers M Tower comme sur une proie, et l'entretien eut lieu sur-le-champ, dans la salle commune.

« La présence de ces dames n'est pas, je pense, nécessaire ici, dit M. Tower, elles ont demandé un appartement, et nous serons seuls. »

Élona remplit alors la commission de sir Edward, et

avec une exactitude si scrupuleuse que, dans les quinze jours de sursis demandés, les neuf déjà écoulés n'étaient pas compris.

M. Tower écouta le comte avec une grande attention, sans l'interrompre une seule fois.

Après quelques minutes de réflexion silencieuse, il dit :

« Il me semble que vous ignorez absolument le motif de mon voyage au Bengale?

— Je l'ignore. Je remplis en aveugle un message d'amitié.

— Pourquoi le colonel Douglas veut-il me faire perdre quinze jours? Je comprendrais ce retard si la province du Nizam était en feu comme autrefois; mais, grâce à Dieu, il n'y a pas plus de Taugs aujourd'hui que sur la main. Le poste du colonel est une sinécure. On m'avait dit, à Londres, de ne pas m'aventurer dans les terres, s'il y avait du péril, et d'appeler le colonel dans quelque port du Bengale. Heureusement, les renseignements que j'ai pris à bonne source, en débarquant, et le *Bombay-Review*, dont j'ai parcouru les derniers numéros, m'ont rassuré complétement. On voyage à cette heure de la côte à Roudjah avec autant de sécurité que de Londres à Uxbridge. J'ai pris une escorte pour la forme; elle m'a coûté fort cher, ne m'a pas servi....

— L'escorte a toujours servi à rassurer vos dames, monsieur Tower....

— Ces dames! bah! on voit bien que vous ne connaissez pas nos intrépides amazones! Je vous présenterai à elles à dîner.... dans quelques instants.... car il m'est impossible de vous improviser une réponse et une décision sur un sujet aussi grave.... vous dînerez avec nous et nous causerons.... j'aurai le temps de réfléchir... C'est que, voyez-vous, j'ai des ordres du ministre, des ordres formels; il faut que je parle au colonel en arrivant....

ce soir, ou demain au plus tard.... Excusez-moi, dit M. Tower en se levant, je ne puis m'engager comme cel sans réflexion.... Nous nous reverrons dans une heure.... Oui, il me faut une heure pour m'habiller et réfléchir.... Je vous attends à dîner. »

Le comte Élona salua M. Tower et sortit de la sall commune, mais non pas de l'auberge. Il attendit l'heur du dîner dans le vestibule.

Au premier appel du domestique, Elona parut dan la salle à manger, où M. Tower se trouvait déjà.

« Monsieur, dit il, j'ai pris conseil de moi-mêm d'abord, et ensuite d'une personne qui est intéressé plus que moi dans cette affaire, et que j'ai consultée e tête-à-tête. Or, voici ce que nous avons décidé : nou attendrons quinze jours....

— Et pourquoi pas un mois? dit une voix dont le timbre unissait la mélodie à la fermeté. Pourquoi, monsieur Tower?... »

Cette interrogation était faite par une jeune et ravissante demoiselle, qui entrait dans la salle en achevant de rajuster sa toilette, de sorte que ses yeux, occupés de gants et de bracelets, ne remarquèrent pas d'abord le comte Elona.

La demande fut interrompue par un mouvement convulsif de surprise et un soupir guttural, annonçant qu'un effort suprême d'énergie venait de refouler un cri de stupéfaction. Le comte Élona, qui s'avançait pour saluer la belle voyageuse, faillit tomber la face contre terre, car tout le sang de ses pieds jaillit à son front, et laissa sur le visage, en se retirant, l'horrible pâleur de la mort.

Cette jeune femme était là jeune Grecque Amalia.

M. Tower, tuteur plein de bon sens et de probité, par ordonnance ministérielle, appartenait à cette nombreuse classe d'hommes qui ont passé leur vie de cinquante ans à devenir amoureux, sans conséquence, de toutes les femmes qu'ils ont rencontrées. M. Tower était incapable d'abuser le moins du monde de sa position auprès d'une jeune pupille ; mais chemin faisant, de Smyrne aux Indes, il s'était épris fort innocemment de la fiancée qu'il conduisait à l'époux. Cette chaste passion ne lui donnait d'autre avantage que celui de se soumettre aveuglément à toutes les volontés de sa pupille : les rôles étaient intervertis, chose assez commune entre pupilles et tuteurs.

Lorsque la jeune demoiselle suspendit son interrogation dans une crise nerveuse, rapide comme l'éclair, M. Tower s'inclinait devant elle avec toute la pompe du respect et de l'adoration.

« Mademoiselle, dit-il en se redressant d'une façon juvénile, puisque le colonel ne demande que quinze jours, ce serait une impolitesse, il me semble, de lui accorder un mois.... Mademoiselle, je vous présente monsieur.... Excusez-moi, monsieur, je ne vous ai pas demandé votre nom....

— Le comte Élona Brodzinski, dit le jeune homme d'une voix inintelligible.

— Je vous présente M. le comte, poursuivit Tower, un ami de votre futur époux.... un Français.... je présume que monsieur est Français?...

— Français de cœur et d'âme, dit le comte qui appelait son trésor d'énergie virile à son secours.

— Mademoiselle Amalia, dit le tuteur, nous n'attendons plus que Mme la comtesse pour nous asseoir. »

M. Tower était aussi un de ces hommes qui ont passé toute leur vie prosternés devant eux-mêmes, et qui, dans l'habitude invétérée de cette adoration personnelle, ont perdu le sentiment de l'observation extérieure, et ne regardent rien en dehors de leur circonférence, à moins qu'ils ne rencontrent un miroir.

C'était un bel homme dans l'acception matérielle du

mot, ayant assez de gravité taciturne et de recueillement hypocrite pour séduire un ministre anglais, mais enclin à cette gaieté lourdement folâtre qui attriste les gens d'esprit. Il aurait pu se donner, comme tout le monde des beaux hommes, quelques triomphes de bonnes fortunes ; mais il avait toujours redouté d'accorder, même à des femmes, un peu de cet amour qu'il se prodiguait à lui-même dans un égoïsme triomphant. S'il avait pu se rencontrer en personne, dans l'autre sexe, il se serait épousé. Ainsi, nous ne serons pas surpris que tous les incidents du dîner échappent aux regards de M. Tower. Il se croit le centre de toutes les envies humaines. Les femmes l'aiment ou regrettent de ne pouvoir l'aimer ; les hommes l'honorent d'une jalousie sourde, qu'il se fait pardonner par son esprit et son aimable naturel. Le bourdonnement de surprises, de soupirs, de syllabes confuses, qui roule autour de lui, ne peut s'adresser qu'à lui, c'est convenu. Hommes et femmes perdraient leur temps à s'occuper d'autre chose quand M. Tower est là, présent pour faire le monopole de toutes leurs sensations à son profit.

Le mouvement qui accompagna l'entrée de la comtesse Octavie devait donc passer inaperçu devant M. Tower. Ce mouvement signifiait, en langage de M. Tower : « Certes, cet étranger est assez bien ; mais à côté de M. Tower, il ne brille pas ! »

Au théâtre, les exclamations de surprise foudroyante se formulent ainsi : *Que vois-je ? Ciel ! Vous ici, monsieur ! En croirai-je mes yeux ? Est-ce un songe ?*

Dans la vie réelle, les plus saisissantes émotions ne se formulent pas en syllabes escortées de points courbes ou verticaux.

La comtesse Octavie ne prononça pas un seul mot en reconnaissant le comte Élona ; mais sa figure s'illumina d'un rayon triste comme un éclair d'orage au milieu du jour. Au reste, le comte Élona, la comtesse et Amalia étaient, vis à vis les uns des autres, dans une position si étrange, qu'ils étaient forcés de se traiter en inconnus, surtout en présence de M. Tower.

« Je vous présente M. le comte, dit M. Tower, un jeune Français, un de vos compatriotes, madame la comtesse, un ami de vos amis.... A table, mesdames, avec votre permission.... Voici un dîner qui se présente bien.... Aimez-vous le *mock-turtle soupe?*... Voilà des *meat pies* fort appétissants, et un *turkey* de très-bonne mine.... On fait bonne chère à.... Comment appelez-vous ce village, monsieur le comte?

— Roudjah.

— A Roudjah!... un nom turc.... Madame la comtesse, que vous servirai-je?... Je cherche un plat français.... Voici du *lamp-chop* qui vous plaira peut-être.... »

La comtesse fit ce mouvement de tête et d'épaules qui signifie que le courage est revenu après la première émotion. Ses fines narines d'opale se contractèrent en même temps que ses lèvres, et une légère aspiration précéda sa première parole.

« J'accepterai ce que vous m'offrirez, monsieur Tower, » dit-elle avançant le torse sur la table, et en croisant ses beaux bras nus.

M. Tower se dessina fièrement, et présenta une assiette à la comtesse, avec un contour de bras qui visait à la grâce et manquait le but.

« Monsieur Tower, dit la comtesse d'un ton délié qui ne laissait supposer aucune préoccupation intérieure, avez-vous l'habitude de lire des romans?

— Ma ...da....me, répondit M. Tower avec une lenteur saccadée, pour prendre son temps et chercher des mots, je lis des romans à la campagne pour tuer deux ou trois heures.... Quand on s'occupe de choses graves, on aime peu les frivolités.... et puis, lorsqu'on a été soi-même

8

le héros d'une foule d'aventures romanesques.... vous concevez....

— Croyez-vous, monsieur Tower, aux rencontres miraculeuses et impossibles?

— Mais, madame, je ne serais pas éloigné d'y croire.

— Vous avez raison, monsieur Tower; quatre ou cinq numéros se sont rencontrés sur la même ligne, à la loterie : deux êtres humains peuvent bien se rencontrer; ils sont plus intelligents que des numéros.

— Oh! le mot est charmant, belle comtesse! Mais à propos de quoi faites-vous cette réflexion?

— A propos de rien.... En voyage, la pensée n'a pas de logique.... au Bengale surtout.... le soleil allume le cerveau et trouble la raison....

— Belle comtesse, il faut vous apprendre que nous donnons quinze jours de congé au colonel Douglas.

— Je ne vous comprends pas, monsieur Tower, dit la comtesse en lançant un regard sinistre au comte Élona.

— En d'autres termes, que nous passons quinze jours à Roudjah, dit Tower avec un sourire bénin.

— Quinze jours dans ce triste village!.... Quelle idée!.... Il me semble qu'il ne faut qu'un jour pour se marier ; n'est-ce pas, comte Élona?

— Quinze jours avant le mariage, madame la comtesse, dit Tower.

— Ah! quinze jours avant le mariage.... Je comprends.... C'est bien imaginé! »

La comtesse lança des regards de mépris au comte Élona et à la jeune fiancée.

« Madame, dit Tower, nous ne voulons pas tomber sur le colonel Douglas à l'improviste....

— Oui, oui, il faut lui ménager son bonheur.... La joie est souvent fatale.... Je présume que cette idée appartient à M. le comte....

— Non, madame, dit Élona d'une voix faible, cette idée ne vient pas de moi.

— Voulez vous que je vous fasse rire aux larmes, belle comtesse? dit Tower en riant lui-même avec une stupidité intolérable, Mlle Amalia voulait augmenter encore ce congé de quinze jours.

— En effet, cela est fort risible, dit la comtesse avec un visage affreusement sérieux.

— Soignez votre amie, madame la comtesse, dit Tower, elle s'oublie à table; elle mange comme un bengali....

— A table, monsieur Tower, chacun fait son devoir comme il l'entend, dit Octavie. Ah! messieurs, c'est donc ainsi qu'en mon absence vous faites vos petites conspirations!

— Oui! oui! dit Tower en riant aux éclats; nous faisons nos petites machinations, belle comtesse.

— Vous riez, monsieur Tower?... M. le comte devrait bien rire aussi comme vous.... Je soupçonne fort sir Edward d'être l'inventeur de ces complots.... »

A cette phrase, un domestique indien qui paraissait dormir debout, en attendant des ordres de service, fit un mouvement imperceptible, et se rapprocha d'un pas nonchalant. C'était Nizam déguisé en vieux serviteur d'auberge, et remplissant ses fonctions domestiques de l'air d'un sectateur de Siva détaché des choses de ce monde, et attendant une occasion favorable pour se faire fakir.

« Je n'ai pas l'honneur de connaître sir Edward, dit Tower, du moins personnellement. C'est, dit-on, un assez bel homme, un homme agréable, mais un peu gauche avec les femmes.

— Monsieur Tower, dit la comtesse, c'est à vous que j'adresse la parole, mais ce n'est pas à vous que je parle....

— J'entends, j'entends, madame, vous parlez en général....

— Oui, monsieur Tower, et surtout en particulier.... Sir Edward est au fond de tout cela!

— Oh! sur ce point, je vous affirme, madame....

— N'affirmez rien, monsieur Tower, dit la comtesse d'un ton de pitié accablant. Sir Edward est ici.. ici.... à Roudjah! peut-être là, dans la salle voisine.... et s'il m'écoute, tant mieux! » La comtesse fit un sourire effrayant. « Il saura que mes sentiments à son égard ne sont pas changés.... Mon Dieu! je savais qu'il était ici.... J'ai fait le voyage exprès pour le voir....

— Madame, dit M. Tower, la même chose, absolument la même, m'est arrivée.... Une dame de Calcutta, mistress.... je dois taire le nom, est venue à Londres pour me voir, en 1825 ou 26, l'année de l'incendie d'Édimbourg.

— Je ferais volontiers un pari, monsieur Tower....

— Ah! voyons le pari, je le tiendrai peut-être....

— Il est toujours convenu, monsieur Tower, que je ne parle pas à vous.

— C'est convenu, madame.... Voyons le pari....

— Je mettrais ma tête pour enjeu; le colonel Douglas ne sait rien de tout cela.

— Ah! madame, laissez-moi gagner votre tête!....

— Il ne sait rien, vous dis-je. Celui qui devrait répondre s'obstine à se taire....

— Madame, dit le comte Élona, ceci s'adresse à moi....

— Erreur, monsieur le comte, dit Tower, le débat est entre madame et moi, et....

— Veuillez bien laisser parler M. le comte, dit Octavie à Tower.

— J'ignore complétement si le colonel Douglas a demandé lui-même ce retard de quinze jours, dit Élona.

— Alors, c'est sir Edward qui l'a demandé pour le colonel? Essayez de répondre.

— Vraiment, vous m'embarrassez, madame, » dit Tower.

Amalia se leva vivement, comme suffoquée par des émotions intolérables, et quitta la salle sans dire un mot.

« Est-ce que ma belle pupille se trouve mal? dit Tower. Il me semble que je n'ai rien dit de blessant... Excusez-moi, madame la comtesse, mon devoir est de veiller sur Mlle Amalia; je vais lui envoyer sa femme de chambre. Elle est piquée peut-être au vif : je ne lui ai pas adressé une seule fois la parole... Oh! je connais les femmes! »

M. Tower sortit de la salle, et le comte Élona, redoutant un tête-à-tête impossible à soutenir, salua brusquement, et disparut par une autre porte.

La comtesse resta seule avec Nizam, à moitié endormi en apparence, mais voyant tout, écoutant tout.

« J'espère que tout cela est fort clair, maintenant! dit la comtesse à haute voix en se parlant à elle-même... Il faut révéler ce complot infâme à ce pauvre Douglas; il faut se venger de ce démon de sir Edward... Oh! quand les Anglais ne font pas des machines, ils font des machinations! Et moi! moi!... je suis assez stupide pour donner mon affection à ce comte Élona!... un glaçon de Varsovie! »

Elle se leva et fit quelques tours dans la salle, avec la plus vive agitation.

Nizam était toujours frappé de la même somnolence. La comtesse s'arrêta devant lui, et le toisa de la tête aux pieds.

« Voyons, dit-elle, si ce monstre parle une langue humaine... essayons l'anglais... Je dis... (*I say*). »

Nizam n'ouvrit que la moitié de ses yeux, regarda la

comtesse, et se raidit sur ses pieds comme pour recevoir et exécuter un ordre.

« Comment vous appelez-vous? demanda Octavie à Nizam.

— Tauly, répondit Nizam d'un air stupide.

— Tauly, connaissez-vous le pays?

— Oui.

— Peut on arriver à l'habitation de Nerbudda, chez le colonel Douglas, avant le coucher du soleil?

— Avec un bon cheval, j'arriverai, moi, une heure avant la nuit.

— Vous pourriez donc me servir de guide, vous, Tauly?

— Madame, ce n'est pas mon métier d'être guide... cependant..

— Je vous comprends, vous me servirez de guide, si je vous paye bien... (Il me fait signe que oui. Noirs, blancs ou cuivrés, l'intérêt domine tous les hommes! quelle race!...) Tauly, pourriez-vous avoir deux chevaux?

— En les payant bien....

— Eh! certainement!

— Quatre livres le couple, par jour.

— Tout ce qu'on voudra.

— Une livre pour le guide?

— Oui.

— Avec la nourriture, madame.

— Oui... Quel sang-froid d'Indien! Mais leur soleil les glace, ces gens-là! Ce sont des Lapons en cuivre!... Je vous dis, Tauly, que vous serez content de moi.

— C'est que, madame, dit Nizam avec une bonhomie parfaite, l'autre jour, un voyageur anglais m'a pris pour guide; je l'ai conduit à Nerbudda, et il m'a donné un *halfcrown*.

— C'est sir Edward! j'en suis sûre; il est capable de tout... Comment est-il, ce voyageur?

— Un homme superbe...

— Oui... c'est lui qui fait courir le bruit qu'il est superbe... Soyez tranquille, Tauly, voilà mes arrhes...

— Trois souverains ! s'écria Nizam avec un sourire de joie feinte et pleine de naturel. Dans cinq minutes, madame, nous partons.

— Tauly, je ne demande que le temps de prendre mon costume de cheval.

— Un quart d'heure, madame, n'est-ce pas ?

— Oui... et ne parlez à personne de tout ceci. Si l'on vous fait quelque question, dites que nous allons en promenade aux environs de Roudjah...

— Très-bien, madame. »

Dans le vestibule, Nizam trouva le comte Élona, qui sortait en causant vivement avec M. Tower ; la figure du comte était celle d'un mourant qui entrevoit la damnation.

Nizam manœuvra si habilement, que personne ne stationnait devant l'auberge lorsqu'il parut avec ses deux chevaux.

Nizam, en assistant à la scène de la table, avait raisonné ainsi : « La comtesse Octavie est l'ennemie acharnée de mon maître, sir Edward. Je ne sais pas bien quel plan a été tramé à Nerbudda ; mais dans l'intérêt de la réussite de ce plan, il faut, à ne pas en douter, il faut que Mlle Amalia et M. Tower demeurent quinze jours à Roudjah, et que personne à Nerbudda ne soit instruit de leur arrivée trop précoce au Bengale. Si je refuse d'accompagner à Nerbudda la comtesse Octavie, elle prendra un autre guide ; si on lui ferme la porte du village, elle fera un scandale de démon, et mettra le feu aux quatre coins de Roudjah. Il n'y a donc pas d'autre parti à prendre, pour sauver la combinaison de mon maître, que le mien. Ce parti sent un peu le sauvage, mais la nécessité m'absout. »

Ainsi raisonnait le trop dévoué Nizam, qui aurait incendié le Bengale pour tirer sir Edward d'un mauvais pas. Les hommes des pays torrides poussent à l'excès leurs vices et leurs vertus, et souvent ils les confondent en les exagérant.

Les habitants de Roudjah dormaient à cette heure brûlante où le soleil descend du zénith. Quelques soldats veillaient seuls à la porte, et ils laissèrent échapper un murmure d'admiration lorsqu'ils aperçurent la gracieuse et hardie amazone qui s'élançait vers la campagne de toute la vitesse de son cheval. Nizam la précédait.

En quelques heures d'élan pareil, on aurait pu franchir la distance de Roudjah à l'habitation du nabab... Ce n'était pas ce que Nizam avait résolu.

Nizam s'était peu à peu dépouillé de tous ses lambeaux de travestissement domestique. Le soleil embrasait son torse d'airain et le faisait luire comme le bas-relief d'une porte de pagode. Courbé sous les voûtes de bananiers, Nizam arrachait au vol leurs larges feuilles flottantes, pour renouveler sa coiffure dévastée par cet élan furieux.

La comtesse Octavie, lancée sur le sillon de flamme tracé par son guide, ressemblait à un ange fasciné par un démon, et se précipitant avec lui, dans une excitation irrésistible, vers quelque gouffre de l'enfer. Le vent jouait dans les amples draperies de sa robe blanche, et les arrondissait comme des ailes de chérubin; ses beaux cheveux noirs, bientôt déliés dans la lutte ardente du front contre l'air, ruisselaient en mille boucles et bondissaient comme une cascade d'ébène fluide sur l'ivoire des épaules et des bras.

Les arbres isolés, les bois sombres, les vallées ténébreuses, les vastes rizières disparaissaient à chaque bond des chevaux, comme si la terre les eût engloutis. Bientôt les sillons cultivés expirèrent sur les limites d'un

onde inconnu; une nature formidable se déroula aux
egards à l'approche de la nuit; des paysages de désolation bordaient une route étroite, et d'énormes roches
hérissées d'arbres répétaient mille fois en échos lugubres
e fracas d'un double galop. Le sommet des montagnes
ardait encore le dernier rayon du soleil, mais la nuit
oircissait déjà le fond des vallons et l'eau des torrents,
n prêtant d'horribles formes aux plantes, aux rochers,
ux cavernes, à tous les décors de cette sauvage création.
 La lumière s'éteignit subitement, et Nizam s'arrêta.
Il jeta autour de lui des regards pleins d'inquiétude en
ecouant la tête, comme s'il eût cherché à reconnaître un
chemin oublié.

« Eh bien! Tauly, dit la comtesse, vous avez perdu
votre route?

— Je le crains, madame, répondit Nizam : je me suis
rompé de vallée. J'ai pris à droite au lieu de prendre à
auche. Quand on est pressé d'arriver, on n'arrive pas..

— Il faut choisir un parti, pourtant... nous ne pou-
ons passer la nuit dans ces horreurs de désert...

— Peut-être...

— Comment! peut-être!

— Madame, laissez-moi m'orienter... Oui, je sais à
peu près où nous sommes, maintenant... Nous avons mis
oute une forêt entre nous et l'habitation de Nerbudda.

— Eh bien! traversons la forêt.

— A cheval, c'est impossible, madame; les arbres
ont pressés comme des chalumeaux de riz A peine si
ous pourrions faire notre chemin à pied.

— Voilà un fameux guide que j'ai pris! dit la comtesse
en s'accompagnant d'un éclat de rire éploré.

— Le meilleur guide peut s'égarer, madame...

— Oui, mais il ne doit pas égarer les autres....

— Je suis prêt, madame, à vous rendre vos trois gui-
ées...

— Effectivement, je serais bien avancée lorsque j'aurais repris mes arrhes... Tauly, je vous donnerai vingt livres de plus si vous me conduisez de ce pas à Nerbudda... Je vous comprends, Tauly : il est impossible qu'un enfant du pays s'égare dans cette campagne... Vous faites une spéculation; eh bien! je vous permets de spéculer sur moi... Qu'exigez-vous?

— Madame, quand vous me donneriez tous les diamants de Golconde, je ne pourrais pas retrouver mon chemin.

— Tauly, vous me laisserez donc passer la nuit ici?

— Eh! que voulez-vous faire, madame?

— Je veux continuer ma route...

— Cette route, madame, pourrait vous conduire, en deux journées, à Mazulipatnam.

— Maudit Indien!

— Madame, voulez-vous que je vous donne un bon conseil? Faites comme moi, descendez de cheval, et aidez moi à chercher quelque retraite à peu près sûre pour y passer la nuit. Demain, au lever du soleil, nous retrouverons plus aisément et sans danger notre chemin.

— Mais c'est désespérant, ce qu'il me propose là, cet Indien, avec le plus grand sang-froid du monde!

— Madame, je voudrais vous proposer quelque chose de mieux, mais c'est impossible, il faut se résigner.

— Oh! ceci est un horrible guet-apens! s'écria la comtesse en joignant ses mains sur son front.

— Parlons bas, madame, parlons bas... il y a peut-être là des oreilles velues qui nous écoutent. L'heure est mauvaise, les chevaux ont des frissons sous la sueur, il y a des plaintes dans l'air. »

Nizam prononçait ces phrases avec un calme effrayant, et ses grands yeux étincelaient comme deux tisons, e se fixant sur la jeune femme. Le vieillard somnolent d l'auberge de Roudjah semblait s'être transformé en rout par un secret infernal.

Nizam, la tête inclinée sur l'épaule, les bras insolemment croisés sur la poitrine, le pied droit tendu en avant, dans une pose menaçante, ressemblait au premier démon tentant la première femme, sous les arbres vierges de 'Éden. L'intrépide amazone, cramponnée avec ses doigts convulsifs à la crinière de son cheval, ne pouvait détacher son regard du regard de l'Indien, comme l'oiseau fasciné par le serpent; et elle frémissait à l'idée qu'une puissance surnaturelle allait la précipiter dans les griffes de ce démon des nuits. Impossible d'échapper par la fuite à quelque horrible malheur. Nizam venait de prouver, en descendant de cheval avec une agilité de clown, qu'il pouvait y remonter de même, et atteindre la fugitive dans le premier vallon ténébreux où le tigre seul pouvait entendre les cris du désespoir, et le secourir en égorgeant.

La comtesse Octavie prit alors cette résolution extrême que Dieu inspire toujours à la femme quand toute chance de salut est épuisée. Elle mit pied à terre, et se rapprochant de l'Indien :

« Tauly, dit-elle avec sa plus douce voix, vous n'êtes pas aussi sauvage que vous le paraissez; vous avez de l'esprit dans votre parole et des notes harmonieuses dans votre voix. Il y a, j'en suis sûre, de la bonté dans votre cœur et de la pitié dans votre âme. Vous êtes incapable 'un crime. Ne m'abandonnez pas, ne m'insultez pas; rotégez-moi, secourez-moi; songez que vous serez eureux demain, si vous faites une bonne action cette uit. »

La mélodie de la grâce et de l'amour n'a pas de notes ussi suaves que la voix d'Octavie dans ce moment suprême. Nizam porta sa main à ses yeux pour essuyer une rme qui étincela aux étoiles comme une perle sur une ouche d'airain. Le lion qui aurait entendu ce chant de la emme, aurait replié sous le velours sa griffe déjà tendue.

« Madame, dit Nizam, vous m'avez bien jugé; vous ne devez rien craindre de moi; je n'ai dans l'esprit aucune idée criminelle. Une raison plus forte que ma bonté vous a conduite ici; mais vous êtes sous ma protection, et il ne vous sera fait aucun mal.

— Et quelle est cette raison, Tauly, qui vous rend méchant malgré vous, et m'emprisonne dans ce désert?

— Vous la connaîtrez un jour, madame, et vous m'excuserez.

— Tauly, je crois vous deviner!... Vous êtes l'instrument d'un autre; vous servez un maître impitoyable; vous êtes l'exécuteur des horribles fantaisies de sir Edward.... Vous gardez le silence?... C'est bien!

— Je n'exécute les ordres de personne, madame; je le jure sur les saintes étoiles de Dieu!

— Alors, rendez-moi ma liberté; conduisez-moi vers l'habitation du colonel Douglas. Soyez mon ange gardien, au lieu d'être mon démon persécuteur.

— Madame, vous me demandez l'impossible. Ne m'interrogez plus, je ne pourrais vous répondre. Je suis l'esclave d'un devoir qui ne m'a pas été imposé, mais qu'il me fallait remplir, dans une extrémité cruelle, liée aux événements de ce jour. Madame, votre voix me touche, me charme, m'attendrit. Si je vous voyais à mes genoux, vous belle comme la plus belle des reines chrétiennes, me parlant encore avec cette musique de lèvres qui ravit le pauvre enfant du Bengale, je serais forcé de fermer mon oreille et mon cœur, et de vous dire: « Relevez-vous, madame, et résignez-vous. »

— Mon Dieu! mon Dieu! venez à mon secours! s'écria la comtesse en tordant ses bras. Oh! plus de doute! c'est un ordre de sir Edward qui m'enchaîne ici!

— Non, madame, je vous jure, non. Sir Edward ne m'a rien ordonné.... Madame, il faut que je fasse mon devoir jusqu'au bout.... L'heure est terrible. Le déser va se peupler dans les ténèbres, il faut chercher un abri; venez, venez, suivez-moi. »

Nizam fit un signe en prononçant quelques paroles, et les deux chevaux disparurent dans l'obscurité, pour obéir au geste de leur écuyer indien.

Octavie regarda le ciel, joignit ses mains, comme pour une prière mentale, et suivit son mystérieux conducteur.

IX

Une nuit dans les bois.

Au carrefour d'une forêt, s'élevait du milieu des massifs épais de verdure, une de ces vastes cabanes où les Indiens déposent les récoltes de riz après la moisson.

Ces masures ressemblent assez aux chalets suisses; elles sont bâties sur des pieux qui séparent leur plancher du sol, et de larges couches de bambous desséchés garnissent leur toit. On monte à l'ouverture supérieure, porte ou fenêtre, par une échelle informe. Cette cabane, connue de Nizam, et sa demeure habituelle, était depuis longtemps abandonnée, car une jeune forêt s'élevait sur ce terrain, qui fut autrefois une rizière. L'intérieur n'avait pour ameublement qu'un lit de feuilles sèches; et les cloisons, disjointes par le soleil et les ouragans, donnaient passage aux lueurs mélancoliques de la nuit.

Nizam appliqua l'échelle sur la façade de bois vermoulu, et fit à la comtesse le signe : « Montez. »

La jeune femme, ayant tout épuisé, s'arma d'une héroïque résolution, et se réfugia dans cet asile, où du moins elle était en sûreté contre les bêtes fauves, qui déjà commençaient, aux vallées lointaines, leur formidabl concert de carnage et d'amour.

« Maintenant, madame, dit Nizam, prenez votre repos et fiez-vous à moi, je ne vous abandonnerai pas.

— J'ai confiance en Dieu, répondit Octavie. Au pre mier rayon de soleil, si je suis vivante, rien ne pourr me retenir dans cet horrible lieu, dussé-je me fair mettre en lambeaux. »

Nizam avait disparu.

Octavie entendit longtemps encore le bruit des pas de son étrange guide, qui brisait dans sa course les rameaux et les larges feuilles des plantes, pour se fraye un chemin. Puis, tout murmure qui venait de l'homme s'évanouit; la nature indienne réveilla les voix et le échos de ces nuits sauvages. Des plaintes lugubres descendaient des montagnes et se mêlaient à d'épouvantables mugissements : victimes et ravisseurs entraient en scène, jetant aux étoiles les râles de l'agonie et les cri de la volupté du sang. L'arbre et la plante semblaient frémir et vibrer sous le tonnerre de ces voix aiguës qui passaient dans l'air avec le vent des nuits, et dominaient le fracas des torrents et des cataractes aux limites lointaines de l'horizon.

Octavie, assise au bord de la seule fenêtre de la cabane, soutenait sa tête avec sa main, et sondait du regard la profondeur du bois où elle avait vu disparaître son guide. Nizam avait enlevé l'échelle de bois, sans doute pour mieux abriter la jeune femme contre les bêtes fauves, toujours si promptes à l'escalade, quand elles flairent la chair.

Après trois heures d'attente fiévreuse et de désespoir muet, Octavie entendit un frémissement de feuilles qui annonçait une direction intelligente; elle entendit un écho double et précipité, révélant le mécanisme de deux pieds humains, car les griffes veloutées des bêtes fauves s'amortissent sourdement sur le gazon. Le cœur de la jeune femme battait avec violence, et ses yeux, démesurément ouverts, embrassaient le carrefour du bois pour découvrir, à son premier pas sur le terrain nu, l'ange ou le démon qui venait décider de son sort.

Un homme vêtu de blanc s'élança hors du bois avec une agilité merveilleuse, et s'arrêta devant la masure indienne. Octavie se laissa tomber en arrière, dans l'ombre des cloisons : elle avait reconnu sir Edward !

Edward regarda quelque temps avec attention la cabane, comme s'il eût hésité sur le parti qu'il avait à prendre ; puis il s'avança d'un air délibéré, appliqua l'échelle au mur, gravit trois échelons à la fois, et, s'arrêtant sur le dernier, il appela doucement la comtesse Octavie par son nom.

« J'aurais l'air de vous craindre, monsieur, si je ne vous répondais pas, dit la comtesse sans se montrer ; je n'ai que quelques mots à vous dire, et je vous les dirai. Vous êtes un homme infâme, et ce que vous avez fait contre moi est odieux ; c'est une femme qui vous flétrit. Maintenant, continuez ; tout ce que vous tenterez sera chose vulgaire ; vous ne vous surpasserez pas dans votre criminelle lâcheté. Je vous conseille de vous arrêter là, pour votre honneur. »

Cette voix, aiguisée par l'ironie, et vibrant au milieu des ténèbres, arrivait aux oreilles d'Edward comme une foudroyante accusation sortie d'une tombe.

« Vous regretterez vos paroles, madame, j'en suis sûr, dit Edward avec son organe le plus doux. Votre guide a péché par luxe de dévouement ; il n'avait reçu aucun ordre de moi, je vous le jure dans cette heure solennelle et dans ce redoutable désert où la mort est peut-être sous nos pieds. Lorsque l'Indien m'a annoncé que vous étiez ici : « Oh ! me suis-je écrié, voilà une action qui me déshonore, si je ne la répare au péril de ma vie !...» Et je suis venu, madame, ne voulant confier à personne le soin de veiller sur vous et de vous arracher aux horreurs de cette nuit.... Voulez-vous venir à Nerbudda, madame, à l'instant même? Venez, nous ne sommes qu'à trois lieues de l'habitation. J'ai de bonnes armes pour vous et pour moi; les sentiers du bois me sont connus; les périls de la nuit me sont familiers; ne craignez rien.

— Eh! sais-je, monsieur, si vous ne me tendez pas un nouveau piége? Quelle foi puis-je ajouter à vos paroles, dans cet horrible lieu où j'ai été conduite, d'après votre propre aveu, par un serviteur trop dévoué à sir Edward?

— Madame, réfléchissez un instant, je vous prie.... N'êtes-vous pas en mon pouvoir? Quelle est la loi qui vous protége à cette heure? Si j'étais un homme infâme, ayant toutes sortes de ténébreux desseins et de puissantes rancunes contre vous, je ne me serais pas exposé seul dans ce désert pour venir à votre secours, je ne me serais pas arrêté, par respect, sur le seuil de votre asile. A force de m'accuser, vous me justifiez.... Bien plus, madame, le moment est si impérieux qu'il m'oblige à vous faire un aveu impossible, et que je regretterai demain....

— Voyons, quel est cet aveu?

— Comtesse Octavie, je vous aime.... Cela vous épouvante, madame, je le comprends. Je vous aime sans espoir, avec jalousie, avec fureur. Je suis un homme infâme; je vous ai conduite dans un piége. Aucun témoin ne peut assister à une vengeance, à un crime, à un attentat violent, hormis le tigre, qui peut y gagner un cadavre! J'ai le droit de tout oser sans rien craindre que Dieu, auquel je ne crois pas, moi infâme! J'ai les armes, le courage, la force, la passion, la scélératesse, l'impunité.... Comtesse Octavie, vous m'avez bien jugé, vous me connaissez bien, votre effroi est légitime.... Eh bien! tenez, voilà mes armes; les voilà toutes : les détentes obéissent aux plus faibles doigts... Vous êtes forte maintenant; ma vie est entre vos mains. Ma poitrine est nue, mes bras sont croisés. J'attends!

— Sir Edward, dit la comtesse d'une voix émue, la nuit et ma position me conseillent la méfiance... Ce que vous avez fait, ce que vous venez de dire est grand et noble, je l'avoue, mais...

— Ah! vous n'êtes pas rassurée, madame!... Je suis encore trop près de vous, peut-être... Attendez... je vais descendre; je trouverai mon lit de repos dans ces herbes; je garderai votre sommeil ou votre veille, et demain, à l'aube, j'arrive avec un peuple de serviteurs, et je vous ramène triomphante à Nerbudda!

— Sir Edward, vous êtes sincère, je le crois; mais vous êtes inexplicable. Quel malin génie vous lance toujours à travers mes projets pour les bouleverser? A Smyrne, vous avez résisté à mes prières, je dirai même à mes séductions ; vous vous êtes éloigné brutalement de moi, au moment où je vous parlais un langage qui simulait assez bien la tendresse. Hier, vous envoyez le comte Élona et un Indien, votre esclave trop dévoué pour briser une seconde fois le mariage du colonel Douglas... Vraiment, sir Edward, on dirait que vous êtes amoureux d'Amalia, et que toutes vos machinations, dans les deux hémisphères, tendent à faire échouer ce mariage au profit de votre amour.

— Madame, dit Edward, ceci n'est pas mon secret, c'est le secret d'un autre, et le temps, ce grand indiscret, vous le fera connaître. Il doit me suffire aujourd'hui de vous dire que je n'ai aucune raison personnelle de contrarier le mariage de votre jeune amie. S'il plaît au colonel Douglas de l'épouser demain, qu'il l'épouse, je signerai au contrat en riant. Vous me reprochez de m'être éloigné brutalement de vous, à Smyrne. Ce reproche est mérité. Oui, madame, je n'eus pas l'amour-propre, cette nuit-là, de prendre au sérieux votre doux langage de séduction; vous étiez d'autant plus dangereuse, que vous me faisiez comprendre à quel degré de bonheur pouvait s'élever un homme divinisé par votre amour. Oui, je me suis éloigné pour ne plus vous revoir; j'ai mis deux océans et un monde entre nous deux; j'ai juré de ne jamais ouvrir mon oreille à votre redoutable et charmante parole... Serment violé! On vient de me dire que vous êtes ici, dans cette hutte lépreuse, entre les ténèbres des bois et de la nuit, exposée aux bêtes fauves, comme une martyre... Oh! j'aurais été mille fois parjure envers moi-même!... Si vous m'eussiez vu, comtesse Octavie, vous auriez peut-être résolu de commencer, un jour, de m'aimer. J'ai pris mes meilleures armes; j'ai franchi au vol les torrents et les bois, je suis venu pour vous sauver. Me voici pour votre vie, et pour ma mort s'il le faut! »

Il y eut un moment de silence. Tous les murmures qui venaient du bois et des vallons étaient tristes ou affreux.

Le vent soufflait avec furie dans les crevasses de la hutte indienne, et les arbres voisins, couverts de longues lianes, les agitaient comme d'immenses chevelures de reptiles, de sorte que tous les boas du Bengale semblaient darder leurs aiguillons et leurs sifflements sur les murs croulants de la cabane. Les vieux arbres criaient sur leurs racines, comme s'ils eussent fait des adieux d'agonie avant de s'écrouler sous l'ouragan; les cavernes mugissaient comme les gueules béantes de monstres inconnus. La forêt, sombrement éclairée à sa cime, trahissait le mystère de ses horreurs par une tempête de cris, de plaintes, de râles, de soupirs, de grincements; c'était un monde ténébreux, envahi par le peuple de ses nuits, et racontant aux étoiles une nouvelle page de son histoire sanglante commencée le soir de la création.

Edward, assis sur le seuil de la porte aérienne, appuyant son pied sur le dernier échelon et croisant ses bras, donnait des regards tranquilles à ce monde et semblait le défier d'être plus orageux que lui.

« Sir Edward, dit la comtesse avec une voix amie, il y a des yeux terribles, là-bas, qui peuvent vous apercevoir...

— Ce ne sont pas ceux que je crains, madame.

— Mais vous n'êtes pas seul ici, monsieur; quelques échelons nous séparent de cette ménagerie insurgée; vous me découvrez en vous découvrant.

— Cette raison me décide, madame; elle est sans réplique. Aussi, voyez, j'oublie pour vous obéir le respect que je vous dois. J'ai fait un pas de plus; les yeux terribles du dehors ne peuvent plus nous voir, et je suis encore bien éloigné de vous... Il faut toujours d'ailleurs obéir aux femmes dans les moments sérieux, ajouta-t-il sur le ton de sa légèreté habituelle; elles ont le pressentiment de l'inconnu. Vous savez, madame, ce qu'on a dit de vos mères les Gauloises. Elles y voyaient clair dans les forêts druidiques... Madame, vous êtes en sûreté ici, et vous avez une de ces organisations qui ne redoutent que le commencement du danger; ainsi je puis vous faire part de ma découverte : ce n'est pas chose rare au Bengale après minuit. »

Edward fit un signe avec son doigt, et Octavie, sans changer de place, suivit l'indication, à travers une large crevasse du mur.

Des circonstances fort naturelles ayant donné à nos deux personnages l'étrange position de cette nuit, ce n'était pas chose rare au Bengale, comme disait Edward, de voir ce que nous allons décrire.

Dans nos campagnes d'Europe, un pareil tête-à-tête pourrait être assez communément troublé par un aboiement de chiens de ferme, une caravane de chasseurs, une escouade de ravageurs nocturnes en maraude, ou de moissonneurs visitant leur grange avant l'aurore. Ces accidents paraîtraient naturels dans le récit. Au cœur du Bengale, les contrariétés changent de forme et de nom : elles sont un péril et une épouvante. Il faut prendre les pays comme Dieu les a faits. Sir Edward, qui connaissait l'Inde et les mœurs de ses habitants fauves, savait bien que le bruit des paroles humaines et l'odeur de la chair fine attireraient, après le milieu de la nuit, quelques bandits quadrupèdes autour de la cabane, et il était persuadé que ce terrible épisode donnerait plus d'éclat encore à son dévouement, et servirait à merveille les intérêts de son amour.

Deux tigres de la plus noble race avaient tout exprès choisi cette nuit pour donner à leurs enfants la première leçon de maraude ; les petits étaient charmants, ils jouaient avec l'innocence du bel âge, et leurs parents, heureux témoins de ces ébats, oubliaient, par intervalles, leur gravité superbe, pour se mêler à leurs jeux. A chaque secousse du vent, les fruits ronds pleuvaient des arbres, et les jeunes tigres, arrondissant leur dos, couraient en bonds obliques sur ces hochets, présents de la nature, et roulaient avec eux, les pattes raidies et la queue ondoyante, dans des accès furieux de souplesse gracieuse et de naïve gaieté. Lorsque les bons parents voyaient ces étourdis s'aventurer sur la limite ténébreuse du bois, où quelque tigre célibataire, quelque Hérode jaloux pouvait les étrangler à leur berceau, ils se précipitaient, en deux ellipses immenses, vers ces imprudents nourrissons, et les ramenaient sur le terrain nu, à coups de caresses. La tendre mère daignait alors se souvenir qu'elle avait été enfant comme eux, et elle lutinait avec nos écoliers, en repoussant mollement leurs petits ongles vierges avec sa large griffe, tandis que sa langue énorme les couvrait d'un baiser à chaque ondulation convulsive de leur corps. Le vieux mâle veillait au salut de sa famille; il allongeait son mufle vers les carrefours suspects, en fermant ses yeux à demi et faisant frétiller ses narines; il sondait, en le flairant, le mystère d'un épais buisson, trop calme pour être pur d'embûches; il élevait ses oreilles de toute leur hauteur, afin de distinguer, dans les murmures de la nuit, ceux qui venaient de l'ennemi ou de la tempête; et, lorsque ces observations lui donnaient un instant de sécurité domestique, il contemplait obliquement, avec une joie contenue et des yeux humides de tendresse paternelle, ce touchant spectacle d'une mère si heureuse au milieu de ses fils bien-aimés.

Tout à coup, le grand tigre courba ses oreilles en signe de détresse, ramena sa queue sous le ventre, et distilla entre ses dents un râlement incisif et prolongé. Sa compagne suspendit à ses lèvres un nourrisson, en écartant l'autre qui bondissait déjà vers son frère, pour continuer le jeu dans cette nouvelle position, et, au second signal d'alarme, la prudente mère s'élança vers des massifs de roches mousseuses, et disparut en emportant ses petits.

Un moment après, elle vint reprendre sa place à côté du mâle. On aurait dit que le chef de la maison avait parlé ainsi : « Je flaire dans l'air un danger inconnu; il y a de ce côté des animaux sans nom; emporte les petits chez nous, et viens me rejoindre. »

Nous avons l'orgueil de croire, nous humains, que la parole est notre propriété exclusive. Les animaux ont aussi une langue; ils parlent moins que nous et se comprennent beaucoup mieux.

L'allure du père de famille prit un nouveau caractère d'audace lorsqu'il eut acquis la certitude que ses enfants étaient en lieu de sûreté. Cependant, il n'oubliait pas les saintes lois de la prudence que la nature a gravées dans le cœur du tigre, ce qui le fait souvent accuser de lâcheté par le naturaliste poltron. Le tigre est hardi au même degré que l'homme sauvage, qui accepte toujours la lutte à armes égales, et recule sans honte lorsque le péril ne donne aucune chance de victoire à l'imprudent qui veut le braver. La civilisation fanfaronne a inventé les absurdes héros qui disent :

> Paraissez, Navarrois, Maures et Castillans...
> Réunissez-vous tous et formez une armée
> Pour combattre une main...

Un parterre de tigres et de sauvages rirait aux larmes en écoutant ce défi.

Il avançait donc, le cou tendu, les jambes raccourcies, la patte sur le velours, affilant son corps, et tout prêt à l'attaque ou à la fuite, selon le genre, l'espèce et la force de l'ennemi soupçonné.

A l'aspect de la hutte indienne, il se replia vivement sur ses pattes de derrière, en donnant à son mufle une contraction nerveuse effrayante; sa femelle fit la même chose : mais après une réflexion rapide, il eut l'air de se dire à lui-même qu'il avait rencontré souvent de semblables cabanes dans les bois, et que rien de dangereux n'était jamais sorti de là. Les exhalaisons de chair humaine remplissaient l'air à cent pas de la hutte; c'était du moins ce qu'il fallait admettre : car, à cette distance, les deux tigres enfonçaient avec fureur leurs narines dans le vide, et leurs langues recourbées comme des sandales d'odalisques semblaient faire provision d'écume pour le festin que la brise odorante leur annonçait. Parvenus au bas de l'échelle, nos bandits fauves flairèrent longtemps les premiers échelons, et le mâle appuya ses pattes antérieures, comme pour essayer la solidité du bois, avant de tenter l'escalade. Sa compagne donnait des signes d'inquiétude fiévreuse, et tendait son oreille au sillon du vent, pour écouter les plaintes lointaines de ses pauvres petits abandonnés.

Edward, étendu à plat ventre, et la tête couverte de feuilles sèches, sentit se mouvoir sur son oreille droite le velours de deux lèvres charmantes, et il entendit un souffle qui lui disait :

« Au nom de Dieu ! renversez l'échelle ! »

La main d'Edward, tendue horizontalement sur le plancher, fit le signe qui rassure au moment du péril.

Le tigre, qui avait jugé au degré des exhalaisons et à la faiblesse de la voix que l'ennemi n'était pas redoutable, flairait les échelons et les montait un à un avec une lenteur superbe, se cramponnant au mur d'un coup de griffe, quand l'escalier semblait fléchir sous le poids de l'énorme assaillant. Déjà sa large face, hérissée de poils rudes et zébrée de noir, atteignait le niveau de la fenêtre, en exhalant, par sa gueule ouverte, une tempête gutturale d'aspirations, lorsque Edward saisit le haut de l'échelle d'une main, fit feu de l'autre, à bout portant, sur le monstre et précipita le cadavre et l'escalier avec une vivacité d'exécution qui révélait la longue expérience de l'intrépide chasseur.

L'autre tigre, qui ne pensait qu'à ses petits, poussa un mugissement terrible, et s'élança vers leur retraite pour voir s'ils n'avaient pas été tués du même coup.

Au bruit de l'arme, des nuées d'oiseaux obscurcirent les étoiles et mêlèrent une symphonie aérienne de cris rauques aux mugissements des bêtes fauves chassées vers l'horizon, dans un accès général de folle terreur.

Edward se releva lestement et dit :

« Il est cruel de jeter le deuil dans un ménage si bien uni ; mais le salut public avant tout. »

Octavie, debout devant lui, immobile de stupéfaction, ressemblait à une magnifique statue, inondée de draperies blanches, et descendue dans le tombeau sur lequel l'avait posée le sculpteur.

« Eh bien, madame, dit Edward, vous qui êtes affamée d'émotions, comment trouvez-vous celle-ci? Voilà nos idylles au Bengale : une chaumière et deux bergers assaisonnés de tigres. C'est du pastoral indien. J'espère vous avoir servie à votre goût!

— Vous avez été admirable, sir Edward, dit la comtesse avec une voix bien émue encore : mais il me semble que vous avez permis au tigre de s'avancer un peu trop.

— Votre observation est juste, madame, dit Edward d'un ton plus léger. C'est qu'une idée m'a traversé le cerveau…. une idée anglaise! Shakspeare l'a oubliée dans le Songe d'une nuit du milieu de l'été. C'était une lacune à remplir.

— Quelle idée? Voyons, sir Edward….

— Oh! vous ne la comprendrez pas. C'est de l'amour inintelligible…. J'ai eu l'idée de laisser entrer le tigre sans me défendre.

— Mais il nous aurait dévorés, vous et moi….

— Tout juste…. J'ai failli céder à cette voluptueuse tentation de me laisser engloutir avec vous dans le même tombeau vivant.

— Quelle horreur! sir Edward.

— Ah! je regretterai peut-être un jour une si belle occasion! Puisqu'il faut que je meure, je ne retrouverai jamais un genre de mort plus séduisant.

— Vous m'auriez donc sacrifiée ainsi, moi, sans me consulter? dit Octavie avec son premier sourire.

— Voilà justement la considération qui m'a retenu. La seconde idée a corrigé la première; mais je frissonne de joie en songeant au bonheur ineffable dont je me suis privé, par égard pour vous.

— Par égard est charmant!… Maintenant dites-moi,

sir Edward, comment allons-nous sortir de ce gîte suspendu?

— Nous en sortirons, madame; n'ayez aucune inquiétude; mais nous ne pouvons descendre qu'au grand jour. Il faut que le soleil vienne purifier les bois, selon son habitude de six mille ans. Les dernières étoiles montent à l'horizon de l'aurore, et le bengali se réveille à la cime des palmiers. Après le rugissement du tigre, le chant du bengali. La nature indienne aime les contrastes; c'est une grande artiste comme vous.

— A sa place, je supprimerais les tigres, et je garderais les bengalis.

— Vous feriez une faute, madame. On périrait bientôt d'ennui au Bengale; ce serait comme à Londres. Au bout de quinze jours, on vous réclamerait les tigres par droit de pétition.

— Oui, c'est possible; je conçois cela, sir Edward.

— Donnons-nous la peine de nous asseoir; nous causerons mieux à notre aise, dit Edward en affectant, avec un naturel exquis, de mettre la conversation sur le ton de frivolité le moins alarmant du monde; demain, madame, nous aurons passé une nuit charmante, et c'est aux tigres que nous la devrons. Savez-vous, madame, ce que font vos belles et riches amies de Paris, en ce moment, car il fait grand jour là-bas? Elles se promènent entre deux allées tumulaires de cyprès au bois de Boulogne; et lorsqu'un cavalier passe et dit : « Voilà « un bel équipage, ma foi! » elles éprouvent une douce émotion. Mais on ne peut pas vivre longtemps joyeux avec le bonheur de s'entendre dire chaque jour que l'on a de beaux chevaux : l'ennui ne tarde pas à se mettre de l'équipage et à prendre la livrée de la maison; c'est le seul valet qu'on ne chasse pas. Dernièrement, à Londres, un malheureux et pulmonaire écrivain a publié un livre destiné à faire le bonheur des classes pauvres. J'allais, à mon tour, publier un ouvrage plus sérieux et plus vrai, destiné à faire le bonheur des classes riches, lorsque je fus obligé de partir. C'est un dessein ajourné. Vous ne sauriez croire, madame, de quel profond sentiment d'amertume et de tristesse noire je suis brûlé autour de mon cœur, lorsque j'assiste à un pompeux défilé de calèches à l'hippodrome d'Hyde-Park! Toutes ces dames richement voiturées ressemblent à des veuves indiennes qui vont se brûler sur le bûcher de leurs maris. Ce n'est pas une promenade, c'est un convoi lugubre où chacun a l'air d'aller s'inhumer de son vivant. Eh! ne vaut-il pas cent fois mieux, quand on a le malheur d'être né riche, courir le monde, comme vous et moi, à travers des naufrages, des batailles, des tigres, des cannibales, des incendies, et consommer chaque jour les émotions d'une vie entière, et accumuler pour sa vieillesse des trésors de souvenirs amusants que l'on se raconte à soi-même quand on ne marche plus? car c'est une grande erreur de croire qu'il y a plus de dangers à traverser les océans et les bois sauvages qu'à promener ses ennuis dans Hyde-Park. Dieu donne deux anges gardiens à ceux qui, pour feuilleter toutes les pages de son œuvre sphérique, savent vaillamment affronter mille morts.

— Sir Edward, dit Octavie, vous n'aurez pas de peine à me convertir à votre foi. Je suis complétement de votre avis. Mais savez-vous bien aussi, monsieur, que cette vie de périls et d'émotions a d'autres avantages dont vous ne parlez pas? A Smyrne, je vous ai accablé de ma haine et de mes malédictions; sur les bords de l'Hermus, je vous ai voué aux dieux infernaux. Si nous eussions vécu, vous et moi, en Europe, dix ans m'auraient à peine suffi pour calmer mon ressentiment implacable; eh bien! ici, il ne m'a fallu qu'une heure pour me réconcilier avec vous. Quel chemin nous avons fait dans une heure ! En pareil cas, il faut si peu de temps pour connaître un homme !

— Madame, excusez-moi, si je vous prie de causer d'autre chose, dit Edward d'un ton pénétré ; ne parlons pas de nous. Le moment n'est pas opportun. En entrant ici, j'ai été forcé de vous parler de moi ; la circonstance l'exigeait ; mais puisque vous avez daigné m'adresser quelques paroles amies, je dois renvoyer à d'autres moments un entretien personnel, qui serait une inconvenance, à cette heure et dans cet endroit.

— Sir Edward, vous mettez du luxe dans votre délicatesse, comme dans votre courage. Je comprends maintenant pourquoi vous m'avez fait un long discours sur la vie nauséabonde des cités, comparée à la vie émouvante des voyages ; c'est raffinement de tact inouï. Vous avez voulu donner à notre conversation une allure joyeuse et vagabonde qui devait rejeter bien loin tout épisode personnel. Vous avez voulu aussi me distraire de la scène horrible dont vous êtes le héros, et abréger une triste veillée qui ne doit finir qu'au lever du soleil. Cela est noble, généreux et grand, sir Edward. Je vous permets de vous approcher et de me serrer la main.

— Comtesse Octavie, dit Edward, je vous obéis.

— C'est bien, monsieur ; mon amitié vous est acquise ; elle doit durer autant que le souvenir de cette mémorable nuit.

— Madame, les étoiles de l'Orient pâlissent ; il n'y a point de crépuscule dans cette zone ; le soleil va bondir sur la montagne, sans avertissement. J'attends son premier rayon pour rappeler quelque chose à votre souvenir.

— A mon souvenir, sir Edward ! Voyons, rappelez-moi ce que j'ai oublié.

— Oh ! vous ne l'avez pas oublié, madame, j'en suis bien sûr !... »

Il se fit un long silence que la jeune femme inter-

rompit enfin, en s'écriant dans un transport de joie :
« Sir Edward, voilà le soleil !

— Comtesse Octavie, une nuit de fête, à Smyrne, vous avez dit ceci : « Je pourrais donner mon cœur et « ma main à l'homme qui attacherait à son anneau « nuptial le souvenir d'une action éclatante, accomplie « pour moi.... » Avez-vous dit cela, madame?

— Je l'ai dit, sir Edward, dit Octavie d'une voix pleine de trouble; mais vous n'étiez pas à côté de moi lorsque j'ai prononcé ces paroles....

— Je les tiens de la bouche du comte Élona. »

Octavie baissa la tête, et parut, quelques instants, comme abîmée dans ses souffrances.

« Le comte Élona, poursuivit Edward, n'a pas oublié ces paroles....

— Il a oublié l'action, dit Octavie d'une voix intérieure. Au reste, ajouta-t-elle d'un ton léger, nous sommes, vous et moi, deux ingrats, sir Edward; nous n'avons pas remercié le soleil. A force de songer à nous, nous nous sommes oubliés. Ne dirait-on pas que la comtesse Octavie s'éveille dans son hôtel de la rue Neuve-de-Luxembourg, et qu'elle règle ses comptes avec son intendant ? Ah! je me rappelle aussi, maintenant, que j'ai oublié ma femme de chambre à Roudjah! Mon Dieu! comme le soleil donne de la joie après une sombre nuit! »

Dès que la première lueur courut dans la vaste ruine et mit en relief, sur un fond encore ténébreux, le visage divin de la jeune femme, Edward se leva et salua respectueusement sa compagne, comme s'il fût entré dans son salon pour lui rendre une visite du matin.

« Madame, dit-il, je ne vous fais pas la question ordinaire; je ne vous demande pas : Comment avez-vous passé la nuit ? mais je puis vous affirmer que la journée sera bonne et douce pour vous...

— Sir Edward, cette cabane est affreuse ; eh bien ! s'il me faut rentrer à Roudjah, j'aime mieux rester ici !

— Vous n'irez pas à Roudjah, madame ; vous irez dans une habitation délicieuse, toute pleine de luxe anglo-indien ; vous serez servie par de jeunes esclaves libres, et servie à genoux comme la divinité du Bengale ; vous aurez des tapis de fleurs sous vos pieds, des chants d'oiseaux dorés pour votre musique, des gazons de velours pour vos lits de repos, des couronnes de fraîcheur suave pour votre front.

— C'est charmant ce que vous me promettez là ! dit la comtesse en joignant ses mains et les détachant l'une de l'autre pour les présenter à sir Edward. Et partirons-nous bientôt pour ce paradis ?

— Bientôt, madame : **l'homme** que j'attends ne tardera pas.

— Mais nous pouvons, je crois, maintenant nous montrer au balcon de ce palais, et regarder la campagne.... Il me semble, sir Edward, qu'il n'y a plus de danger.... Je veux voir au grand soleil vos exploits. »

Octavie s'appuya contre le cadre de la fenêtre et regarda le tableau extérieur

La campagne rayonnait de gaieté matinale ; les arbres et les fleurs sauvages semblaient tressaillir aux premières caresses du soleil, et se purifier, sous la rosée, des souillures de la nuit ; l'air était harmonieux du chant des petits oiseaux, du roucoulement des tourterelles grises et de la joyeuse symphonie des eaux vives jouant avec les brins d'herbe et la tige flottante des iris. La nuit avait emporté l'ouragan avec elle, et le jour ne trouvait en naissant qu'une verdure calme dans le paysage, l'éclat de toutes les nuances sur toutes les fleurs, les émeraudes, es saphirs, les topazes, les rubis ailés, chantant sur outes les feuilles, une ceinture d'or aux horizons et le bleu de l'Inde au firmament.

Un seul cadavre accusait les trahisons de la nuit; il gisait devant la cabane, frappé au front, les pattes roidies par la mort, la langue enflée et vomie par des lèvres sanglantes, les yeux à demi ouverts et pleins encore d'une formidable expression. Il semblait que la nuit dernière un artiste avait armorié le blason du Bengale sur un champ de sinople en y jetant un tigre en pal.

Octavie laissa tomber un regard de commisération sur ce cadavre superbe. Les femmes ont au cœur un si grand trésor de pitié, qu'elles peuvent en accorder même à un ennemi mort.

Enfin, un galop de chevaux annonça l'arrivée de Nizam.

« C'est mon guide d'hier ! dit la comtesse en reconnaissant l'Indien à la sortie du bois.

— Oui, madame, dit Edward ; mais cette fois il ne vous égarera pas.

— Je lui pardonne, sir Edward.

— Ah ! vous allez le rendre bien heureux en lui annonçant vous-même cette nouvelle. »

Disant cela, Edward se suspendit à une longue et forte branche inclinée devant la hutte, et se laissa couler sur le gazon en un clin d'œil.

Nizam couvrit le tigre mort d'un amas de feuilles sèches, purifia l'échelle du sang noir qui la souillait, l'appliqua solidement sur la façade, et se mit à l'écart pour permettre à la jeune femme de descendre en toute liberté.

Pendant qu'elle descendait, Nizam dit à l'oreille de sir Edward : « Vos ordres sont exécutés, tout va bien. »

Edward courut à Octavie, fit approcher le cheval sellé pour elle, mit un genou en terre en guise de marchepied, et la charmante amazone, joyeuse et belle comme l'aurore, chemina bientôt à côté de son intrépide compagnon.

Nizam ouvrait la marche dans les étroites allées du
[b]ois, et fauchait, en agile moissonneur, tous les ra-
[m]eaux flottants qui pouvaient gêner la marche d'Octavie.
[E]dward veillait sur elle, la main sur le pommeau de ses
[p]istolets.

X

Une journée à Nerbudda.

Le colonel Douglas attendait la comtesse Octavie et sir
Edward dans la grande avenue de l'habitation de Nerbudda : dès qu'ils parurent sous les voûtes des derniers
[a]rbres, il courut à eux, aida la jeune femme à descendre
de son cheval, et la reçut avec les démonstrations de la
plus cordiale amitié.

« Vous avez donc perdu votre chemin? dit-il avec un
léger éclat de rire fort naturellement noté ; on m'a conté
cela il y a quelques heures, tout juste au moment où
[j]'allais vous recevoir à Roudjah. J'ai eu peur pour vous,
madame ; mais j'ai été vite rassuré lorsque j'ai su que
[s]ir Edward était là.

— Avec sir Edward, ce sont de vraies parties de plaisir,
[c]es aventures, dit Octavie en prenant le bras du colonel ;
cependant je ne les recommencerai pas. J'espère, mon
cher colonel, que vous donnerez des ordres pour me faire
parvenir mes bagages, aujourd'hui, à Nerbudda. J'ai
tout laissé à ce maudit village, même mes femmes de
[s]ervice. J'étais si heureuse de ne pas m'y laisser moi-
même !... Vraiment, j'ai quelque honte de me présenter,
en négligé de tigre, aux maîtres de la maison.

— Rassurez-vous, madame, dit le colonel ; les maîtres de la maison sont absents.... Ils rendent des visites à leurs voisins....

— Des voisins fort éloignés, dit Edward, qui venait de quitter Nizam et marchait à côté d'Octavie.

— Voilà des visites qui arrivent à propos, dit la comtesse ; cela me met à mon aise, ce matin. Vous êtes donc seul, mon cher colonel, dans cette forteresse d'habitation ?

— Seul, avec une foule de domestiques.

— Et que faites-vous de tous ces gens-là ?

— Nous les occupons à ne pas nous servir, dit Edward.

— A la bonne heure ! dit la comtesse ; déjà je m'effrayais à l'idée d'obéir à tant de serviteurs.... Eh !... comment passez-vous votre temps, messieurs, dans ce désert ?

— Agréablement, dit Edward ; nous avons la chasse, la pêche, la sieste, la table, la promenade, la lecture, et nous faisons de la musique.

— Colonel Douglas, dit la comtesse, je ne m'étonne pas qu'avec tant d'occupations vous ne trouviez point le temps de vous marier.

— Madame, dit Edward, le colonel se mariera ; il est trop engagé.

— Au reste, dit la comtesse, nous aurons assez de loisirs pour causer mariage. »

En ce moment, la vaste maison du nabab, dégagée des grands arbres qui voilaient ses deux ailes, apparut tout entière à Octavie. La jeune femme ajouta :

« Cette habitation est une véritable citadelle à l'épreuve des tigres.... A propos de tigres, il paraît que les Taugs ont donné leur démission ?

— Oui, madame, dit Edward, personne n'en parle plus aux environs.

— C'est ce que j'ai lu dans le *Bombay-Review*....

— Oh! les journaux de l'Inde sont toujours bien informés, dit Edward.

— La paix nous laisse de grands loisirs, dit Douglas, et nous les employons à coloniser le pays.

— Je passe une partie de mes nuits, moi, dit Edward, à étudier nos grands économistes anglais.

— Ensuite, dit le colonel, nous faisons l'application des théories des économistes.

— Et que font les Taugs, aujourd'hui qu'ils ne font rien? demanda la comtesse.

— Les Taugs, dit Edward, élèvent des oiseaux pêcheurs, ils brûlent des briques, ils battent le riz, ils disent leur chapelet, ils apprennent le *God save the king* à leurs enfants. Nous sommes contents d'eux : on ne les reconnaît plus, ces braves gens! Dernièrement, dans une forêt assez noire, nous en avons rencontré un certain nombre, le colonel et moi; eh bien! ils se sont retirés sans bruit, comme des agneaux.

— Je donnerai de bonnes nouvelles au ministre, dit Douglas, dans le rapport que je vais écrire aujourd'hui, et qui partira par le premier *India-mail*.

— Ah! par la même occasion, cher colonel, dit la comtesse, félicitez votre ministre sur le choix qu'il a fait de M. Tower, notre tuteur. Ordinairement, les ministres choisissent mal les tuteurs; mais cette fois ils se sont surpassés.

— Mon Dieu! madame, dit Edward, il faut être juste envers tout le monde, même envers les ministres. La chancellerie a besoin d'un tuteur; la chancellerie a les cinq parties du monde et l'Irlande sur les bras, ce qui fait six. Croyez-vous que la chancellerie puisse perdre son temps à étudier le genre humain anglais pour y découvrir un bon tuteur? C'est impossible. Le premier fat qui se présente, avec un nez ciselé classiquement et une émeraude au jabot, est nommé tuteur à l'unanimité.

Je connais Tower, d'ailleurs; c'est un homme à peu près comme un autre : c'est un membre du genre humain.

— Oh! vous ne le connaissez pas, sir Edward, dit la comtesse; M. Tower est un être à part. D'abord, il se croit aimé de toutes les femmes....

— Ce n'est pas un être à part.

— Il a de l'orgueil, comme en aurait eu le colosse de Rhodes s'il se fût promené en chair et en os dans l'Archipel....

— Parbleu! à qui le dites-vous, madame! Un jour je descendais, en *fly*, la Tamise avec lui. En passant sous la grande arche du pont de Londres, ce M. Tower se croit si grand qu'il a eu l'orgueil de se baisser; mais il y en a cent mille qui ne se baissent pas, pour ne pas humilier leurs voisins, et qui aiment mieux courir la chance de se briser le front! M. Tower a au moins l'audace de ses défauts; mais ce n'est pas un être à part, madame.

— Savez-vous bien, sir Edward, qu'il m'a fait la cour, le jour même de notre embarquement?

— Ce n'est pas un être à part.

— Il est vieux, M. Tower!

— Raison de plus.

— Il fait la cour à Amalia, sir Edward, en ce moment.

— Ceci ne me regarde point.

— Ah! vous êtes méchant, Edward, dit le colonel.... Belle comtesse, voici votre palais, votre jardin, votre parc. Tout est prêt ici pour vous recevoir. Vous devez avoir besoin de repos. Nous allons vous confier aux soins de deux caméristes indigènes....

— Belles comme le cuivre avant l'invention de l'or, dit Edward. Nous abhorrons les femmes indigènes, le colonel et moi....

— Sir Edward, dit la comtesse, vous êtes un hypocrite; le cuivre a son prix; et l'on m'a parlé de certaine brahmanesse que vous auriez payée au poids de l'or.

— Oui, madame, c'est une vieille calomnie nolisée à Tranquebar, et qui a échoué à Smyrne sur un écueil.

— Mes jeunes Indiennes m'attendent, dit la comtesse; adieu, messieurs, et à bientôt... Excusez-moi, sir Edward, j'ai deux mots de confidence à dire au colonel... Mon cher colonel, vous me présenterez à la société blanche du pays, n'est-ce pas?

— Madame, dit le colonel, au Bengale la société ne brille pas par la blancheur. Vous choisirez la nuance qui vous plaira pour vous entourer.

— Oui, comme on fait chez Delisle pour une robe... Colonel, je vous soupçonne d'avoir choisi quelque nuance avant moi!... Vous avez des distractions d'amoureux qui ne conviennent pas à la gravité d'un futur époux... Vraiment les hommes sont incompréhensibles!

— Eh! madame, par galanterie nous faisons tous nos efforts pour vous ressembler.

— Comment pouvez-vous préférer les roses du Bengale aux roses de Smyrne?

— Madame, toutes les roses ont leur prix.

— Au reste, mon cher colonel, c'est votre affaire, et ce n'est plus la mienne depuis ce matin.

— Belle comtesse, vous allez ajouter un mot après cette énigme...

— Colonel, je suis trop fatiguée pour ajouter un mot ui ne finirait que ce soir. Adieu! »

Un second adieu fut adressé à sir Edward, mais de fort loin et par un geste charmant qui portait avec lui toute la grâce d'un sourire.

Le colonel Douglas marcha vers Edward, et, laissant tomber ses mains croisées de toute la longueur des ras :

« Mon Dieu! dit-il, que signifie tout ceci, cher Edward? J'ai abordé la comtesse comme on aborde l'ennemi, hardiment, pour ne pas être tué du premier coup; je m'attendais à des coups de griffes mortels; vous l'avez vu, tout s'est bien passé : elle a fait des plaisanteries sur M. Tower, qu'elle exaltait dans sa lettre; elle a parlé fort légèrement de son amie Amalia et du mariage. Vraiment, je suis stupéfait.

— Vous êtes bien heureux, Douglas, de n'être que stupéfait; moi, je suis fou, il y a des femmes qui naissent tout exprès pour donner des locataires aux petites maisons.

— Vraiment! Edward, elle était adorable au sortir du bois...

— Adorable!... avec son chapeau d'amazone déplumé, ses cheveux portant les échantillons de tous les arbres, sa robe qui a décoré de mousseline tous les buissons, sa figure illuminée par l'insomnie, ses yeux de démon corrigés par un ange, sa grâce étourdie qui ravage à son insu!... Mon cher Douglas, que vous êtes heureux d'aimer une femme et de l'épouser dans quinze jours!

— Hélas! ce n'est pas aisé, mon cher Edward!

— Qu'importe? ce sera aisé dans six mois! Vous avez déjà échangé le *oui*...

— Edward! Edward! vous oubliez donc la lettre du ministre?... La nuit dernière vous a fait perdre la mémoire et l'esprit!... Votre comtesse Octavie m'a causé bien des douleurs amères; elle a été la complice du ministre dans ce démêlé romanesque; elle a montré un acharnement inouï, comme si sa vie dépendait de mon mariage avec la jeune Grecque. Puis, lorsque tout a été embrouillé par ses jolis doigts, d'une façon inextricable, elle perd aussi l'esprit et la mémoire, et fait bon marché de mon mariage, d'Amalia et de M. Tower... Allez deviner les femmes!...

— Pourquoi pas? dit Edward; colonel Douglas, vous connaissez mieux les Taugs que les femmes... Comment, vous n'expliquez pas la comtesse Octavie!

— Expliquez-la, voyons.

— Je rougis, mon colonel, de vous expliquer une chose si facile. Pour l'honneur de votre sagacité, je veux que nous l'expliquions ensemble, comme on fait dans un duo d'opéra; nous supprimerons la musique... La comtesse Octavie est à Smyrne; la scène est à Smyrne; elle a une jeune amie qui se nomme?...

— Amalia.

— Bien!... Vous connaissez le pays de la belle comtesse, Douglas?

— Elle est Française.

— Mieux que cela, colonel : elle est Parisienne... Survient un jeune comte Élona...

— Un Polonais.

— Mieux que cela, colonel : un proscrit... Le comte Élona rend des politesses assidues à ces deux femmes, à la belle demoiselle, à la belle veuve... On commence toujours par des politesses.

— Le comte Élona se réveille, un jour, amoureux de l'une de ces deux femmes...

— De laquelle, mon cher Douglas?... Vous allez deviner.

— De la comtesse?

— Vous n'avez pas deviné, Douglas.

— De l'autre.

— Parbleu! en deux fois, vous deviez le deviner... Après cela, cher Douglas, la comtesse éprouve un cruel désappointement. Notre jeune veuve est trop étourdie, trop vive, pour analyser elle-même ses sensations, et se rendre un compte exact d'un dépit que, dans son ignorance, elle élève à la hauteur d'un désespoir.

— Je crois vous comprendre, Edward, Octavie se

persuade qu'elle a un penchant de tendresse pour le jeune proscrit...

— Certainement, Douglas, il y avait bien un peu de cela, mais délayé dans une forte dose d'amour-propre peu-naturel d'ailleurs. La comtesse Octavie était trop femme pour se sacrifier tranquillement ainsi au pied d'une statue grecque.

— De là les colères, les jalousies, les complots féminins ; je devine tout maintenant, Edward... La comtesse Octavie, dédaignée par le comte Élona, se révoltait encore plus à l'idée de le voir l'époux de la jeune Grecque ; en la faisant épouser par moi, elle se donnait, dans ses infortunes de coquetterie, une sorte de satisfaction. Oui, c'est bien femme, cela, Edward.

— Femme riche, femme impressionnable, femme orageuse, femme ennuyée, la comtesse Octavie ne pouvait agir autrement, mon cher colonel. Ce qu'elle a fait, cent mille l'auraient fait, dans le même cas. Au reste, c'est de bonne guerre féminine...

— Edward, le commencement me paraît assez bien expliqué de cette manière ; mais la fin est encore très-nébuleuse à mes yeux.

— Écoutez, Douglas, une femme du caractère d'Octavie ne peut vivre six mois avec la même idée clouée au fro' Il suffit d'une circonstance imprévue pour tout bouleverser dans sa tête, et chasser une idée pour une autre. Avec elle, rien ne m'étonne. A Smyrne, elle avait vu le comte Élona, et elle l'avait aimé ; au Bengale, elle l'a revu, et elle l'a détesté. L'Océan a coulé entre deux époques ; la mer guérit tous les maux de la terre. On change d'étoiles, on change de ciel, on change d'amour. Les Grecs ont inventé une belle et consolante histoire, avec leur navire *Argo*, qui n'avait conservé que son nom en arrivant au port. Du haut des mâts à la quille, de la proue à la poupe, en voyage il avait tout perdu ; mais il se nommait toujours *Argo*. Un dernier mot, Douglas, et je vous quitte, j'ai besoin de repos; il faut que je me fasse une petite nuit d'occasion jusqu'à midi... Douglas, l'amour est une chose fort intelligible que personne ne comprend; ce n'est, certes, pas faute de parler de lui, d'écrire pour lui, de chanter pour lui : la parole, l'imprime, et la musique n'ont été inventées que pour l'amour, et l'amour est encore le secret de l'univers.. Adieu, Douglas.

— Oh! vous êtes bien leste dans vos adieux, mon cher Edward! un instant, s'il vous plaît; voici le facteur de Roudjah qui arrive avec des lettres, et je ne vous donne un congé de sommeil qu'après le cachet rompu.

— A vos ordres, mon colonel! »

Douglas prit la lettre, l'ouvrit, et regarda la signature.

« Ah! dit-il, c'est de M. Tower! Vous allez lire cela avec moi, sir Edward.

— Que le diable le caresse, ce M. Tower!

— Et pourquoi, Edward? S'il me mande quelque chose d'important pour moi! Vous vous faites égoïste depuis ce matin... Comme une nuit peut changer les hommes!

— Douglas, j'expire de sommeil; si vous tardez un instant de plus, vous lirez la lettre à un somnambule.

— Edward, mon ami, l'amour est une chose inintelligible que tout le monde comprend.

— C'est M. Tower qui dit cela dans sa lettre?

— Non, Edward ; voici ce que dit la lettre de M. Tower.

— Mon Dieu! je n'avais pas besoin d'une lettre de M. Tower pour m'endormir. D'ailleurs, le commerce de l'opium est prohibé au Malabar.

— Écoutez, Edward.

M. Tower au colonel Douglas.

« Roudjah, Sweet-Hours-Inn.

« Nous sommes dans un grand embarras, honorable colonel. Mlle Amalia, votre future épouse, ne descend plus à la salle commune ; le comte Élona, votre ami et votre envoyé, ne répond à aucune de mes demandes, et moi je commence à périr d'ennui dans ce pays, où l'on ne voit que des soldats cuivrés et des femmes horribles. Que faut-il faire? Les ordres du ministre sont précis ; j'ai ordre de ne m'arrêter que dans la maison habitée par le colonel Douglas. Je crois avoir commis une grande faute en promettant de passer une quinzaine à Roudjah ; mais j'obligeais ainsi les deux personnes intéressées, vous, colonel, et ma chère pupille, qui se plaignait d'avoir perdu au soleil de la mer l'éclat de son teint, qui veut le retrouver après deux semaines de retraite, et pourra se présenter à son époux, parée de tous ses avantages physiques. Vous voyez, colonel, que je connais les femmes.

« Si la comtesse Octavie fût restée au milieu de nous, ma position eût été plus tenable. La comtesse cause bien, et j'ai passé quelquefois avec elle de petites soirées fort agréables, qui, je l'espère, lui ont aussi donné quelque satisfaction. Mais vous ne sauriez vous figurer combien cette Française est étourdie et légère ; toute demeure lui pèse après une heure de séjour. Elle s'est formalisée, bien à tort, de quelques préférences que je devais avoir naturellement pour ma pupille, et, en arrivant, elle a disparu avec un Indien. C'est sa faute, je ne suis pas son tuteur.

« Autre sujet d'hésitation. Je voulais partir seul pour Nerbudda, et causer quelques instants avec vous, incognito, mais je n'ai pu me résoudre à laisser ma pupille exposée aux médisances d'une soldatesque cuivrée. Si je connaissais moins les femmes, je croirais que ma pupille est d'intelligence avec le jeune comte Élona, un étranger, une relation d'un jour! Je vous laisse donc à supposer tout ce qu'inventerait un voisin médisant sur leur compte si je quittais le village, ne serait-ce que pour la moitié d'un matin.

« Colonel, j'ai de grands devoirs à remplir, mais je ne veux mécontenter ni le ministre, ni ma pupille, ni vous, ni personne. Écrivez-moi vos intentions, et, si elles ne contrarient ni mes instructions ni mes pouvoirs, je m'y conformerai. Je n'ai, jusqu'à cette heure, d'autre avis que celui qui m'a été apporté par le comte Élona, de votre part; mais qui me garantira, légalement parant, l'authenticité de la mission du jeune comte; j'attends un billet officiel signé de votre main.

« Enfin, voulez-vous que je vous parle confidentiellement, colonel? Ecoutez, je connais les hommes; j'ai rempli quelques missions diplomatiques sérieuses, et vous savez que nos ministres n'accordent leur confiance qu'à des gens expérimentés. J'ai donc observé le comte Élona comme étude de caractère; c'est une habitude que j'applique à tous les individus qui me frappent par leur physionomie. D'ailleurs, à Roudjah, que peut-on faire de mieux, lorsque rien ne peut exercer mon inépuisable besoin d'activité dévorante? Dieu me garde de suspecter le comte Elona, je le tiens pour un parfait gentilhomme; mais il me semble porter en lui le germe d'un dessein coupable. On doit se méfier des hommes qui se disent *Français de cœur et d'âme;* ce sont des êtres dangereux. La beauté de ma pupille a paru faire une vive impression sur le comte Élona. Le silence morne qu'il a gardé à notre première entrevue me paraît le symptôme alarmant d'une grande passion. Dès ce moment, de près ou de loin, je ne l'ai plus quitté. Croiriez-vous qu'il s'est promené toute la nuit devant les fenêtres de ma pupille ? Je dois ajouter que les fenêtres n'ont pas daigné s'ouvrir une seule fois. Je connais les femmes, et ma pupille a trop de déférence pour moi pour me donner le plus innocent sujet de mécontentement. Ce matin, j'ai proposé, par ruse, au comte Elona, de quitter cet ennuyeux village et de rentrer à Nerbudda.

« Oh ! non, m'a-t-il répondu, puisque je dois rester « quinze jours ici, je veux profiter de ce séjour pour « étudier les mœurs et les usages des habitants. »

« Notez bien qu'il ne s'est jamais éloigné de l'auberge de plus de dix pas, et que dans notre rue il n'y a pas un seul habitant, rien à étudier, par conséquent, sur les usages et les mœurs. Je connais les hommes : on ne me trompe pas avec des artifices grossiers.

« J'ai rempli un grand devoir, colonel Douglas ; tirez de ma lettre le parti convenable ; je la confie à votre prudence et à votre discrétion.

« Tower. »

« Eh bien ! Edward, dit le colonel en refermant la lettre, que faut-il répondre à ce stupide tuteur ?

— Deux lignes en style officiel : « Monsieur Tower, « je vous prie de suivre jusqu'à nouvel avertissement les « instructions que vous a données le comte Elbna. » Mon cher Douglas, dans votre position, il faut gagner du temps. Le temps est le meilleur arrangeur que je connaisse ; et quand nous ne mourons pas, il est forcé, par son métier, de travailler pour nous. Au bout du temps, il y a toujours des événements obligés dont il dispose en souverain : attendons ce qui viendra par lui, pour nous ou contre nous.

— Et ne devons-nous rien faire pour aider le temps et le forcer à travailler pour nous ?

— Mon cher Douglas, tout ce que vous avez pu faire

a été fait; croisez-vous les bras; votre position se fait meilleure chaque jour. La comtesse Octavie est sur le point de se rallier à nous. Vous avez éloigné ce matin, sous un prétexte raisonnable, le nabab, sa fille et leurs plus intelligents serviteurs; ils sont en visite chez les voisins, et ils les invitent à votre mariage : c'est bien trouvé. Maintenant.... eh bien! maintenant nous verrons.

— Nous avons assez causé de nos affaires; songeons un peu aux affaires du pays. Les nouvelles qui me viennent des cantonnements éloignés sont bonnes. Le brave capitaine Taylor a écrasé l'autre jour une bande de Taugs dans la gorge sauvage de Nérebby. Dans les campagnes, la plus grande sécurité règne toujours. On ne sait rien.... Que fait votre démon familier?

— Mon infatigable Nizam travaille à cette heure, j'en suis sûr; quand il faudra parler, il parlera : comptons sur lui.

— Je compte aussi sur vous, Edward.

— Oui, quand j'aurai dormi.... adieu; je crains de manquer la comtesse Octavie à son réveil. Je veux la saluer le premier à midi : c'est la seule ambition qui troublera mon sommeil.

— Une dernière chose.... Dites-moi, Edward, il n'est pas à craindre que le comte Elona divulgue à la société Tower nos secrets domestiques, mon mariage arrêté avec le nabab...

— N'ayez point de peur de ce côté, Douglas. Je connais Elona. Il fera et dira ce que je lui ai dit ou écrit de faire et de dire; rien de plus, rien de moins. Si, à Roudah, l'entretien tombe sur un cas imprévu, notre jeune comte se taira. »

Edward serra la main de Douglas et monta lentement l'escalier de l'habitation de Nerbudda.

XI

Un assaut de ruses sans escalade.

Deux longues galeries traversent les ailes de l'habitation à leur extrémité. Elles aboutissent à deux balcons, dont les deux fenêtres s'ouvrent sur les deux façades du nord et du midi.

Edward, après un repos de quelques heures, arrive au rendez-vous qu'il s'est donné sur la terrasse, devant la maison. Les persiennes voilent toutes les fenêtres, excepté celle du balcon de la galerie. Sur la pierre de la balustrade, un bras demi-nu se dessine en relief avec une grâce exquise de contour, et soutient une tête charmante inondée de cheveux. Cette pose de nonchalance et d'abandon annonce une profonde rêverie au regard amoureux qui la découvre. La jeune femme se relève brusquement, comme réveillée en sursaut, en entendant un bruit de pas sur les feuilles sèches.

Edward s'incline et salue; on engage l'entretien par l'échange des formules banales, inventées pour la situation.

« A mon réveil, dit la comtesse Octavie, j'ai visité votre château indien; c'est un beau désert, comme la campagne. On peut vivre ici un mois, en ermite, pour se recueillir. Je suis étourdie de tout ce que je découvre aux environs. Comme tout cela est grand, merveilleux et triste! il faut voir cela une fois dans sa vie pour le raconter toujours.

— Madame, dit Edward, la grande nature est comme

une belle femme. Au premier abord, elle étonne, elle désespère, elle attriste. On se sent indigne et misérable à ses côtés. On porte une envie sombre aux êtres supérieurs, créés pour elle et favorisés de ses sourires. Ensuite, il suffit que cette nature ou cette femme fasse luire à propos un rayon de soleil, ou un regard de bonté, pour changer les dispositions de notre esprit et de notre cœur; on se rapproche, on s'habitue, on se passionne. On aime chaque jour davantage entendre et regarder le son des cascades et l'abîme des bois, comme la mélodie d'une voix divine, et l'arc délié du plus beau front.... Vous verrez bientôt, madame, que notre grande nature mérite d'être aimée par vous.

— Moi! sir Edward, je ne demande pas mieux que de l'aimer, l'aimer quelques instants, mais je ne l'épouserai pas.... Je ne sais pas trop maintenant ce que je suis venue faire aux Indes... C'est à quoi je rêvais tantôt.... On est riche, étourdie, ennuyée, et veuve; on se passionne pour l'indifférence d'une amie; on fait trois mille lieues, on se trouve face à face avec un tigre en arrivant. Voilà un beau début!... Et vous voulez, sir Edward, que du premier coup d'œil j'aime cette grande nature, qui m'étranglait sans votre secours!

— Je vous en prie, madame, écartons les personnalités; il y a vraiment du charme à parler ainsi de toutes sortes de choses, vous au balcon, moi appuyé sur un arbre, et à ne pas parler de soi, surtout pour le plus léger service reçu ou rendu.... Croyez, madame, qu'il m'en coûte de contrarier ainsi vos premières idées sur mor. Bengale, mais permettez-moi un plaidoyer en faveur de mon superbe client. Lorsque vous avez été attaquée à Smyrne par deux tigres noirs, la Médisance et la Calomnie, quelque chasseur leur a-t-il lancé deux balles au front?

— Non, sir Edward, ces deux bêtes fauves vivent encore.

— Et elles vivront, madame; l'Antechrist seul doit les empailler pour le musée de Josaphat. Cela dit, n'en parlons plus.... Si j'avais un établissement à fonder ou un ermitage à me bâtir, je choisirais mon terrain et mes arbres dans cette presqu'île du soleil.

— Sir Edward, vous vous abusez, dit Octavie en riant aux éclats; vous n'avez la vocation ni du trafiquant ni de l'anachorète.

— Madame, les vocations varient tous les dix ans, dans la vie de l'homme. Il suffit d'un accident vulgaire pour déterminer ces changements. Permettez-moi une supposition.... J'aime une femme.... l'amour est une chose sérieuse, après trente ans. Les grandes passions viennent tard.... Je mets tout mon avenir sur la tête de cette femme; je fais ma vie de la sienne; je fais mon bonheur de son sourire et mon horizon de la trace de ses pieds... Un jour, je perds cette femme....

— Avant le mariage, sir Edward?

— Avant le mariage.... Oh! cette fois, je cherche un coin au soleil, une grotte de Camoëns, une île de Robinson, un paradis sans Adam, et j'en fais le tombeau de ma vie, en priant Dieu de m'envoyer, comme en Thébaïde, un lion pour fossoyeur, après ma mort.

— Sir Edward, cela ne vous arrivera pas.

— Le savez-vous, madame?

— Il ne faut pas être sibylle de Cumes pour affirmer cela, sir Edward. Vous n'aurez pas de lion pour fossoyeur. Vous vous marierez.

— Avec qui?

— Dieu le sait. Le monde est peuplé de femmes qui attendent des maris.

— Et qui en refusent.

— Sir Edward, vous ne serez pas refusé.

— Cela m'est pourtant arrivé deux fois, madame.

— En rêve?

— En réalité.

— Voyons, sir Edward, contez-moi cela. Ces histoires me divertissent infiniment.

— Madame, à vingt-six ans j'allais épouser miss Erminia, la fille du consul à Tranquebar. Je débarque, mes papiers à la main et mon habit de noces sous le bras.... La veille, ma fiancée avait épousé un antiquaire en ruine!... Mon second échec matrimonial a été plus terrible : j'étais à l'habitation de la Floride, dans un désert peuplé de lions et d'éléphants; il n'y avait qu'une femme et moi, car je ne devais pas compter un ami, qui ne se souciait pas de cette femme et qui ne voulait pas l'épouser.... Cette femme épousa mon ami!

— Malgré lui?

— Mon ami méditait un suicide par désespoir d'amour; il cherchait une arme, il trouva cette femme et l'épousa pour se tuer.

— Il est mort?

— Il est vivant, madame; il est heureux.... il bénit son suicide nuptial; il est riche, il a deux enfants, ou à peu près.

— Je conçois, vous craignez un troisième naufrage....

— Au port.... bien plus, madame, mon étoile est funeste à mes amis; vous avez vu cela vous-même à Smyrne. On va se marier, j'arrive en plein bal, et le mariage est rompu!... J'ajouterai même, si la chronique du pays d'Homère n'est pas une fable, j'ajouterai que ma conscience me reproche quelque chose de plus grave....

— Ah! mon Dieu! vous me faites trembler, sir Edward, dit Octavie en souriant. Voyons! continuez votre confession.

— M'absoudrez-vous, madame?

— Si le crime est trop grand, je vous recommanderai à la clémence du ciel.

— On a dit que mon voyage à Smyrne avait rompu le mariage d'un jeune élève en diplomatie avec une belle comtesse de votre connaissance intime.

— Je n'ai pas une belle comtesse dans mes connaissances intimes.

— J'aurais dû vous nommer, madame : j'étais sûr que vous ne vous reconnaîtriez pas.

— Eh bien ! monsieur, le pays d'Homère a donné un supplément à sa mythologie, à mon occasion.... J'ai connu à Smyrne deux jeunes gens pleins d'esprit et de cœur, deux compatriotes; ils ont bien, l'un et l'autre, murmuré à mes oreilles quelques phrases de galanterie, mais rien de sérieux n'a été prononcé. D'ailleurs, ces messieurs avaient un grand défaut : ils étaient trop jeunes pour moi.

— C'est un défaut dont ils se seraient corrigés en vieillissant, madame.

— Oui, mais j'en aurais été corrigée dix ans avant eux. Nous étions du même âge, ils avaient donc dix ans de moins que moi.

— Le compte est juste, en mathématiques nuptiales.

— Vous voyez, sir Edward, que vous n'êtes pas si coupable....

— Mon Dieu ! madame, quel bonheur vous me donnez ! Vraiment, je ne me serais consolé de ma vie, en songeant que je vous avais enlevé un mari par une fatalité attachée à mon nom.

— Je vous remercie de l'intérêt que vous portez à mes secondes noces, sir Edward. Je ne crois pas à votre fatalité, moi; et j'espère bien, si je me lie une seconde fois les mains au pied d'un autel, que vous signerez à mon nouveau contrat, et que votre étoile ne me portera pas malheur.

— Oh ! madame, j'écraserai le bec de la plume avant de signer.

— Vous signerez.

— Je ne veux pas, madame, vous condamner au veuvage à perpétuité ; j'aime mieux me tenir à l'écart, vous voir successivement prendre le deuil de trois maris. Le devoir d'une charmante femme comme vous est de prodiguer les heureux.

— Puisque vous ne signerez pas, je ne me remarierai pas. J'en conviens maintenant, sir Edward, votre étoile a raison.

— Je fais une réserve, madame. Si le mari que vous élèverez jusqu'à vous me paraît digne de son bonheur, je signe des deux mains.

— Vraiment, sir Edward, je vous trouve plaisant de vouloir contrôler mon choix.

— Vous n'aurez pas ma signature, madame.

— On s'en passera, monsieur.

— Croyez-vous, madame, par exemple, que si vous épousiez M. Tower, je prêterais mon nom à cet attentat?

— Eh! mon Dieu! qui songe à épouser M. Tower? Il s'est épousé lui-même depuis trente ans, et ne divorcera pas.

— Soit. Je vous abandonne M. Tower ... C'est que nous sommes en disette d'hommes, ici, d'hommes blancs, bien entendu! il m'est difficile de choisir mes points de comparaison.... je vous permettrais d'épouser le colonel Douglas....

— Vous êtes généreux, sir Edward. Vous me permettez d'épouser le mari d'une autre femme.

— Il ne l'est pas, madame, il ne l'est pas.

— Il le sera demain ou après-demain.

— Qui sait?

— Ah! ceci est trop fort, monsieur! nous venons du bout du monde pour achever le mariage d'Amalia, par ordonnance ministérielle, et nous garderions le *statu quo!* A Smyrne, le OUI nuptial s'est arrêté à l'O; nous avons fait trois mille lieues pour prononcer les deux autres lettres, et nous resterions muets! Sir Edward, vous êtes fou!

— Madame, vous êtes au balcon et moi au pied d'un arbre; à la distance où nous sommes, nous nous entendrons toujours, mais nous ne nous comprendrons jamais; nous jouons au volant avec des énigmes. »

En ce moment, une feuille de papier tomba de l'arbre aux pieds d'Edward.

« A propos d'énigmes, dit la comtesse, voilà un arbre qui produit de singulières feuilles!

— Oui, dit Edward en ramassant le papier nonchalamment, c'est un phénomène végétal. Cela ne se voit qu'au Bengale. Les arbres ont des distractions.

— Vous êtes en correspondance avec quelque sylphide, sir Edward?

— C'est une page à peu près blanche....

— A peu près.

— Voulez-vous la lire, madame?

— Oh! certainement non! je respecte les secrets de l'air.

— Ce sont, madame, quatre vers de notre poëte Campbell, l'auteur du poëme : *Pleasures of hope* (les *Plaisirs de l'Espérance*).

— Ah! le poëte Campbell est perché sur cet arbre! il fait concurrence aux oiseaux.... Malheureusement, le feuillage est si touffu, que l'on ne peut rien voir après la première couche de feuilles.... Peut-on lire ces quatre vers?

— Je vais vous les envoyer, madame, par quelque femme de service. »

Edward fit quelques pas vers la porte de l'habitation avec une hypocrisie d'empressement si naturelle, qu'elle trompa la comtesse Octavie.

« Non, non, sir Edward, dit-elle en riant, ne prenez

pas cette peine ; il fait si chaud ! J'aime mieux continuer de causer à distance, comme nous faisons ; causer au hasard, paresseusement, sans sujet, sans but, en saisissant au vol la première folie qui nous tombe dans la tête.... Dites-moi, sir Edward, comment ces quatre vers de Campbell ont-ils fleuri sur cet arbre ?

— C'est moi qui les ai placés là ce matin.... vous m'obligez à me trahir.... J'espérais que le vent qui se lève à midi les ferait tomber à vos pieds ; ils sont tombés aux miens, les étourdis !

— Cette explication est assez naturelle. »

Edward tenait la feuille de papier, négligemment ouverte, au bout de ses doigts, et il lisait et parlait en même temps. On a probablement compris que Nizam, courant de branche en branche, comme un écureuil, avait laissé tomber cette page écrite, sans lui donner la forme d'une lettre. Elle ne peut se lire que par lambeaux, ainsi qu'Edward la lisait :

Sir Edward, mon honorable maître,

« Le temps va vite, usons du temps.

« Madame, dit Edward, qui parlait une phrase et lisait eux lignes, voici les quatre vers de Campbell, traduits n français :

> Oh ! je voudrais être le vent
> Qui dans vos beaux cheveux noirs joue,
> Et met leur ébène mouvant
> Sur l'ivoire de votre joue.

— C'est très-bien traduit, sir Edward !
— Oui, lorsqu'on ne connaît pas l'original.

« Ce fakir mystérieux qui demande l'aumône aux arbres, s'entretenait ce matin avec un béraidje, trop jeune

« pour être chauve ; je les observais sans être vu, comme
« toujours. »

— Sir Edward, j'ai dit souvent, en regardant un portrait : « Mon Dieu ! quelle ressemblance parfaite ! » et je n'avais pas vu l'original. Je fais ainsi pour vos vers.

— Oh ! madame, gardez un instant cette pose ; vous êtes, comme cela, le plus beau portrait de vous-même qui se puisse voir.

« Le fakir et le béraidje se sont séparés, mais avec
« certains gestes qui m'ont fait supposer qu'un rendez-
« vous était assigné à la même place. »

— Vous êtes, madame, ainsi posée à ce balcon, le digne pendant d'un tableau de Hook qui est au Louvre. Ici, la distinction et l'élégance aristocratiques ; là-bas, le naturel bourgeois et flamand. Un contraste délicieux.

— Sir Edward, vous cherchez vos pendants un peu loin, ce me semble.

— Votre cadre est superbe ! il y a une fusée de feuilles et de clochettes d'or qui s'élance de l'angle du balcon, éclate sur le cintre, et brise au milieu son arabesque. La balustrade est du meilleur goût indien, et se marie admirablement à ce bras moitié mousseline, moitié ivoire vif, qui s'allonge sur la pierre avec tant de grâce.... Laissez-moi donner deux coups de crayon sur ce papier, pour copier le cadre seulement....

« J'ai couru à mon arsenal, sir Edward ; j'ai couvert
« tout mon corps, de la tête aux pieds, de ma toile de
« rizière ; c'est un stratagème de costume assez bien
« réussi. La toile est semée, dans toute sa longueur, de
« chalumeaux de riz bien touffus et vertement hérissés.
« Ainsi déguisé, je me suis étendu à plat ventre sur l
« lieu du rendez-vous du fakir et du béraidje, en m

« lant mon terrain artificiel à la verdure naturelle de la
« rizière.... »

— Ainsi donc, sir Edward, vous me faites poser pour mon cadre ?

— Excusez-moi, madame ! prêtez-moi encore deux instants, et je vous rendrai ma vie.

— Quel trafic d'usurier me proposez-vous, sir Edward ?

— Le fond de votre portrait, madame, est d'un beau noir lumineux, parce que votre galerie n'a que deux ouvertures, fort éloignées l'une de l'autre, à chaque extrémité. Sur ce fond d'ébène tendre, votre visage, vos épaules, vos bras, votre corsage de mousseline blanche se détachent à ravir.... Permettez-moi, madame, de croiser quelques traits d'ombres pour exprimer ce fond. Une fois dans ma vie, je veux faire le portrait d'un cadre.

« Le fakir et le béraidje sont venus. Ils ont regardé
« circulairement autour d'eux. Le désert était désert,
« comme nous disons en indien. Ils ont déposé je ne
« sais quoi, des armes probablement, dans les grandes
« herbes qui voilent l'entrée d'une grotte d'où s'échappe
« un petit ruisseau. Ensuite, le fakir a dit : *Il y a dix
« ans que nous avons commencé ce travail ; en quelques
« jours, en quelques heures, il sera terminé, avec l'aide
« du dieu Siva.* L'autre a dit : *La nuit prochaine, nous
« pourrons enfin attaquer l'habitation de Nerbudda,
« et tuer les chefs de nos ennemis....* »

— Sir Edward, dit la comtesse avec impatience, il vous faut beaucoup trop de temps pour peindre des ombres. Je vous laisse le cadre, et je descends. »

Edward termina la lecture de cette lettre effrayante,

tout en dessinant à la hâte, sur une autre page, le balcon orné des quatre vers de Campbell [1].

La lettre du fidèle Nizam avait la conclusion suivante :

« Ainsi, honorable maître, j'avais raison de soup« çonner ces faux mendiants et ces faux laboureurs qui « maraudent çà et là, aux environs de l'habitation. Les « Taugs ont organisé quelque plan diabolique. Pendant « que nous songeons à les attaquer chez eux, ils médi« tent de nous égorger chez nous. Ils se disposent à met« tre à exécution un projet vieux de dix ans. Quel est ce « projet? Nous le verrons à l'œuvre. Tenons-nous sur « nos gardes. Veillons.

« Je n'ai pas voulu me montrer à l'habitation, de peur « d'y être retenu et d'y perdre un temps précieux. J'ai « suivi, par les arbres, le chemin de l'Air. A' la pre« mière nuit de danger, après la fermeture des portes « de Nerbudda, vous entendrez ma voix. Les Taugs ne « se doutent pas que je suis leur avant-garde. Tenez-vous « prêts : le péril est imminent! »

Edward s'avança jusqu'au pied du perron, pour recevoir la comtesse Octavie, et dès qu'elle parut :

« Voilà, madame, lui dit-il en lui montrant la page du dessin, voilà un portrait absent que je garderai toute ma vie.

— Oui, sir Edward, c'est fort juste; il ne manque rien à ce portrait que le portrait.

— Le souvenir est un grand peintre, madame. Je pourrais oublier cette arabesque de feuilles et cette pluie de fleurs; ce joli balcon, nuancé par les caresses des branches flottantes et des rayons de soleil; ces arêtes

---

[1] Le poëte Campbell est mort en France, à Boulogne-sur-Mer. Son corps a été transporté à Londres, et inhumé à Westminster.

vives, qui se découpent dans une éclaircie d'azur et d'or; mais je n'oublierai jamais la gracieuse image qui me souriait dans la transparence lumineuse de ce cadre, et mon souvenir la repeindra sans cesse à ce balcon, sans jamais craindre que les injures de l'air ou de l'homme altèrent son éblouissante pureté.

— Sir Edward, ne tournons point l'entretien au sérieux; je crains de tomber en mélancolie... Croyez-vous que ma position m'inspire des idées plaisantes? Il me faudra plus d'un jour pour m'acclimater dans ce pays, où je suis venue comme une étourdie, ne prenant conseil que d'une idée reconnue absurde en arrivant... Voulez-vous me plaire, sir Edward?

— Mais cela me plairait assez, madame.

— Renoncez au genre sérieux; soyez toujours gai, sir Edward, absolument comme si vous aviez toujours deux tigres devant vous; et lorsque vous aurez quelque chose de triste à me dire, dites-le-moi gaiement.

— C'est convenu, madame. Voyons, de quoi causerons-nous, avec accompagnement perpétuel de sourires?

— Reprenons l'entretien où nous l'avons laissé, à la chute du quatrain de Campbell.

— Adopté à l'unanimité! Nous traitions justement le plus frivole des sujets et le plus sérieux, nous causions mariage.

— Êtes-vous bien sûr de cela, monsieur?

— Vous m'avez fermé la bouche, madame, au moment où j'allais vous proposer de signer au contrat si, à défaut de Douglas, reconnu impossible, vous épousiez le comte Élona Brodzinski. Notre entretien était d'une gaieté folle... Le comte Élona est un jeune homme d'une haute distinction de manières et d'esprit; toutefois un peu trop enclin à la causerie sérieuse; il est vrai que l'habitude...

— Eh mon Dieu! nous connaissons le comte Élona, sir Edward!... je vous dispense de me faire son portrait.

— Au fait, c'est juste, vous le connaissez mieux que moi, madame, je n'y songeais pas; j'ai d'incroyables écarts de pensée. Je signerais avec empressement à votre contrat de mariage, si vous épousiez le comte Élona. C'est un parti sortable de toute façon. »

Octavie s'assit sur une banquette de bambous tressés, croisa négligemment les bras et regarda la terrasse, les arbres, la façade de la maison, comme si elle eût été bien aise de connaître en détail, dès le premier jour, la physionomie des localités. Edward, debout devant elle, chiffonnait une feuille de bananier en achevant sa phrase, écoutée avec une nerveuse distraction.

« J'ai été fort heureux, moi, dans le choix de deux amis, poursuivit Edward : le colonel Douglas et le comte Élona se complètent l'un par l'autre, et me rendent, à mon insu, de grands services de société. Lorsque le penchant de l'heure m'excite au propos léger, je vais à Douglas et nous rions comme des enfants. Lorsque le moment conseille la gravité méditative, en excluant le badinage, je vais au comte Élona. On est affamé de mélancolie, quelquefois, dans certaines phases du jour, et souvent on ne pourrait en trouver un seul grain en soi; il faut alors l'emprunter à autrui, et le comte Élona est en fonds de ce côté.

— Sir Edward, maintenant l'entretien tourne à la malignité, dit la comtesse avec un ton d'indifférence somnolente qui voulait déguiser une sensation opposée; seriez-vous méchant quelquefois, par hasard?

— Mais, madame, je ne vois rien de blâmable dans ce que je viens de dire. Moi, faire de la médisance! oh! je suis trop égoïste, trop avisé, trop prudent; je suis trop jaloux de mon repos. Je connais le fameux proverbe chinois : *Qui s'endort médisant se réveille calomnié.* J'ai la crainte du lendemain.

— Alors, je me suis trompée; excusez-moi, sir Edward. Il m'a semblé que vous traitiez le comte Élona un peu trop en ami.

— Personne n'estime plus que moi le comte Élona, madame; seulement...

— Croyez-moi, sir Edward, brisons là. Le comte Élona est absent.

— Oui, mais il n'a pas tort. C'est moi, madame, qui vous ai blessée peut-être, à mon insu, et je m'en repens.

— Voilà le sérieux qui revient, sir Edward!... Voyons, avez-vous épuisé la liste de mes maris possibles, et approuvés par vous?

— Vous avez raison, madame; au diable le sérieux!... Lançons-nous dans les folies. Nous avons sous les arbres quarante degrés Réaumur, il fait trop chaud pour être grave... Il est donc convenu que vous rejetez comme maris MM. Tower, Douglas et le comte Élona...

— Continuez, continuez, sir Edward.

— Bon! c'est convenu... Eh bien! je cherche autour de ces trois messieurs, et je ne trouve plus personne.

— Vous cherchez mal, sir Edward.

— Attendez, madame.... attendez... Connaissez-vous le capitaine Moss, à Roudjah?

— Non.

— Le capitaine Taylor?

— Non.

— Eh bien! madame, j'ai épuisé le Malabar nuptial; passons au Coromandel.

— Je ne connais personne au Coromandel; cherchez ailleurs, sir Edward.

— Madame, si vous ne m'aidez pas dans mes recherches, je n'ai plus un nom blanc à vous citer.

— Vous avez donc oublié le vôtre, sir Edward?

— Ma foi! je n'y songeais point. Je vous remercie, madame... Eh bien! puisque vous m'autorisez à me mettre sur les rangs, je vous promets de signer au contrat, si vous m'épousez.

— Et votre fatale étoile?

— Nous nous marierons au soleil.

— C'est adroit, sir Edward; l'étoile sera bien confuse quand elle vous trouvera marié en se levant. Elle donnera sa démission.

— Tant pis pour elle!

— Sir Edward, je suis contente de vous; c'est bien! vous comprenez comme il faut la plaisanterie... Ainsi poursuivons... L'étoile a manqué son coup; nous voilà mariés. Nous avons échangé un *oui* qui, cette fois, ne ressemble pas à un *non;* je suis votre femme, je suis lady Klerbbs... Dites, quel genre d'existence mènerons-nous, *my dearest husband*, mon très-cher mari?

— Il n'y a pas à choisir, ma très-chère femme, nous prendrons le meilleur.

— Qui commandera, de vous ou de moi?

— Madame, nous commanderons tous les deux.

— C'est trop de chefs, monsieur.

— Madame, j'obéirai.

— Combien de temps?

— Toujours.

— Ils disent tous la même chose, ces hypocrites!

— Essayez, madame, de commencer.

— Plût à Dieu qu'il fût permis d'essayer le mariage! c'est que malheureusement l'essai dure toute la vie, et le repentir peut durer jusqu'à la mort.

— Madame, on vient d'établir à Londres, à *Long-Acre*, une compagnie sérieuse qui assure les deux sexes contre le repentir.

— Très-bien! sir Edward: vous poursuivez la plaisanterie avec une verve de quarante-cinq degrés Réaumur.

— Je ne plaisante point, hélas! Cette compagnie d'assurances existe. Je m'y suis fait assurer en passant. Il suffit de cinq témoins honorables attestant sur l'honneur qu'ils vous ont surpris en flagrant repentir de quelque chose, pour être largement dédommagé. Le capital est de dix millions. C'est beau!

— Voilà qui est fort encourageant pour moi, sir Edward! A Londres, vous aviez donc fait des projets de mariage, puisque vous songiez au repentir?

— Non, madame, je me suis fait assurer au hasard, et surtout pour obliger un de mes amis, M. Pierson, qui a pris douze mille actions dans la compagnie.

— Avec quel sérieux il me dit cela!

— Voulez-vous parier un mariage que cela soit vrai, madame?

— Un mariage avec qui?

— Parbleu! avec moi.

— Alors, c'est une espèce de bigamie, sir Edward; il est convenu que nous sommes mariés.

— Pardon, madame, je l'avais oublié en causant avec vous.

— Vous êtes galant, monsieur. Si j'étais assurée contre le repentir, je demanderais déjà des dommages et intérêts à la compagnie.

— Il vous manque les cinq témoins honorables. »

La jeune femme garda quelque temps le silence; sa main droite jouait avec le bracelet de la gauche; un léger sourire flottait sur sa figure, et ses lèvres à demi ouvertes annonçaient qu'une pensée timide allait se traduire en paroles.

« Sir Edward, dit-elle, je ne vous ai vu que trois fois dans ma vie : à la première, je vous ai estimé; à la seconde, je vous ai maudit ; à la troisième...

— Si vous observez les lois de la gradation, je suis perdu.

— A la troisième, je vous ai épousé.

— J'attendais quelque chose de mieux, madame...

— En observant les lois de la gradation?

— Non, madame, les lois des contrastes, après m'avoir maudit.

— Vous êtes trop ambitieux, sir Edward; vous voulez emporter d'assaut une affection au bout de trois jours.

— Mais, madame, dans votre pays, il n'en faut pas davantage pour faire une révolution. Je suis l'esclave des modes de Paris, moi.

— Sir Edward, dit Octavie avec un léger soupir, nous faisons bien du chemin, en riant.

— Malheureusement c'est en riant, madame.

— N'est-ce pas la plus agréable manière de voyager?

— Puisque c'est la vôtre, madame, je l'ai acceptée sérieusement.

— Nous nous arrêterons là aujourd'hui, si vous voulez bien, sir Edward?

— Madame, je n'aime pas les relais, en voyage.

— Ne voyez-vous pas le colonel Douglas qui marche vers nous?

— Je ne vois que vous, madame.

— Alors, permettez-moi d'avoir des yeux pour vous. »

Le colonel Douglas salua la comtesse Octavie, et serra la main d'Edward, en lui disant lestement en indien :

« J'ai vu Nizam.

— Colonel Douglas, dit Octavie, j'ai une idée.

— Vous êtes bien modeste, madame, dit le colonel.

— Je crois que le bonheur est dans cette habitation délicieuse, et je veux m'y fixer.

— Madame, dit le colonel, ce serait certainement une bonne fortune pour moi, mais je n'oserais vous engager à établir ici votre domicile.

— Et pourquoi donc, colonel Douglas?

— Mais, madame, dit Douglas avec embarras, la vie que nous menons ici ne pourrait être longtemps de votre goût. Au premier abord, cette originalité du paysage a un certain charme de séduction, j'en conviens. Cela ne ressemble à rien, et cela plaît comme tout ce qui est nouveau; mais on s'en dégoûte vite.... Demandez à sir Edward.

— Oh! dit Octavie, sir Edward n'est pas de votre avis ; il vient, au contraire, de me parler de Nerbudda avec un enthousiaste d'artiste....

— Oui, dit Douglas, Edward se laisse facilement exalter par moments : mais après réflexion, il voit les choses avec un calme de mathématicien.... N'est-ce pas, Edward? » ajouta Douglas d'un ton intentionné, qui rappelait à Edward la terrible lettre de Nizam, oubliée dans un entretien trop rempli de charmes.

Octavie regarda fixement sir Edward, qui hésitait à répondre, lui si prompt à la réplique toujours.

« Cela dépend beaucoup du caractère, de l'organisation, dit Edward. On peut vivre ici comme ailleurs; quand on a le goût de la solitude et de la méditation, c'est la retraite qui convient à un homme qui s'est fait égoïste, après avoir fait trop de bien à des ingrats....

— Sir Edward, dit Octavie en riant, je ne vous ai jamais entendu parler de ce ton. Vous ressemblez à un orateur méthodiste qui a mis en fuite son auditoire, et qui achève son discours parce qu'il est payé.

— C'est que, madame, dit Edward avec un sérieux vrai comme un masque tragique, on est fort embarrassé de donner un conseil pour le choix d'une résidence. Sait-on ce qui peut advenir ? En conseillant, on assume une grave responsabilité. Aujourd'hui, nous jouissons de toutes les douceurs de la paix ; aussi, voyez comme notre existence est tranquille. L'absence des soucis est peinte sur notre front. Mais, dans ce pays, rien n'est stable. Ce beau ciel de l'Inde, ce ciel bleu indigo, peut se cuivrer demain et nous incendier avec l'artillerie de ses tonnerres, ou nous noyer avec ses océans suspendus. Les campagnes voisines peuvent se hérisser de monstres indiens, altérés de notre sang et ennuyés de notre domination. Il ne faut qu'un éclair dans les nues et un mot sur les lèvres d'un fakir pour détruire notre sécurité. Je crois avoir formulé ainsi exactement la pensée du colonel Douglas ; car notre Douglas, madame, c'est le courage et la prudence fondus ensemble et personnifiés.

— Colonel Douglas, dit la comtesse légèrement émue, parlez-moi avec franchise ; entrevoyez-vous quelque invasion de dangers autour de nous ? Vous et sir Edward, vous ne seriez pas hommes à parler sur ce ton à une femme, si vous étiez en pleine sécurité pour votre présent ou pour votre avenir.

— Madame, dit Douglas, le présent est à nous, et il ne nous donne aucune inquiétude ; mais l'avenir est à Dieu et à nos ennemis.

— Vraiment, je ne vous conçois pas, messieurs, dit la comtesse avec un geste brusque d'impatience. Ce matin encore vous m'affirmiez l'un et l'autre que vous habitiez le paradis terrestre, que le bonheur n'était qu'à Nerbudda, que la paix du Bengale étaient signée pour toujours, que les formidables Taugs étaient passés à l'état d'agneaux.... Tout à coup votre langage change.... depuis une heure, nous sommes placés entre un déluge et un volcan. Nous sommes destinés à périr par l'eau ou par le feu.

— Oh ! n'exagérons rien, madame, dit le colonel avec un rire mal fait ; si nous avons parlé ainsi, c'est que nous avions un conseil à vous donner pour votre résidence à Nerbudda.... Lorsqu'il s'agit de l'avenir, on doit être prudent, madame, à l'endroit des conseils.

— Tout ceci ne me paraît pas fort naturel, dit la jeune femme en secouant la tête. Colonel Douglas, c'est probablement aussi cette crainte de l'avenir qui vous fait reculer chaque jour devant votre mariage....

— Non, madame; je m'occupe de mon mariage plus que jamais....

— On s'en aperçoit peu, colonel Douglas.... Au reste, ce ne sont plus mes affaires.... Voyons, à ma place, que feriez-vous? Indiquez-moi un domicile sur le territoire anglais. Je veux abonder dans le sens de vos craintes, fondées ou non.... Je quitte Nerbudda.... Où dois-je aller maintenant?

— Mais, dit le colonel avec un calme affecté, le joli village de Roudjah est une résidence fort agréable; il y a une petite société européenne....

— Colonel, votre Roudjah est inhabitable; j'aimerais mieux la cabane de la nuit dernière. Ne parlons pas de Roudjah.

— Vous pourriez choisir un port de mer sur le littoral du Malabar. »

Octavie se tut quelques instants, et se dit à elle-même dans un monologue mental :

« Décidément, ces messieurs veulent m'éloigner d'ici; raison de plus pour y rester. Je me retirerais devant un danger : le danger n'existe pas. Je ne veux pas me retirer devant une intrigue : l'intrigue existe. On me trompe, trompons. »

Et presque aussitôt élevant la voix :

« Oui, dit Octavie, j'aimerais assez une ville maritime de l'Inde, surtout pour les bains de mer.... Bombay a de grands agréments, je crois....

— Bombay, madame, est un faubourg de Londres, dit Edward....

— Je serais fort curieuse de voir Golconde aussi, à cause d'un opéra qui m'amusait beaucoup dans mon enfance.

— Madame, dit Edward, je me mets à votre disposition. Nous avons ici d'excellents porteurs de palanquin, et, si vous demandez un guide, je mets mon érudition indienne et mon dévouement à vos pieds. »

La colère commençait à poindre sur le visage d'Octavie. Elle se voyait congédiée adroitement par ce même homme qui venait de lui témoigner tant d'amour.... Elle se leva pour ne pas éclater, et saluant gracieusement ses deux interlocuteurs :

« Messieurs, dit-elle, nous nous reverrons à dîner, n'est-ce pas ?... Je vais réfléchir un peu sur ma petite incursion au Bengale.... Nous en reparlerons.... Ceci mérite d'être longuement débattu avec un homme aussi instruit, aussi brave, aussi prudent que le colonel **Douglas**; avec un homme aussi dévoué, aussi noble, aussi sincère que sir Edward. »

Octavie fit un salut plein de grâce amicale et rentra dans l'habitation.

XII

Une lettre de Sir Edward.

Octavie s'enferma dans son appartement et ne descendit plus, même lorsque la cloche sonna le repas.

Elle se trouvait dans cette singulière disposition d'esprit dont une femme ne sait pas se rendre compte, et qui, ne pouvant être clairement expliquée, produit une irritation vague et un intolérable ennui. Octavie ne savait pas trop bien si elle aimait le comte Elona ou si elle le détestait. L'amour qui n'a point encore jeté de racines, et la haine qui vient de cet amour dédaigné en naissant, composent, dans les ténèbres du cœur, une passion étrange et sans nom humain.

La nuit dernière, grande et longue comme une vie, avait, il est vrai, rejeté dans un passé lointain cet amour ou cette haine, et dévoilé un nouvel horizon à la jeune femme; mais la blessure de l'amour-propre, bien plus vive que celle des autres sentiments, saignait encore. La comtesse Octavie, avant de se hasarder dans un autre rêve d'avenir, aurait voulu se délivrer entièrement, par un procédé quelconque, des vagues inquiétudes du passé. Elle aurait voulu surtout voir s'accomplir le mariage de Douglas et d'Amalia, car ce mariage la vengeait innocemment, à ses yeux, des dédains du jeune comte; il isolait ce dangereux prétendant, et l'obligeait à mettre encore entre elle et lui la barrière des mers.

Cette attente était chaque jour trompée. Douglas, par un motif inexplicable ou trop clair, ne paraissait pas fort empressé d'en finir avec ce mariage. Douglas, pensait Octavie, était peut-être lié par quelque hyménée clandestin, chose commune aux colonies, et il favorisait secrètement l'amour du comte Elona, espérant satisfaire ainsi aux volontés du ministre et aux exigences de son honneur.

La perspicacité d'Octavie n'était pas trop en défaut sur ce point.

D'un autre côté, la haine déraisonnable et immortelle qu'elle avait vouée à sir Edward n'existait plus, et l'estime ne lui paraissait pas un sentiment assez vif pour remplacer dignement cette haine à jamais éteinte. Un grand sentiment demande un successeur de même proportion, et la froide estime n'a pas, en ce cas, une valeur acceptable. L'amitié a son prix; mais, entre un homme jeune et une jeune femme, elle est trop exposée à l'ambition dangereuse de changer de nom. Octavie aurait bien voulu se donner à elle-même un ajournement à des temps plus calmes, afin de prendre une de ces déterminations souveraines qui apaisent les ennuis. L'heure était brûlante, et n'accordait à la pensée aucun sursis.

La belle veuve s'étonnait d'oublier si souvent les dédains du comte Elona pour songer à cette nuit terrible et charmante, où le noble Edward s'était révélé à elle, comme il aurait fait dans une vie tout entière. Elle se retraçait vingt fois cette mâle simplicité d'héroïsme; cette délicatesse sublime dans un tête-à-tête ténébreux; ce tranquille courage, cette protection modeste accomplissant un devoir, sans éclat, sans forfanterie, comme pour dispenser de la reconnaissance. A la vérité, dans cette même nuit, sir Edward avait déclaré son amour, en termes non équivoques; mais la circonstance l'exigeait, et d'ailleurs cet éclat spontané de la passion ne faisait que mieux ressortir la respectueuse réserve de toute la nuit et du jour suivant. Au dernier entretien du balcon et de la terrasse, lorsque Edward ramenait avec adresse le discours sur un terrain trop brûlant, ne suffisait-il pas d'un mot ou d'un signe d'Octavie pour donner à la conversation cette légèreté folle qui permettait de tout comprendre, sans offenser?

La brusque intervention de Douglas, à la fin de ce dernier entretien, avait troublé la tête d'Octavie, et confondu encore dans un chaos sombre tant de sensations diverses, anciennes ou présentes, qui commençaient à se dissiper pour donner place à une ère nouvelle. Quel était le sens de ce signe d'intelligence que Douglas venait de faire à Edward, et qui avait été saisi au vol par un infaillible regard de femme? Pourquoi sir Edward, jusqu'à ce moment si joyeux et si léger, s'était-il renfermé dans un silence morne, avec un visage rêveur? Octavie se perdait en conjectures, et elle élevait même des doutes sur cette lettre équivoque tombée d'un arbre aux pieds de sir Edward.

Quelques heures avant le coucher du soleil, notre héroïne vit entrer dans sa chambre une jeune fille indienne, qui déposa une lettre sur un guéridon chargé de fruits et de rafraîchissements.

La messagère allait sortir après avoir fait sa commission, mais Octavie courut à elle et l'arrêta pour lui demander de quelle main venait cette lettre. La jeune fille fit une longue réponse en langue bengali qui impatienta la comtesse, et elle sortit fière comme si elle eût été comprise.

Octavie tourna quelques instants autour de la lettre, n'osant la toucher, comme si elle eût redouté une explosion.

L'écriture de l'adresse avait une allure anglaise qui lui donnait une sorte d'épouvante. Cette lettre, à ne pas en douter, était de sir Edward. Les convenances méticuleuses ordonnaient de la rendre sans la lire à l'auteur présumé.... Cependant on ne doit pas raisonner ses scrupules au cœur du Bengale comme à la rue Neuve-de-Luxembourg, surtout avec un homme plein d'exquise délicatesse, l'homme si brave, si timide, si réservé de la dernière nuit.... On mettait une certaine complaisance dans cette réflexion.... D'ailleurs on peut se tromper.... Cette lettre est peut-être du colonel Douglas ou de M. Tower.... Les écritures anglaises se ressemblent toutes.... L'Angleterre n'a qu'une seule main pour écrire les lettres des Trois-Royaumes.... à ce point que tout Anglais, en recevant une lettre, croit souvent qu'il se l'est écrite à lui-même par distraction.

Ces raisons justificatives poussaient la main de la jeune femme, et une infernale curiosité venait encore au secours de ces raisons.

Le cachet n'a point d'armes à sa cire. Ce n'est donc

pas sir Edward.... Il met son blason partout. Alors c'est M. Tower... Il serait absurde de frissonner ainsi devant l'écriture de M. Tower; mais à la première ligne, on ne frissonnera plus.

Pour s'exciter à l'imprudence, Octavie crut devoir se dire à elle-même à haute voix : « Elle est de M. Tower ! »

Elle rompt le cachet, court des yeux à la signature.... Non! elle est de sir Edward !... Qui l'aurait cru? Octavie d'abord.

La lettre ouverte : « Eh bien! se dit Octavie, il faut la refermer et la rendre avec dignité à sir Edward, avec cette dignité qui supprime la récidive.... Ce doit être bien curieux pourtant, une lettre de sir Edward !... »

Elle répéta trois fois cette phrase.

On la rendra sans la lire, mais sir Edward ne croira jamais qu'elle n'a pas été lue. On gagne donc toujours quelque chose en la lisant.

Ainsi raisonnant, Octavie reprend la lettre : « Et puis, dit-elle à voix basse, lisons les premières lignes; il ne tient qu'à moi de m'arrêter où bon me semblera.... A la moindre phrase inconvenante, je jette la lettre par-dessus le balcon. L'offense retombera sur lui. »

Elle mit la main sur son cœur, comme pour lui ordonner de prendre son calme ordinaire, et elle lut :

Sir Edward à Mme la comtesse Octavie.

« Il n'y a rien d'amusant comme le jeu de conjectures, madame; j'ai souvent joué ce jeu, j'ai perdu; mais j'en suis fou. »

A ce début, Octavie se donna un sourire et respira.

« Je m'étais alarmée en vain, murmura-t-elle entre ses lèvres. Sir Edward me continue son entretien léger de tout à l'heure; seulement il en fait un monologue épistolaire; c'est mieux. »

Octavie ne connaissait pas encore bien sir Edward. En se décidant à écrire une lettre, Edward avait deviné toutes les susceptibilités de la belle veuve française, et il n'était pas homme à brusquer un début alarmant qui lancerait sa lettre par-dessus le balcon. Il avait donc gradué la forme et le fond de l'épître avec tant d'art, qu'il espérait conduire la lectrice insensiblement, et comme à son insu, jusqu'à la fin.

La jeune femme, un peu remise de son émotion après ces trois lignes, continua sa lecture en l'interrompant quelquefois pour prendre conseil d'elle-même, et s'inventant toujours une excuse à l'appui de sa curiosité.

« Madame, nous sommes trois habitants du désert, vous, le colonel et moi; trois anachorètes. Eh bien! dans ce royaume composé de trois personnes, il en est déjà une qui trouve que ce monde de trois âmes est inhabitable, et qui se réfugie dans un désert beaucoup plus désert, pour ne pas vivre avec cette horrible société réduite à deux individus.

« Bien plus! depuis le moment de votre brusque retraite, nous sommes en délicatesse, le colonel et moi. En perdant la plus belle moitié de notre petit genre humain, nous avons perdu le charme vivant qui adoucit l'âpre tristesse des solitudes. La colère fermente en nous, nous nous observons avec des yeux inquiets; les hostilités sont à la veille d'éclater à la première occasion. Le colonel et moi, nous formons déjà deux partis bien distincts, comme les whigs et les tories. Si nous avions deux presses, nous fonderions deux journaux pour nous démolir mutuellement et renverser notre ministère. Je serai peu étonné si je me vois demain rangé en bataille contre lui, et commencer une guerre pour réjouir les corbeaux.

« Après avoir abandonné ce désert, trop peuplé pour vous, madame, vous vous êtes lancée dans le sombre sillon des conjectures, sans guide et sans fanal. Les conjectures sont d'amusantes erreurs; on ne sait pas cela lorsqu'on a le bonheur d'être jeune comme vous, madame....

« Un jour, j'avais donné un rendez-vous d'extrême obligation au plus exact de mes amis, la veille, pour le lendemain; j'arrivai le premier, j'attendis jusqu'au soir, je restai seul. Il fallut bien dérouler la série des conjectures; j'inventai deux cent soixante-huit cas d'empêchement, pour excuser la faute inexcusable de mon ami. J'avais tout prévu, tout deviné, tout calculé; j'étais entré dans tous les mystères de la vie du jeune homme; j'avais déroulé pièce à pièce le mécanisme de mille ressorts, dont un seul, en se brisant, peut arrêter le pied déjà levé pour marcher à un rendez-vous; je voulais enfin me donner la satisfaction de dire à cet ami, lorsqu'il arriverait, son excuse aux lèvres : « Mon cher, j'avais deviné « cela. » Le seul et véritable motif avait été oublié dans le répertoire de mes investigations : pendant la nuit, mon ami était mort.

« Depuis ce jour, j'ai renoncé aux conjectures, et je m'en trouve bien.

« Nous causions ensemble aujourd'hui après midi; nous causions de bonne amitié, accordez-moi le mot, madame. Tout à coup un nuage a traversé notre entretien, un de ces nuages qui se lèvent, sans raison atmosphérique, au milieu d'un jour serein. Votre voix a pris des notes sérieuses, une fine contraction d'ironie a aiguisé votre regard; vous nous avez quittés avec cette politesse froide du monde et des salons, qui est formidable dans un désert et sous des palmiers. Il m'a semblé voir le foyer du théâtre Italien s'ouvrir dans une gorge peuplée de tigres noirs; puis, vous avez disparu. La tristesse est tombée de la cime des arbres; le soleil s'est couché à midi.

« Oui, madame, j'avoue que l'arrivée du colonel a donné à notre entretien un nouveau caractère, et que le ton que nous avons subitement pris alors côtoyait l'impolitesse. Il semblait que nous vous disions : « Madame, « votre présence nous importune ici; vous devriez vous « retirer... » On trouve dans certains esprits intelligents une perception si délicate, qu'ils comprennent le sens d'un silence, d'un maintien, d'une attitude, à plus forte raison d'une parole qui, n'abordant pas franchement ce qu'elle veut dire, laisse supposer le contraire de ce qu'elle dit. Ce privilége d'organisation, vous l'avez, madame; mais, comme toutes les rares facultés de ce monde, il dépasse quelquefois le but, et, par luxe d'intelligence, il conduit à l'erreur.

« C'est alors que vos conjectures ont commencé.

« Ces messieurs, avez-vous pensé, ont voulu m'éloi-
« gner de leur entretien d'abord, de leur maison ensuite.
« Ma présence les gêne pour l'accomplissement de quel-
« que chose de mystérieux.... Cette habitation est peut-
« être un asile ouvert à des orgies ou à des crimes cachés
« au monde et au soleil. Ils ont arrangé ensemble le ma-
« riage du comte Élona et d'Amalia, et ils m'en excluent
« comme témoin... »

« Je pourrais, madame, vous détailler ainsi toutes les onjectures que vous avez faites, et, quand j'aurais épuisé e trésor de votre imagination, il me serait aisé de vous rouver que nous n'avons ensemble détaillé que des er- urs. Vous dire qu'au fond de tout cela il n'y a rien, bsolument rien, ce serait vous tromper, et vous tromper vec gaucherie : car, pour des oreilles fines et exercées, n entretien est comme une symphonie exécutée par 'habiles artistes ; à la moindre discordance des cuivres u des cordes, on peut affirmer qu'il se passe, dans l'or- hestre, quelque chose qui n'a rien de commun avec la tition. Maintenant, vous me demanderez, madame, de venir à votre aide et de mettre le nom de ma vérité mystérieuse à la suite de vos erreurs. Quand je vous aurai répondu, selon vos ordres, vous verrez que cet ami, dont je vous parlais tout à l'heure, est mort une seconde fois. Mais, dans notre intérêt commun, il me faut attendre quelques jours pour vous révéler cette seconde mort.

« Moi, madame, entrer dans un complot qui vous obligerait à vous éloigner d'ici ! Je chasserais le monde entier de la place qui serait désignée par vous, et je vous y laisserais seule comme un monde, à condition de l'habiter à vos pieds. Notre maison de Nerbudda est triste; si vos yeux l'éclairent et la réjouissent pour nous et pour un peuple de serviteurs, vous êtes la seule locataire exclue du bonheur commun qui est votre œuvre. Cela n'est pas juste. Donnez-moi un ordre, madame, et à l'instant même je vous conduis dans une retraite plus digne de vous, au centre des possessions européennes.

« Votre palanquin est prêt. Nous vous ferons bonne escorte jusqu'à Roudjah. Vous passerez la nuit dans ce village, et demain je vous promets de vous installer, comme une divinité que vous êtes, dans une habitation charmante, entourée de fermes et de petits villages, et fondée par des planteurs français, vos compatriotes, qui vous feront l'accueil le plus hospitalier. Vous croirez être à Meudon, à Auteuil, à Fontenay-sous-Bois; vous serez tentée de demander votre voiture pour vous montrer sur le boulevard de Paris. Si vous saviez toute la peine que la nature a prise dans ce coin de terre, pour s'habiller à la française, vous viendriez la bénir demain en partant ce soir. On dirait que cette bonne mère a songé à vous; et qui sait si elle n'y a pas songé ? Elle a supprimé les arbres des tropiques à deux lieues à la ronde; elle a donné à la terre une végétation européenne, et aux jardins un aspect civilisé. Il y a deux collines, taillées sur le patron des coteaux de Meudon et de Saint-Germain ; elles s'entr'ouvrent pour laisser couler une petite rivière qui ressemble à la Seine comme deux gouttes d'eau.

« Comtesse Octavie, il ne tient qu'à vous d'être la châtelaine de cette seigneurerie française au Bengale. Le colonel Douglas, possesseur du manoir de Kearim, vous le vend, au prix déjà payé, cent livres, ou deux mille cinq cents francs. Au cœur du Bengale, les montagnes ont la valeur commerciale d'un caillou de France ; on achète une forêt immense comme un bouquet d'Opéra, une rivière comme un ruisseau. C'est l'âge d'or, c'est le siècle d'Adam. Quand le paradis terrestre fut vendu par expropriation forcée, l'acheteur ne le paya pas, et encore il trouva le marché onéreux.

« Vous me permettrez, je l'espère, madame, d'aller vous rendre quelques visites dans ce domaine créé pour vous. Nous viendrons tous les jours, le colonel ou moi, prendre vos ordres, et savoir si ce nouveau genre de vie est à votre convenance et peut devenir pour vous une douce habitude. Si nous nous étions trompés, toutes les portes de l'habitation de Nerbudda se rouvriraient pour vous recevoir, et j'inventerais des fêtes, s'il le faut, pour adoucir votre exil volontaire, et changer votre prison en paradis.

« Le vent du nord souffle et rafraîchit l'air. La fin du jour sera charmante. Tout favorise, ce soir, notre petit voyage ou notre grande promenade. Trois palanquins sont prêts pour vous et vos femmes de service. L'escorte est à cheval. Ordonnez, vous êtes reine ici, vous n'avez que des serviteurs, et le plus dévoué de tous se nomme, à vos pieds,

« EDWARD K... »

Au premier abord, cette lettre d'Edward semble dépourvue de tact et de mesure ; elle trahit un trop grand empressement d'éloigner Octavie, et l'on ne sera pas étonné si elle manque son but. Mais il était impossible à Edward d'écrire autre chose dans l'heure brûlante qui précipitait sa plume sur le papier.

La nuit allait tomber bientôt avec des terreurs et des périls au-dessus du courage humain; il fallait donc, à tout prix, éloigner une jeune femme de ce théâtre lugubre où le plus épouvantable des drames devait se jouer. Nizam, avec ses facultés infaillibles, n'était pas homme à sonner l'alarme pour des dangers imaginaires. L'invasion des Taugs était imminente, d'une nuit à l'autre, parce que Nizam l'affirmait. Sans doute une défense héroïque et victorieuse protégerait Nerbudda contre l'assaut des étrangleurs.

Douglas avait appelé, au premier avis de Nizam, son bataillon d'élite. Moss et ses braves cipayes se mettraient en marche après le coucher du soleil; ils arriveraient à la faveur des ténèbres et des arbres, pour s'embusquer dans les bambous de l'étang voisin, et tomber comme un faisceau de tonnerres sur l'ennemi.

Mais, en admettant le succès, il fallait prévoir aussi qu'une bataille formidable s'engagerait entre les spectres chauves et les soldats anglo-indiens : il ne fallait donc pas troubler, sous un toit hospitalier, le repos et le sommeil d'une femme, par ce spectacle de désolation et de mort. Si la lettre d'Edward manquait son effet, le devoir du moins avait été rempli. La comtesse Octavie, rebelle à une invitation pressante, quoique mystérieusement motivée, ne pouvait adresser aucun reproche aux maîtres de Nerbudda; elle se destinait à subir sans murmure les conséquences de sa fatale obstination.

L'événement devait se trouver d'accord avec le caractère d'Octavie. La lettre attentivement lue, Octavie mit un soupçon sur chaque phrase, et elle recommença ses conjectures, en dépit des observations qu'Edward avait faites sur ce chapitre, et qu'elle regardait comme autant de piéges. Ne pouvant rien voir de clair au fond de ces mystères, hormis la pensée bien évidente de l'exiler de Nerbudda, elle prit la détermination de rester et d'observer.

Elle envoya sur-le-champ une de ses femmes à sir Edward, avec cette phrase :

« La comtesse Octavie est enchantée de l'accueil hospitalier qu'elle a reçu à Nerbudda, et elle n'est pas disposée à changer d'habitation. »

A cette réponse, Edward fit le signe qui veut dire : « J'ai fait mon devoir, advienne que pourra! »

Dès ce moment, il oublia tout pour s'occuper sérieusement des moyens de défense. Prenant l'allure nonchalante du colon indien, il visita les quatre murailles extérieures de la maison, pour s'assurer que partout la terre était intacte. Il fit émonder par des jardiniers les branches inclinées sur la façade, en accusant de négligence les travailleurs, qui oubliaient toujours, disait-il, de soigner la taille des arbres avant la saison des pluies. Il examina en détail les fenêtres basses, toutes bardées de fer comme celles des marchands d'or, à la Cité de Londres. Il ne laissa aucune chance de succès au hasard, à l'impétuosité, à la ruse, à l'intelligence de l'attaque; et le soleil tombé, il ferma lui-même la porte de l'habitation, et plaça au vestibule deux serviteurs reconnus intrépides, avec défense, à qui que ce fût, d'entrer ou de sortir.

« Cet ordre n'est pas nouveau, ajouta-t-il, mais il est utile de le renouveler souvent. »

Octavie congédia ses femmes après le coucher du soleil, et se glissa comme un fantôme dans la galerie, éclairée par deux ouvertures, à ses extrémités. Pendant le jour, elle avait découvert ce poste d'observation, qui permettait à l'œil de plonger sur les deux façades. Un instinct étrange pousse toujours les femmes à découvrir ce qui les irrite, et ce que les hommes veulent souvent leur cacher, dans de louables intentions.

La nuit n'était pas très-avancée, lorsqu'un frôlement léger raya la façade opposée de la terrasse. Octavie se pencha sous une persienne, avec une précaution féline, et laissa plonger un regard perpendiculaire le long du mur. Elle vit distinctement, aux lueurs des grandes constellations, un corps humain tomber sur les hauts gazons de la lisière des bois, et elle reconnut sans peine sir Edward, à sa taille svelte et superbe et à cette allure audacieuse, à cette fierté de mouvement qui n'appartenaient qu'à lui.

Elle se releva, le visage couvert d'une sueur froide, et croisant les bras sur sa poitrine, elle murmura comme un souffle ces deux mots :

« C'est lui! »

Le silence de ce désert permit d'entendre quelques instants un léger bruit de pas sur les feuilles sèches; puis on n'entendit plus que les harmonies naturelles de la nuit.

« C'est lui! » répéta-t-elle plusieurs fois en élevant sa voix du ton le plus bas à l'expression de la colère sourde et stridente.

Elle se tut et se promena dans la galerie avec une agitation convulsive, comme une femme aliénée dans le corridor de l'hospice sur le seuil duquel les malheureux ont laissé leur raison.

Octavie éprouvait un besoin infernal de faire retentir ses plaintes à quelque oreille humaine; autour d'elle il n'y avait que solitude et repos. Une aigrette de feuilles jouait avec les persiennes des deux balcons aux extrémités de la galerie, et les deux murs qui se prolongeaient, avec l'uniformité d'un défilé de marbre, répétaient, dans un écho perpétuel, l'aspiration d'une poitrine ardente, et le bruit de deux pieds vigoureusement appuyés sur les dalles à chaque élan.

Elle se retournait parfois avec vivacité, trompée par elle-même, et, ne se croyant plus seule, elle s'attendait à rencontrer face à face quelque lugubre apparition.

La galerie était toujours déserte. Entre les éclaircies des balcons luisait une étoile qui ressemblait à l'œil d'un démon regardant à travers les persiennes une jeune femme au désespoir.

Enfin, la colère s'élança de la poitrine aux lèvres comme un torrent qui a brisé l'écluse, et Octavie, à défaut d'interlocuteur, s'adressa un monologue pour se donner quelque adoucissement.

— C'est bien lui !... Je pouvais me dispenser de le voir, je l'aurais deviné !.. Les hommes veulent être rusés !... rusés avec nous !... Pauvres gens ! Celui-là passe pour habile.... Fiez-vous aux renommées !... Habile !... Combien faut-il de degrés de stupidité à un homme pour obtenir cette réputation ? Il m'écrit une lettre.... un tissu de gaucheries !... C'est comme s'il m'avait dit à chaque phrase : « Madame, partez ce soir ; « partez vite, ne regardez pas derrière vous ; j'ai un mau- « vais coup à faire cette nuit. »

« Oh ! il est habile sir Edward !

« Que je suis heureuse ! j'aurais pu l'aimer !... Et si je l'avais aimé ! Mon Dieu ! vous m'auriez peut-être sauvée du désespoir !...

« A quel infâme rendez-vous de bohémiennes cuivrées s'élance-t-il ainsi, à cette heure, joyeux comme un époux de la veille, bravant les bêtes fauves, pour quelque femme indigne, quelque courtisane des carrefours du bois ?

« Tout mon sang brûle et se glace à l'idée que je pouvais l'aimer !

« Oui, je pouvais l'aimer ! il a été mon ange gardien

dans une nuit, une nuit monstrueuse, comme les étoiles n'en éclaireront plus! il avait mis dans sa voix ce charme qui divinise la parole humaine; il s'était élevé à cette majesté d'héroïsme qui commande l'admiration! Quand le jour vint, quand la lumière éclaira son noble visage, je ne donnai au soleil que le second de mes regards.... Eh bien! il n'y avait là qu'une mystérieuse idée de trahison!

« Il m'aimait, lui, disait-il; du moins il me l'a déclaré une fois, une seule, et du même ton qui peut servir à une déclaration de haine.... Dans ce long et dernier entretien, il s'est bien gardé de me parler encore de son amour.... il m'a joué une comédie amusante.... amusante comme tout ce qui ne vient pas du cœur.... et moi, trop simple! je louais aujourd'hui sa réserve, sa discrétion, sa modestie, sa retenue! Que de vertus absentes ma généreuse ignorance lui prêtait!... Oh! la femme sera l'éternelle dupe de l'homme, notre éternel ennemi.

« C'est maintenant qu'il faut partir! il n'aura pas besoin de m'écrire une seconde lettre pour me décider! S'il le faut, je partirai seule, seule! dussé-je passer devant des repaires de tigres et de lions.... Au Bengale, comme partout, le plus fauve de tous, c'est l'homme. Les cavernes sont plus habitables que les maisons!

« Au reste, c'est ma faute! Une femme s'expose à tout, et n'a pas le droit de se plaindre, lorsqu'elle abdique, lorsqu'elle croit s'élever au-dessus de son sexe, en s'abaissant à des rôles d'aventurier; en courant le monde à la suite du premier tuteur imbécile, tombé du ciel comme un fléau de l'enfer!... L'univers d'une femme est la maison de sa famille ou le couvent.

« C'est ma faute, je dois l'expier!

« Aussi, mon Dieu! on est bien embarrassé pour vivre en ce monde!... La vie est une chose que personne ne sait faire!... Il faudrait avoir deux existences; la première serait un essai.... lorsque l'expérience vient, il faut mourir : c'est la vertu des vieillards : à quoi leur sert-elle?... A donner des conseils.... on ne les écoute pas.

« Folle! si quelque ami m'avait dit hier : « Voilà un « vieillard, adressez-vous à lui, il éclairera votre jeu- « nesse... » Dans quel océan d'ironie amère j'aurais noyé ce malheureux ami !

« L'expérience ne sert qu'après la faute.... On prend des armes et une bonne escorte au lever du soleil lorsqu'on a été volé, la nuit, dans un bois.

« A mon secours, mon Dieu! Ma tête est trop faible pour garder sa raison. »

Octavie serra son front avec ses mains comme pour y retenir son intelligence prête à s'échapper, et resta quelques instants sous l'oppression d'un abattement muet. Puis elle déroula une natte dans un angle de la galerie et s'étendit lourdement sur ce lit de repos.

Dans ces crises, la bienfaisante nature donne aux êtres souffrants une léthargie plombée qui ressemble au sommeil comme la mort. On a le sentiment confus des choses extérieures; il semble qu'on est scellé dans une tombe avec le suaire, et que l'on entend glisser sur le marbre le bruit du vent et des herbes. La jeune femme dormait ainsi.

XIII

Le lendemain.

*Noctem minacem et in scelus erupturam
fors lenivit.*
TACITE.

Une circonstance inconnue fit avorter l'explosion des crimes préparés pour cette nuit, car il n'était pas permis de suspecter la sagacité de Nizam. Les soldats embusqués dans les bambous de l'étang voisin n'entendirent pas le signal de leur colonel. Sir Edward veilla jusqu'à l'aube, couché dans les herbes, sous les fenêtres d'Octavie, avec Nizam, et douze cipayes, braves, robustes et adroits comme eux.

Les Taugs ne se montrèrent pas.

Avant le coucher des dernières étoiles, le colonel Douglas ordonna que tous les soldats, au lieu de rentrer dans leur cantonnement, se cacheraient dans les massifs les plus ténébreux et les moins fréquentés des deux forêts de Nerbudda, et qu'ils y séjourneraient jusqu'à nouvel ordre. Nizam approuva ce plan, et dit à Douglas :

« Fiez-vous à moi, mon colonel, je vous livre ma tête comme garantie. Les Taugs n'ont pas renoncé à leur projet; je connais mes bandits. Ne nous endormons pas, veillons toujours. »

Au lever du soleil, l'habitation reprit sa physionomie ordinaire. Personne, parmi les serviteurs, n'aurait deviné au dehors qu'une attaque et une défense terribles étaient dans les éventualités probables de la dernière nuit.

Le colonel Douglas entra dans les bois à la tête de sa troupe, pour désigner lui-même les postes et donner ses dernières instructions au capitaine Moss. Edward n'avait pas quitté la terrasse de Nerbudda. Les premiers rayons coloraient les cimes des arbres en réveillant les oiseaux. Nizam était parti, emportant toujours avec lui ses secrets d'exploration.

« Elle dort, disait Edward dans un monologue mental, elle dort avec cette bienheureuse tranquillité d'esprit qui accompagne toujours le sommeil des femmes.... A nous la veille laborieuse ou le rêve étouffant! Oh! les femmes!!!... celle-là.... ce savoureux démon de satin, a reçu de moi une lettre hier; elle a lu cette lettre fiévreuse, comme on lit un journal anglais, du bout des prunelles.... puis, la belle dame a fait sa toilette de nuit : elle a roulé nonchalamment ses beaux cheveux avec une coquetterie égoïste, pour se plaire à elle-même, pour se réjouir de sa grâce dans son sommeil. Elle s'est endormie le sourire aux lèvres, et jusqu'à son réveil elle gardera sur ses joues charmantes la sérénité rose du chérubin!... Oui, voilà bien les femmes!... Et moi, si je lui disais aujourd'hui : « Madame, j'ai veillé pour vous « du soir à l'aurore, j'ai veillé comme le chien fidèle à « la porte de son maître; j'ai veillé mes armes à la main, « parce que vous vous êtes obstinée à rester dans une « maison bouillonnante de périls, et nous avions tous « juré de mourir sur le seuil de cette maison, qui est le temple auguste de votre beauté.... » Si je lui disais cela, elle me récompenserait avec un sourire incrédule t un équivoque remercîment, à la française : parole des lèvres, silence du cœur!... Il y a des oiseaux qui passent ans son souffle, et s'envolent dans le ciel.... Qu'ils sont eureux! »

Au milieu de cette extase de contemplation, Edward tendit un bruit de pas cadencés dans une allée routière de l'habitation, et il marcha de ce côté d'un pas très-lent.

C'était l'heure où l'on arrivait de Roudjah ou des habitations *lointaines du voisinage*, les départs ayant toujours lieu un peu avant le lever du soleil.

Edward chercha Douglas aux environs, mais le colonel était occupé de ses devoirs militaires.

« Il est impossible, se dit Edward, que ce soit le nabab : nous les avons exilés à notre insu, lui et sa fille, pour trois jours. Trois jours sont trois siècles, quand une heure est devenue précieuse comme une mine d'or. »

La conjecture était fausse : le nabab et miss Arinda arrivaient en palanquins.

Edward courut au-devant de la jeune maîtresse de l'habitation, pour l'aider à descendre et lui offrir son bras.

« Ceci va terriblement compliquer la situation, se dit-il, mais faisons toujours ce qu'il faut faire en attendant l'inconnu. »

Miss Arinda, suspendue au bras d'Edward, avec une nonchalance créole, parlait déjà, comme l'oiseau à l'aube, fatigué du long silence de la nuit.

« Oui, sir Edward, disait-elle, ces visites sont très-ennuyeuses. Les voisins ne sont pas amusants, ils racontent tous la même chose. Nous avons passé la nuit chez M. Barlow, c'est un ministre, il nous a lu la Bible jusqu'à une heure du soir; je dors encore, voyez. J'ai dit à mon père qu'il fallait retourner à Nerbudda. Nous avons visité quatre familles, M. Barlow s'est chargé de voir les autres. Tout ce monde vient ici, à mes noces, dimanche prochain. Mon père a fixé le jour. Nous danserons, c'est ce qu'il y aura de mieux. Vos demoiselles blanches sont bien laides; vous n'êtes pas de cet avis, vous, sir Edward, parce que vous êtes blanc. Si j'étais homme, je ne pourrais pas aimer une femme blanche : c'est fade comme du lait. Les quakers ne viendront pas à notre bal. Tant mieux ! Quelle drôle de famille ! les demoiselles parlent en fermant les yeux, et les hommes ne parlent pas. Pourquoi sont-ils quakers, ces gens-là ? Ils ont commis quelque crime dans leur pays, et on les a condamnés à être quakers. Dites-moi, sir Edward, notre ami le colonel est-il levé ?

— Je crois qu'il est en chasse dans le bois, miss Arinda ; on l'a vu sortir au lever du soleil.

— Seul ?

— Oh ! miss Arinda, jamais seul ; il s'est fait accompagner de quelques-uns de vos meilleurs chasseurs.

— Il est si imprudent, le colonel ?

— Ne croyez pas cela, miss Arinda. Au reste, quel danger peut-il courir à cette heure ?

— Eh ! mon Dieu ! il peut y avoir quelque bête féroce en retard.

— Celle-là, miss Arinda, serait punie de sa paresse par une balle du colonel.

— Sir Edward, vous direz au colonel Douglas qu'il ne pourra me voir qu'à midi. Les porteurs m'ont réveillée au soleil, et M. Barlow m'a donné du sommeil pour deux nuits. Je vais appeler mes femmes et me reposer. A bientôt, sir Edward, je vous quitte. Vous verrez le colonel avant moi ; dites-lui que je lui défendrai la chasse quand il sera mon mari. »

Arinda tendit amicalement la main à sir Edward, et franchit l'escalier avec une agilité de gazelle.

Edward resta seul sur la terrasse, car le nabab s'était arrêté dans une ferme voisine du *chattiram*, pour donner quelques ordres et visiter de jeunes plantations.

Un œil scrutateur, collé sur la lame d'une persienne, avait suivi Edward, du pied de l'arbre où le palanquin d'Arinda s'était ouvert, jusque sur le seuil de l'habitation.

C'est toujours ce même génie infernal qui prend u rôle au milieu des existences passionnées, et conduit le pas et les regards dans la direction fatale. Ceux qui on vécu savent cela; ceux qui ont fait le semblant de vivre l'ignorent, et accusent d'invraisemblance le philosoph historien. La vie des êtres privilégiés est un duel san fin contre la maligne intelligence du hasard.

Octavie avait tout vu. On aurait dit qu'une invisible main l'avait secouée dans son sommeil au moment inopportun, et qu'une voix lui avait dit : « Regarde! »

Quel étrange sourire assombrit son front, et vint expirer sur ses lèvres pâles et convulsives! A ce sourire succéda une expression plus étrange. Octavie éprouvait cette lamentable joie de l'amour-propre qui voit une prédiction s'accomplir. L'événement attendu brise l'âme, mais on triomphe toujours d'avoir eu fatalement raison.

« Oui, c'est bien ainsi! c'est bien! dit-elle avec la tranquillité menaçante du nuage qui garde le trésor de l'ouragan. On ne pouvait pas mieux deviner une infâme intrigue dans toutes ses honteuses circonstances! Que je m'applaudis maintenant de n'avoir point stupidement obéi à cette lettre de mensonge! J'ai vu... Le voilà radieux avec sa bohémienne du Malabar! Comme il est fier de sa conquête! comme son bras tressaille de bonheur enlacé au bras de cette bayadère de cuivre rouillé!... Vraiment il faut vivre, il faut voyager, il faut courir le monde pour connaître les hommes! Quelle race!... c'est une femme, cela leur suffit à eux!... Elle danse pour amuser les soldats et les fakirs; qu'importe? c'est une femme! Elle se charge de bijoux faux comme une déesse de pagode, c'est une femme! Elle est vieille à seize ans, c'est une femme! Elle a une chair de démon vautré au feu, c'est une femme!... Il y a des hommes qui se payent de cette fausse monnaie de notre sexe, dans leurs inconcevables passions. »

Octavie fit un geste énergique et porta la main à son front, comme pour se recueillir et arranger une idée.

Elle s'assit, se leva, s'assit encore, et écrivit ce billet :

« Sir Edward,

« Vous êtes le plus dévoué de mes serviteurs, n'est-ce pas ? Je compte donc sur vous en toute occasion.

« Faites seller deux chevaux et préparer deux palanquins. Je veux visiter les environs avec mes femmes, vous m'escorterez.

« J'exige la plus grande célérité. Le soleil est déjà fort incommode, ne perdez point de temps.

« Votre bien dévouée, comtesse OCTAVIE. »

Elle fit remettre le billet à son adresse, s'habilla précipitamment, appela ses femmes de service, leur donna ses ordres de départ et descendit.

« Cette maison est souillée, se dit-elle en effleurant les marches de l'escalier, l'air que j'y respire me souille moi-même. Gardons-nous bien cependant de laisser percer sur mon visage et dans ma parole une ombre de jalousie. Comme il en triompherait, lui ! Soyons femme jusqu'à la fin.... Car, Dieu le sait ! je ne suis pas jalouse, je suis indignée ; j'abhorre les lâchetés et les trahisons. »

Sir Edward attendait la comtesse Octavie aux premiers arbres de l'allée de Roudjah.

Il y eut quelque embarras des deux côtés dans cette première entrevue ; mais tout fut dissimulé avec adresse pourtant.

« C'est bien ! dit Octavie ; vous êtes exact, sir Edward.

— Vous avez ordonné, madame, j'ai obéi, dit Edward avec un geste respectueux et un sourire charmant.

— A cheval, sir Edward, et faites avancer les palanquins pour mes femmes.

— Les porteurs sont à leur poste, madame; tous l[es] ordres sont donnés.

— C'est bien, partons,

— Où allons-nous, madame?

— Mais il me semble, sir Edward, que vous avez de[vi]né le but de ma promenade, puisque vous m'attendie[z] sur la route de Roudjah.

— J'ai pensé, madame, qu'après le conseil de la nuit vous aviez daigné suivre l'inspiration de la lettre que j' eu l'honneur de vous écrire.

— Vous avez raisonné juste, sir Edward, dit la com[-] tesse avec un ton d'ironie imperceptible; oui, la nui[t] porte conseil…. Je vais à Roudjah…. mais je ne vais p[as] plus loin.

— Vous ne suivez alors, madame, que la moitié d[e] mon conseil….

— Ah! je sais ce que vous voulez dire…. Oui, je re[-] nonce au domaine du colonel Douglas. On ne vient pa[s] au Bengale pour chercher les coteaux de Meudon. Vou[s] remercierez bien pour moi le colonel.

— Madame, dois-je vous conduire à *Sweet-Hours-Inn*, à Roudjah?

— Mais j'aimerais aussi bien me loger ailleurs, di[t] Octavie après quelque hésitation; cette hôtellerie ne me convient pas.

— Il n'y en a pas d'autre, madame. »

Octavie fit un mouvement qui arrêta son cheval.

« Comment, sir Edward, ce grand village anglais n'a qu'une auberge?

— J'en fonderai une seconde pour vous, madame, s'il le faut. »

La jeune femme lança un regard étrange à Edward.

« Oh! je trouverai une maison convenable, j'en ferai une auberge pour moi. Avec de l'argent, on achète un palais à la minute.

« La maison du capitaine Moss est à votre disposition. Moss est absent.

— Oui, cela m'arrangera ; je descendrai chez le capitaine Moss provisoirement ; et, avant ce soir, j'aurai bien trouvé.... un chez moi.... Mon Dieu ! ce n'est pas ce qui m'inquiète !

— Vous avez d'autres soucis, madame ? Permettez.... »

Octavie excita son cheval, qui prit les devants et laissa Edward à distance.

« Il y a quelque chose d'extraordinaire là-dessous, » pensa Edward ; et il tomba en rêverie.

On n'entendit plus que le pas cadencé des chevaux et le chant monotone des porteurs de palanquins.

En arrivant à Roudjah, Edward conduisit la jeune et belle voyageuse à la maison destinée, et lui offrit ses services.... Octavie l'arrêta brusquement par cette interrogation :

« Avez-vous huit jours à me donner ici, à Roudjah, sir Edward ?

— Huit jours, madame, c'est impossible....

— Ah ! c'est impossible.... Ainsi, votre dévouement est une formule épistolaire, sans conséquence. Eh bien ! je me contente de quatre jours.... impossible aussi ! Et deux jours ?... Encore impossible.... Quelles affaires vous devez avoir sur les bras !... Sir Edward, je vous soupçonne d'être gouverneur des Indes, incognito.

— C'est que.... voyez-vous, madame, j'ai promis au colonel de l'accompagner dans une petite chasse, et ce soir....

— Je conçois, n'en parlons plus. La chasse doit passer vant tout.... Adieu, sir Edward. Je garderai bon souvenir de vous. »

Edward s'inclina profondément pour saluer, et en se levant il ne vit plus la comtesse. Elle était entrée dans n appartement avec sa suite, après avoir bien payé les rteurs.

« Quelle femme infernale ! se dit-il à lui-même en s'éloignant à pas lents, et comme j'ai deviné sa pensée ! Elle a voulu me sonder ; elle a voulu savoir si je dois repartir sur-le-champ pour Nerbudda, ou si je dois séjourner à Roudjah ! L'intention de sa ruse est trop évidente.... Malédiction !... être ainsi joué ! Elle vient ici pour voir son jeune comte Élona !... C'est moi qui l'ai conduite à ce rendez-vous !... Elle choisira quelque maison isolée, et là, libre de toute surveillance.... Non, non ! ce bonheur ne leur arrivera pas ! je me le jure à moi-même.... Oh ! je meurs vingt fois, dans un seul accès de désespoir, à l'idée que cette femme, qui vient de me refuser un regard d'amitié, va prodiguer les rayons de son sourire, et des mots de tendresse qui donnent le paradis à un homme et à l'autre l'enfer !... Nous verrons ! l'amour est une passion abominable, parce qu'elle conseille des choses odieuses.... Pourtant il ne faut pas se laisser étrangler par ce taug de feu qui se nomme la jalousie, je crois. »

Sous l'impression de ces idées, Edward se composa, pour ainsi dire, une toilette morale qui devait dissimuler aux regards d'un autre son trouble intérieur. Il ramena des lignes calmes sur sa figure et la sérénité dans son regard ; il essaya sa voix comme on fait d'un instrument, afin de prendre le ton naturel des jours paisibles de la vie, et, quand il se jugea prêt à entamer un entretien difficile avec chance de réussir, il se dirigea vers l'habitation du comte polonais, à l'autre extrémité du village.

Edward n'eut pas de peine à rencontrer le jeune Élona.

Ils se serrèrent cordialement les mains, et sortirent du village dans la campagne, pour parler avec plus de liberté.

« Vous voyez, dit Élona, que j'exécute aveuglément les ordres de l'amitié. Vous m'avez recommandé d'attendre ; j'attends.

— Oui, dit Edward, votre dévouement est beau, et

j'espère que M. Tower et sa pupille recevront bientôt la visite du colonel Douglas.

— Ah! dit Élona en affectant un grand calme, le mariage sera bientôt célébré... Tant mieux! il est temps que cela finisse...

— Je ne sais pas trop comment cela finira, mon cher comte, parce que nous n'avons guère le temps de songer à ces choses. L'heure se fait de plus en plus mauvaise... Je vous parle sincèrement... il vaut encore mieux être ici, occupé à s'ennuyer avec M. Tower, que de passer des nuits infernales à Nerbudda.

— Que voulez-vous dire, sir Edward?

— Ce que je veux dire est assez clair : nous vous avons donné le bon poste, nous avons pris le mauvais... Comment passez-vous le temps ici, comte Élona?

— J'attends.

— Voilà tout?

— C'est bien assez, sir Edward, il me semble, pour mourir d'ennui.

— Et la charmante Amalia? Voyons, personne n'est amoureux ici de la divine Grecque?

— Personne ne la voit ici, personne, sir Edward.

— Excepté pourtant M. Tower et...

— Personne. Mlle Amalia ne descend jamais.

— N'importe, comte Élona, je ferais bien volontiers un échange de situation avec vous... Nerbudda est inhabitable.

— Il me semble, sir Edward, que j'aperçois à travers vos réticences une arrière-pensée fort peu avantageuse pour moi.

— Mon cher comte, vous dites cela d'un air...

— C'est que je ne conçois pas le reproche indirect que vous m'adressez avec une obscurité transparente. Si je suis à Roudjah, c'est vous qui m'y avez envoyé. J'y reste pour vous rendre service...

— Et aussi un peu pour votre plaisir. Allons, mon cher comte, vous êtes trop brave, trop amoureux du péril, trop jaloux de votre honneur, pour rester à Capoue quand on s'égorge à Zama. Il faut qu'un attrait immense...

— Parlez-vous sérieusement, sir Edward?

— Eh! mon Dieu! si je plaisantais, je ne rirais pas.

— Il y a donc des dangers terribles à l'habitation?

— Mais vous le savez bien, mon cher comte...

— Prenez garde, sir Edward, vous êtes sur le chemin de l'insulte...

— C'est le seul chemin de ce monde qui me soit inconnu, comte Élona.

— Vous doutez de mon courage! ce doute est un affront...

— J'en doute si peu, comte Élona, que je vous invite à une fête superbe pour cette nuit.

— Quelle fête?

— Parlons bas, et mettons-nous encore plus à l'écart. Les arbres mêmes s'inclinent, écoutent et parlent. Gagnons le terrain nu, et écrasons l'insecte qui marche sous nos pieds. L'air est plein d'oreilles de Taugs.... Comte Elona, l'habitation de Nerbudda est menacée d'un assaut nocturne. Les Taugs attendent les ténèbres pleines et l'heure du profond sommeil. Alors, ils sortiront des bois comme des tigres debout; ils escaladeront nos murailles; ils tomberont au milieu de nos serviteurs glacés d'effroi. Pensez-vous que les jeunes gens de courage doivent faire défaut à cette scène d'épouvante, lorsque la jeune fille du Bengale se dressera échevelée sur son lit, en appelant à son secours tous ceux qu'elle honora de son hospitalité?

— Edward! Edward! vous me faites frémir!

— Tant mieux!.... Oui, cher comte Elona, on peut douter de votre courage sans vous faire injure.... Ecoutez ! écoutez ! voyons, que ferez-vous pour me prouver que vous êtes brave? vous me citerez vos glorieux états de service : ils sont évidents, je le sais; mais ils sont vulgaires. Il y a toute une Pologne, il y a toute une France brave comme vous!... Vous vous battrez en duel avec moi ; cela ne prouvera rien. Le plus obscur bourgeois de France reçoit à quinze pas une balle en riant. On s'aligne au soleil cent mille contre cent mille, avec de la musique et des tambours ; on se tire douze heures de coups de canon mal pointés. Personne ne tremble, excepté la terre. Tout le monde meurt, s'il le faut, sans une ride de peur au front.... Autre chose est la fête à laquelle je vous convie. Ici, la force nerveuse manque souvent et trahit les plus nobles courages. L'imagination est poltronne la nuit. Ajax, qui nous valait bien tous, tremblait aux ténèbres. Nous devons nous battre avec l'enfer ; nous devons nous enlacer avec des reptiles gluants, à visage humain, front contre front, dents contre dents, et entendre rugir à nos oreilles des voix monstrueuses, et voir luire sur nos joues des yeux de tigres noirs, et sentir sur nos lèvres des morsures fétides, pleines d'écume et de venin! Viendrez-vous à cette fête, comte Élona?

— Sir Edward, pourquoi me faites-vous une absurde question?

— Pour avoir une réponse, et non pas une demande.

— C'est bien ; je ne réponds pas.

— Alors je ferai seller deux chevaux, comte Élona.

— A quelle heure partirons-nous, sir Edward?

— Après le coucher du soleil. Douglas m'a ordonné d'amener avec moi douze sous-officiers anglais pour diriger autant de petits détachements d'éclaireurs cipayes. Nous ne pouvons donc sortir du village qu'à nuit close. Le moindre incident peut éveiller les soupçons. Le pays croit que la guerre des Taugs est terminée; il faut, aussi longtemps que possible, laisser le pays dans cette erreur.

— Où nous retrouverons-nous?

— A la porte du Midi. Nos sous-officiers sortiront un à un, et ils nous attendront à un mille, sur la route, devant le puits d'Ananta.

— C'est entendu, sir Edward.

— Comte Elona, nous ne devons pas nous montrer dans le village. Je vais prendre mon gîte de quelques heures à votre auberge, et je me reposerai un peu. »

Ils se serrèrent affectueusement les mains, et ne se séparèrent que dans le vestibule de l'hôtellerie.

Sir Edward montait seul l'escalier avec une nonchalance somnolente bien jouée, lorsqu'il se trouva face à face avec M. Tower.

« Sir Edward Klerbs! s'écria M. Tower.

— Eh! justement, dit Edward, c'est vous que je cherche; je viens vous faire une petite visite de voisin.

— Oh! dit Tower, je sais que vous êtes à Nerbudda, sir Edward. Nous allons à Nerbudda, nous aussi, bientôt, je crois, à moins que....

— A moins que... monsieur Tower?

— Je ne sais pas, sir Edward.... Que voulez-vous?... cela s'embrouille fort.... Entrons dans ma chambre, nous causerons plus à l'aise....

— Volontiers, monsieur Tower.... La dernière fois que je vous ai vu à Londres, c'était dans le jardin de White-Hall, si je ne me trompe....

— Oh! c'est ma galerie habituelle, sir Edward : le ministre a souvent besoin de moi, et le *first clerk* est toujours sûr de me trouver dans Parliament-Street ou dans le parc Saint-James, toujours dans le voisinage de White-Hall. Je dîne habituellement chez Rupert, quand je ne dîne pas avec le ministre ou chez quelque dame de West-End.

— Monsieur Tower! monsieur Tower! toujours les dames! toujours les dames!

— En tout bien et tout honneur, sir Edward.... oh!...

— C'est bon! nous vous croyons.... petit hypocrite! »

Tower poussa un éclat de rire écarlate, et frappa trois fois du plat de sa main le genou de sir Edward, qui venait de s'asseoir.

« Quel excellent ministre vous auriez pu nous donner, monsieur Tower, en prenant seulement la peine de vous porter aux dernières élections du Kent, à Greenwich, en concurrence avec M. Hodges!

— C'est ce que mes amis m'avaient conseillé, dit Tower en passant du rire fou au sérieux de l'homme d'État. Il y avait un obstacle : j'étais lié avec Hodges. Hodges a déjà été nommé quatre fois dans le West-Kent.

— Mais, monsieur Tower, il vous restait le Middlesex. Là, Parker n'est pas dangereux; et même à Westminster, vous pouviez lutter avantageusement avec Leader et Evans.

— Peut-être.... D'ailleurs, sir Edward, j'ai peu de goût pour les affaires.... Vous savez que les affaires....

— Oui, monsieur Tower, je sais que les affaires gênent les plaisirs. Lorsque nous vivons pour les autres, nous mourons pour nous. L'égoïsme est la santé de l'âme. Je suis égoïste aussi, moi; j'aime à écouter ma vie au moment où elle se fait; le bruit des autres me distrait.

— Comment passez-vous le temps à Nerbudda, sir Edward?

— Assez agréablement, monsieur Tower. Nous avons de petites soirées intimes délicieuses.

— Avez-vous société? voyez-vous des dames?

— On ne nous laisse pas seuls, monsieur Tower. Nous aurons même beaucoup de monde, un de ces soirs.... Souvent, des étrangers qui ne sont pas invités, et qui nous prennent à la gorge, et nous forcent à passer la nuit avec eux.... Et vous, monsieur Tower, quels sont vos amusements, ici, à Roudjah?

— Oh! ne m'en parlez pas, sir Edward; nous n'avons pas l'ombre d'une société.... Beaucoup de soldats, quelques familles anglaises, des dames d'un puritanisme effronté; impossible de nouer un petit brin d'intrigue. On voit bien çà et là, dans les rues, à travers les persiennes, quelques paires de grands yeux bleus, sous des boucles de cheveux blonds; mais tout cela est d'une pruderie révoltante. Au moindre propos galant, on vous jette un *shocking* à la face. Quant aux femmes cuivrées, elles sont moins sauvages; elles ont même un penchant pour les agaceries; on voit qu'elles ne détestent pas l'Européen blanc et beau : mais elles ont un teint qui nous fait mal aux yeux, surtout lorsqu'on a, comme moi, habité le Lancastre cinq ans, et, je puis dire, avec quelques agréments de salons.

— Vous avez d'ailleurs auprès de vous une jeune fille qui vous rend difficile à l'endroit de la comparaison, monsieur Tower.

— Vous voulez parler de ma pupille, Mlle Amalia, dit Tower en prenant un air singulièrement réservé. Oui, les brahmanesses ne brilleraient pas à côté d'elle. Sir Edward, cette jeune personne, je vous le dirai en confidence, me donne quelques inquiétudes. Je regrette maintenant d'avoir accepté mes fonctions de tuteur.

— Elles sont à la veille d'expirer, il me semble, monsieur.

— Je ne sais pas, dit Tower avec un accent timbré d mystère.

— Comment, vous ne savez pas! s'écria Edward étonné

— Parlons bas, sir Edward.... Écoutez, vous êtes homme discret, un homme d'expérience, quoiqu jeune....

— Parbleu! nous sommes du même âge, monsieur Tower.

— Croyez-vous?... C'est possible!... Vos cheveux sont tout noirs; il est vrai que les miens étaient gris à vingt-deux ans....

— Cela encadre bien un front politique, monsieur Tower.

— Très-bien! Deux dames m'ont dit la même chose aux bains de Brighton.... Vous saurez donc, sir Edward, que ce matin j'ai reçu une lettre de Mlle Amalia.

— Oh! oh! vous êtes en correspondance avec votre pupille, dans la maison, monsieur Tower!

— Parlons sérieusement, sir Edward, la chose en vaut la peine.... Ma pupille n'a pas eu le courage de me parler, ce matin; elle m'a écrit.

— Monsieur Tower, vous piquez ma curiosité d'une façon singulière.

— Si je vous fais cette confidence, sir Edward, c'est qu'en échange, j'exige un conseil. Le cas est scabreux.

— Je vous promets un conseil.

— Eh bien! voici la lettre; lisez-la. Vous allez être confondu de stupéfaction.... Il est vrai qu'avec les femmes, il faut s'attendre à tout. Nous les connaissons.

— A qui le dites-vous, monsieur Tower! Voyons la lettre.

— Permettez que je vous la lise, sir Edward.... parce que je crois qu'il y a cinq ou six lignes.... un peu trop hasardées.... *Monsieur et cher tuteur.*

— Cher tuteur! eh!

— Une formule de politesse, sir Edward....

« Cher tuteur, la solitude inspire la réflexion. J'ai
« donc beaucoup réfléchi. Il m'a semblé que j'étais née
« libre, n'est-ce pas? Mon père est mort en Grèce pour
« la liberté; mon protecteur, lord Byron, a eu la même

« gloire. On veut pourtant me traiter en esclave, moi !
« Cela est absurde, injuste et cruel. On veut me marier
« malgré ma volonté; on veut empoisonner ma vie, on
« veut me tuer longtemps. Eh bien! je me révolte, on
« ne me tuera pas ! » Voyez ce petit démon! sir Edward!

— C'est une Grecque, pur sang Périclès.

— Poursuivons.... « Mon cher tuteur, les femmes
« n'ont qu'une affaire importante dans leur vie, c'est le
« mariage, et lorsqu'elles veulent s'en mêler un peu,
« on leur dit que cela ne les regarde pas. Eh bien!
« moi, je veux me mêler de mon mariage, ou je ne me
« marierai pas. C'est irrévocablement décidé. Je sais
« bien que l'on peut me reprocher d'avoir donné mon
« consentement à cette affaire.... » Écoutez ceci, sir
Edward.... « et de m'être embarquée, à Smyrne, avec
« une certaine joie, pour la terminer aux Indes; il
« y a tout le globe, et on peut changer d'avis en che-
« min. J'ai changé d'avis. Si l'on fait violence à ma ré-
« solution, je vous promets un beau dénoûment. Pour
« tout héritage, mon père m'a légué son poignard; le
« pommeau scellera cette lettre, et la pointe prendra un
« autre chemin.

« Votre bien dévouée, etc., etc., etc.

« AMALIA. »

Il y eut un moment de silence. M. Tower serra pompeusement la lettre dans son portefeuille, en donnant à sa figure et à son torse quelque chose de triomphant et de modeste à la fois; mais il fallait la fine perception de sir Edward pour saisir une idée extravagante dans le maintien et le regard de M. Tower.

« Voilà de l'inattendu! dit sir Edward.

— De l'inattendu, répéta Tower avec la stupidité d'un écho.

— Conçoit-on une pareille folie, monsieur Tower? »

Tower serra les lèvres, ferma les yeux, inclina la tête, arrondit ses bras comme deux anses et se tut.

« Elle part joyeuse de Smyrne, poursuivit Edward avec l'intention maligne d'exciter Tower à dire toute son incroyable pensée; elle accepte le mariage; elle arrive à ce que j'appellerai le port de l'hymen....

— Le port de l'hymen, c'est le mot, sir Edward.

— Et elle refuse en arrivant. Ceci m'absorbe, monsieur Tower.

— Ah!

— S'est-il passé quelque chose dans la traversée? monsieur Tower, parlez-moi franchement.

— Mais, sir Edward, dans la traversée, il n'y a rien eu d'extraordinaire.... absolument rien. Notre jeune et belle passagère m'a paru heureuse et satisfaite. Nous causions souvent ensemble sur le pont.... des entretiens toujours gais.... Je lui ai raconté une foule de petites historiettes assez divertissantes. Elle raffole de ces choses-là....

— Aviez-vous à bord quelques jeunes officiers dangereux, monsieur Tower?

Tous vieux et stupides, ah! stupides comme il n'est pas possible de croire! des loups de mer.

— Et ici, à Roudjah, aurait-elle....

— Oh! sir Edward, à Roudjah, elle n'a vu personne.... Un instant, ce petit comte Élona.... un loup-garou. Je connais les hommes; celui-là n'est pas dangereux. Comme je me suis trompé sur son compte! j'ai même écrit au colonel une lettre à ce sujet. En mieux observant le comte Élona, je l'ai mieux deviné. Au reste, Amalia et lui ne se sont rencontrés qu'une seule fois et en ma présence.

— Alors, monsieur Tower, je n'y conçois rien, vraiment.

— L'avenir nous instruira, sir Edward. »

Tower croisa les bras, baissa la tête comme pour dissimuler un sourire, et fredonna un air qui n'existe pas.

« Monsieur Tower, dit Edward, sortant d'une rêverie feinte, m'autorisez-vous à communiquer tout cela au colonel Douglas?

— Mais, dit Tower, en allongeant ce *mais* en vingt syllabes, je n'y vois pas d'inconvénient.

— Ce pauvre colonel Douglas!

— Oh! un militaire! on se console.... on a des distractions.... vous concevez, sir Edward, qu'il serait imprudent de pousser à bout une jeune fille.... Celle-là se tuerait, comme elle le dit; je connais les femmes.

— Je préparerai le colonel Douglas, monsieur Tower, dit Edward en se levant pour prendre congé.

— Oui, préparez-le, préparez-le, sir Edward, avec prudence, avec précaution; il y a une manière délicate de ménager ces choses-là.... Que diable! je suis tuteur, mais tuteur jusqu'à un certain point; je n'outre-passerai pas les limites de mon devoir. S'il fallait obliger ma pupille à se marier contre son goût, je donnerais ma démission; je la donnerais.

— Très-bien! monsieur Tower. Vous parlez en honnête homme.... D'ailleurs Amalia, votre pupille, a douze mille livres de dot; au bout de cette somme, il y a toujours un époux.

— Et un époux de choix.

— Vous complétez ma pensée, monsieur Tower. »

Après quelques paroles insignifiantes échangées entre eux, ils se séparèrent comme deux anciens amis.

Seul, sur l'escalier, Edward réfléchit un instant, et se dit : « Tout est clairement expliqué; Elona et la pupille s'entendent à merveille. J'ai voulu, dans un accès de jalousie maladroite, enlever le comte Elona et l'éloigner de la comtesse Octavie. Mon action avait un côté déloyal qui me répugnait. Cette action est maintenant inutile. Me voilà soulagé. Elona restera ici. Je partirai seul, et j'aurai tant de plaisir à annoncer une bonne nouvelle au colonel Douglas, que j'oublierai un instant mon propre malheur. »

Edward se reposa quelques heures, et vers la fin du jour il rejoignit le comte Elona, déjà prêt à monter à cheval.

« Cher comte, lui dit-il en serrant sa main, oubliez tout ce que je vous ai dit ; j'ai voulu essayer la portée de votre dévouement, cela me suffit, Elona. Dieu me garde de faire violence à vos habitudes ! restez à Roudjah. Restez. Nous sommes assez de monde à Nerbudda pour faire face à l'ennemi. Vous êtes prêt à partir, c'est bien. Vous ne ferez rien de plus, à mes yeux, en partant. »

Edward accompagna ces paroles d'un geste et d'un accent pleins de vérité amicale.

« Oh ! dit Elona d'un ton résolu, si vous voulez rester, sir Edward, je partirai seul.

— Mais c'est inutile, comte Elona, inutile....

— Il n'est jamais inutile de faire son devoir.... Sir Edward, pas un mot de plus, je vous prie, pas un seul mot, je suis à vos ordres.

— Pour rester ?

— Pour partir. »

Edward s'inclina de résignation et fit ses préparatifs. A la nuit tombée, deux cavaliers, suivis de douze soldats anglais, marchaient silencieusement sur la route de l'habitation de Nerbudda.

XIV

Fantômes des nuits.

> *Procul recedant*
> *Noctium phantasmata !*
> (Hymne de vêpres.)

Une bonne nouvelle n'arrive jamais trop tôt. Aussi Edward s'était-il fait devancer de plusieurs heures par un billet qui devait compléter le bonheur du colonel Douglas. En quittant M. Tower, et avant de se livrer à un repos bien mérité, Edward avait écrit ces lignes :

« Cher colonel Douglas,

« Le facteur indien agite ses plaques de laiton sous les fenêtres de l'hôtel. Il va partir à cheval et traverser Nerbudda; je l'arrête au vol, et je lui donne un billet pour vous. Bondissez de joie. Amalia, la femme forte, a donné son *ultimatum* à Tower, l'homme faible. Voici la copie, écrite de souvenir, de la lettre de notre Grecque spartiate. (Suit cette copie.) Ceci vous sauve. Nous enverrons l'*ultimatum* au ministre qui veut obstinément vous croiser avec le sang de Périclès, malgré les destins. Nous ne craignons pas le suicide d'Amalia, en ce sens que le remède au coup de poignard est heureusement à notre disposition. D'après ce que je vois, ce que j'entrevois, et ce que je devine, à travers la stupidité colossale de M. Tower, type des tuteurs aveugles, le comte Elona n'attend qu'une occasion honnête pour épouser Amalia. Si le Vulcain magistrat de Grettna-

Green avait son enclume d'état civil dans le Bengale, ce mariage serait déjà forgé. Ainsi, mon cher Douglas, faites cesser toutes vos inquiétudes, tous vos scrupules; vous êtes sauvé, selon vos désirs. Cela me rend si heureux que j'oublie mes propres souffrances. Mon infortune s'efface devant votre bonheur.

« Adieu. Ce soir, à la nuit close, je vous amènerai les douze sous-officiers. Nous arriverons toujours au moment du péril, s'il y en a. Comptez sur moi, cette nuit, comme toujours. « Edward. »

Lorsque Edward et le comte Élona se mirent en route, cette lettre était depuis longtemps entre les mains du colonel Douglas.

Il faut suivre maintenant dans leur promenade aventureuse nos deux jeunes cavaliers, qui se dirigent vers l'habitation de Nerbudda, et qu'escortent douze soldats sur un terrain où la sécurité peut à chaque instant se changer en péril.

L'heure est solennelle. Personne ne parle; on dirait que chacun veut sonder les dispositions amies ou ennemies de la campagne avant de hasarder quelque propos.

Rien ne peut donner une idée de ces étranges solitudes, lorsque la nuit tombe avec sa tristesse étoilée. Ce n'est ni le désert nu et sablonneux, ni la forêt massive. C'est une grande route, bien pavée et sans ornières; à droite et à gauche, des jardins cultivés, mêlés à des bouquets d'arbres sauvages, et coupés de ravins, où des torrents invisibles roulent et grondent. Des champs de riz çà et là, jalonnés de groupes de palmiers ressemblant à des géants qui conspirent dans les ténèbres; des plateaux immenses, chargés, comme des corbeilles, de ces fleurs superbes qui se ferment aux étoiles pour dormir, et qui se rouvrent au soleil pour aimer et vivre.

Et jamais un toit de ferme avec sa fumée domestique ; un éclair de lumière sur des vitres joyeuses ; un son de cloche, un parfum de village, un champ de laboureur, un bruit de roues, un hennissement sorti de l'étable ; jamais un seul de ces incidents qui, dans nos campagnes d'Europe, donnent tant de charme et de rêverie douce à la nuit.

La moitié du chemin était déjà parcourue ; le comte Élona se rapprocha d'Edward et lui dit à voix basse :

« J'ai un pressentiment, sir Edward ; je crains d'arriver trop tard.

— N'ayez pas cette crainte, mon cher Élona, dit Edward avec un organe qu'il s'était composé pour ces situations nocturnes, et qui, ne s'élevant pas plus haut que le souffle, arrivait directement à l'oreille d'un interlocuteur ; n'ayez pas cette crainte. Les Taugs ont les mœurs des fantômes, ils attendent le coup de minuit.

— Sans forfanterie, sir Edward, je suis curieux de voir ces animaux Indiens de près.

— Ah ! cela vaut la peine. Ils n'ont pas été classés par Saavers et M. de Buffon.

— Qui donc a engendré ces monstres-là, sir Edward ?

— Ils sont nés de trois mères : la politique, la religion et la stupidité. Les chefs savent ce qu'ils font et ce qu'ils veulent ; la tourbe vile obéit aux chefs et à son hideux fanatisme ; elle tue tout ce qu'elle rencontre, Anglais ou Indien. Il y a des fakirs abominables qui croient gagner le paradis en étranglant un Européen sur l'autel de Deera ou de Dourga. Ainsi, malheur aux prisonniers, aux Anglais surtout !

— Sir Edward, cette histoire est bien sombre...

— A qui le dites-vous ? Je regarde *Hamlet* et *Othello* comme des farces maintenant. J'éclaterais de rire au visage de lady Macbeth ; je souperais avec le spectre ance; je valserais avec toutes les sorcières de notre rand William. Aussi, quand on a passé par les émojoins des Taugs, on trouve la vie fade. Comte Élona, vous connaissez mon brave Nizam, puisque vous avez oyagé avec lui. Cet Indien a failli mourir du *spleen*, parce que les Taugs manquaient à son bonheur : depuis son arrivée à Hydrabad, il court les bois, les vallons, les montagnes; il s'est nommé inspecteur des Taugs. Nizam nous donne un avis, une instruction, un conseil, et il disparaît comme l'oiseau; c'est sa vie. Quand nous aurons anéanti ces monstres, Nizam mourra d'ennui.... Comte Élona, il me semble que votre cheval a de l'inquiétude....

— Oui.... ses mouvements ne sont pas réguliers comme tout à l'heure.... Il a été piqué au pied peut-être.... Le serpent cobra-capell est engourdi à cette heure, n'est-ce pas, Edward?

— Il y a contagion, Élona.... Mon cheval a peur aussi.... Cette touffe d'arbres de là-bas les a effrayés.... Il y a une source et un petit bois charmant.... au soleil.... C'est là que Nizam a vu, l'autre jour, un fakir qui demandait l'aumône à un arbre.

— C'était un vœu qu'il avait fait?

— C'était une ruse. Mais Nizam n'est pas dupe des ruses des Taugs.... Mon cher comte, je vous annonce une bonne nouvelle : nous ne sommes plus qu'à un mille de l'habitation de Nerbudda.

— Comment! sir Edward, les Taugs ne craignent pas de se montrer ainsi pendant le jour, presque aux postes de Nerbudda?

— Pas en troupe, pas en corps. C'est un fakir, un laboureur, un jardinier; que voulez-vous que l'on dise à ces gens-là? On a l'air de les ignorer.... Vous ne sauriez croire tous les ménagements que nous sommes obligés d'avoir envers les Taugs. Il y a, en Angleterre, un club philanthropique qui nous observe avec un soin édifiant. Lorsque les nôtres sont égorgés, le club trouve cela fort naturel, et il ne dit rien ; nous sommes ici pour être égorgés. Mais si nous pendons le moindre Taug, c'est autre chose : le club ramasse le Taug, imprime son oraison funèbre, et voue ses juges à l'exécration de la postérité indienne. Cela nous resserre dans une grande circonspection, comme vous pensez bien.... Cependant, si ces espionnages isolés continuent du côté de cette source, nous saisirons les fakirs et les faux laboureurs. »

A ce dernier mot, on vit se lever lentement, sur le bord de la route, un corps humain grêle et difforme, qui agitait des bras démesurés, à quelques pas des chevaux.

Les soldats s'arrêtèrent en regardant sir Edward, comme pour attendre un ordre.

« C'est le fakir en question, dit Edward avec le plus grand sang-froid, celui qui demande l'aumône aux arbres. » Et il ajouta en Indien : « Sahib[1] fakir, veux-tu nous faire place aux étoiles, ou je vais t'en donner une chez les esprits des mauvaises nuits ? »

Le fakir agita sa tête comme si elle eût tourné sur un pivot, et fit onduler ses bras longs et maigres comme des serpents.

« A la troisième sommation, je fais feu, dit Edward.
— Emparons-nous de lui, dit Élona.
— De lui ! au premier mouvement il disparaît comme un éclair; il n'y a que les balles de plomb qui soient plus agiles que ces animaux.
— Mais que fait-il donc là ainsi posé sur notre passage, Edward ?
— Il nous maudit; ce qui d'ailleurs nous est bien égal, n'est-ce pas ? Mais cette malédiction est un peu longue....

---

[1] *Sahib* est en indien l'équivalent de *sir.*

ahib fakir, veux-tu donc aller nous maudire plus loin ? on.... Tu veux nous étrangler ?.. Oui.... Il est de bonne foi, ce Taug. »

Edward prit un pistolet et fit feu. Le fakir tomba. Au ême instant, sur les deux bords du chemin, cent spec- res noirs se levèrent, comme des vampires vomis par es tombeaux.

« Que chacun fasse son devoir ! » s'écria Edward.

C'est le cri suprême et national des grands dangers. Le petit détachement fut enveloppé sans peine par la eute des bandits indiens. Les soldats, armés seulement de *dirks* et de pistolets, repoussèrent vaillamment le pre- ier choc. Le comte Élona fit feu quatre fois, coup sur coup; à la quatrième, son bras, heurté violemment par un bras ennemi, égara la dernière balle dans la tête de on cheval. L'intrépide cavalier tenta des efforts surhu- ains pour soutenir, dans l'étau de ses genoux, l'animal blessé qui s'écroulait sous lui. Edward, après avoir épuisé son arsenal équestre, avait deux luttes à soutenir, celle des Taugs et celle de son cheval qui se révoltait de ter- eur contre l'éperon. Courbé sur la crinière, armé à chaque main d'un pistolet d'arçon, comme d'une massue de cuivre, il imprimait à ses bras robustes une furie de rotation si vive, qu'il s'était, pour ainsi dire, retranché dans le cercle inaccessible d'un donjon improvisé au dé- ert. Un cri désolant traversa l'air: « A moi, Edward!... » lona venait d'être saisi par les Taugs. Edward déchira es flancs de son cheval, mordit sa crinière, s'incarna omme un centaure dans le cou du quadrupède, afin de s'envoler avec lui au secours d'Élona ; mais le rebelle animal, ayant fait quelques bonds en se cabrant, recula out frissonnant devant le cadavre de son frère, et se onnant les ailes de la terreur folle, il franchit les ravins, es haies vives, les arbustes, les ruisseaux, et emporta on cavalier dans le domaine de l'inconnu.

Trois sous-officiers anglais avaient été étouffés sur place; les autres furent garrottés, comme des victimes de sacrifice, et emportés sur les épaules de leurs bourreaux avec une agilité merveilleuse. A la tête de ce convoi funèbre, quatre bandits chauves traînaient le comte Élona.

Tout cela fut accompli en quelques instants.

La rapidité de cette course, qui était un vol d'hippogriffe, ne permit pas à Edward d'estimer l'espace dévoré. Quand le cheval, épuisé par son accès de folie, tomba comme anéanti, les narines contre terre, le cavalier se trouva aux prises avec un nouveau danger. Toute trace de sentier humain ou sauvage avait disparu. Le désert écartelé de verdure et d'aridité laissait voir, à ses horizons étroits, des rochers ou des arbres sombres, qui ressemblaient aux murailles d'un cirque en ruines. Edward s'orienta aisément avec la boussole des étoiles; mais en lui indiquant la direction demandée, les étoiles se taisaient sur la distance; Lahore et Ceylan ont à leur zénith à la même heure, les mêmes constellations. Chaque hémisphère de notre planète est couvert par un seul point lumineux de son firmament.

Edward abandonna le cheval aux bêtes fauves, bien sûr que ce large festin, généreusement servi au désert devait attirer de sanguinaires convives, qui, du moins à cause de cette heureuse diversion, ne le gêneraient pas dans sa marche; et après avoir lancé au ciel un dernier regard d'astronome et de chrétien, il se précipita au pas de course sur la route du nord.

On saura bientôt quelle idée le poussait de ce côté.

Les hommes qui ont l'habitude de l'observation, et ont étudié les secrets, les bizarreries et les caprices de nature, ont remarqué partout que la campagne, en déroulant à l'infini, d'horizon en horizon, se revêt, à longs intervalles, d'une couche uniforme de terrains d'arbres, et que chaque couche, en s'approchant de sa limite, commence à perdre sa physionomie pour se fondre avec l'autre qui lui succède. Ce travail d'imitation graduée se révèle surtout au centre des grands continents vierges, où la nature n'a pas encore cédé à l'homme ses antiques droits, où la dévastation n'a pas encore pris le nom d'embellissement.

Edward observa que les accidents de terrain subitement découverts, à l'issue d'un vallon, avaient quelques lignes de ressemblance avec la campagne de Roudjah, de même qu'on remarque des lignes de filiation sur la figure des descendants d'une famille patriarcale. Les hommes puissamment organisés savent conserver, même dans les circonstances extrêmes, une grande logique de conduite et de réflexion. Edward oublia tout, même le sort terrible du comte Élona, il oublia ses amis, son amour, il s'oublia lui-même, pour concentrer exclusivement sa pensée sur la découverte du village de Roudjah. C'était l'unique et impérieuse exigence du moment. Roudjah trouvé, les autres soucis seraient soumis, à leur tour, à de nouvelles combinaisons de salut. On ne sera donc pas étonné qu'Edward éprouvât une certaine joie relative, en apercevant des traces de la filiation lointaine des campagnes de Roudjah.

Cette idée attacha des ailes à ses pieds et à ses bras; il ressemblait plutôt à un homme qui fuit devant un péril de mort qu'à celui qui cherche un village.

Une petite rivière, profondément encaissée et fort rapide, arrêta son vol. La franchir en dix élans était chose facile, mais Edward, en considérant la ligne de collines qui bordait l'autre côté de l'eau, en reconnaissant les familles d'arbres et la nuance des berges, admit tout de suite que cette rivière, à la fin de son cours, côtoyait d'assez près le village de Roudjah. Il se souvint alors de ces *swimming-currers* qui descendent si lestement les rivières de l'Inde en portant des lettres, et son parti fut bientôt pris [1].

Il s'élança dans la rivière, prit le courant du milieu et s'abandonna au fil de l'eau, se dirigeant avec un imperceptible mouvement des mains. Les courriers nageurs de l'Inde, avec des rivières, se sont fait des chemins de fer pour leur usage. La rapidité de ces voyages tient du merveilleux.

Insensiblement, les deux rives perdaient leur caractère sauvage, et elles permirent enfin de voir, à travers les haies d'arbres, une terre cultivée par la main de l'homme. Lorsque, dans un désert, on découvre ces premiers vestiges de la charrue, on peut se dire que le village n'est pas éloigné.

Edward gagna la rive droite, et il se trouva bientôt en pays de connaissance. La campagne était devenue un jardin; les haies vives, les vergers, les petits parcs capricieux, les cottages, les chemins bordés de gazon et de fleurs, tout ce luxe de la fantaisie rurale pouvait laisser croire que l'on voyageait de Londres à Oxford, et que, chemin faisant, on rencontrait les jardins des villages de Wycombe ou de Wostook, avec cette différence toutefois qu'un silence morne régnait autour de Roudjah, et que le conquérant, malgré sa puissance, n'avait pas encore donné à ces charmantes imitations la sécurité des nuits.

Trois heures seulement s'étaient écoulées depuis le malheureux départ de Roudjah, le comte Élona et Edward ayant quitté ce village au coucher du soleil, c'est-à-dire à l'approche des ténèbres. Dans ces contrées privées de la transition du crépuscule, le jour s'éteint à six heures,

---

[1] James Atkinson, dans son ouvrage intitulé : *The expedition in to Affghanistan*, parle avec détail de ces *courriers-nageurs*. Humboldt dit que ces courriers sont aussi connus dans les anciennes possessions portugaises de l'Océanie, sous le nom de *Correo que nadà*.

et laisse encore à la veillée un espace de temps fort long.

Edward se fit reconnaître par les soldats qui gardaient la porte du Midi; il entra dans Roudjah. Il ressemblait à un marin échappé d'une bataille et d'un naufrage.

En l'absence du capitaine Moss, la place était commandée par le lieutenant Stephenson. Voilà ce que les premiers renseignements apprirent à Edward.

Il courut à la maison du capitaine Moss, gardée par un poste nombreux, et, dans ses préoccupations mortelles, il ne donna pas même une pensée à la femme qui avait pris un asile dans cette même maison.

Edward, à force d'énergie morale, dissimulait encore assez bien, dans sa voix, ses gestes et son visage, l'horrible état de son esprit ; mais l'étrangeté délatrice de son costume causa une grande rumeur parmi les soldats, et détruisit le bon effet produit par son calme et son assurance héroïques. On se livrait, dans les groupes, à de sinistres conjectures, et les propos ne s'éloignaient pas trop de la vérité.

On indiqua la maison du lieutenant Stephenson à Edward. Elle était en face de la terrasse du capitaine Moss.

Là, les choses suivantes furent dites :

« Lieutenant Stephenson, dit Edward, me reconnaissez-vous ?

— Oui, sir Edward ; vous étiez avec nous quand nous ous sommes battus contre les Taugs du fakir Souniacy.

— Avez-vous deux cents hommes sous la main ?

— Oui, sir Edward.

— Reste-t-il des hommes en assez grand nombre pour arder le village ?

— Oh ! le village ne craint rien. »

Alors Edward raconta au lieutenant Stephenson la encontre de la source du bois.

« Lieutenant Stephenson, ajouta-t-il, ce qui nous est arrivé sera révoqué en doute par le colonel Douglas : il ne pourra jamais croire qu'un peu après le coucher du soleil, nous avons été attaqués par une bande de Taugs, dans le voisinage de Nerbudda. C'est en dehors de toutes les habitudes de ces bandits. Au reste, il est inutile de chercher le mot de cette énigme. Parlons du point important Le comte Élona et neuf soldats anglais sont prisonniers; du moins, notre devoir est de croire qu'ils ne sont que prisonniers, qu'ils vivent encore, et qu'on les destine à un horrible sacrifice. Dans certains cas, connus d'eux seuls, les Taugs n'étranglent pas sur place; ils ont des dettes de sang à payer à leurs divinités infâmes. Il faut donc partir et voler au secours de ces soldats et de notre ami : tout instant perdu est irréparable.

— Ce que vous demandez est juste, sir Edward; si ces malheureux ont été tués, notre devoir nous ordonne d'aller à la conquête de leurs cadavres et de les inhumer glorieusement. Mais voici la difficulté : connaissez-vous le repaire de ces monstres? Savez-vous quel chemin vous indiquerez à nos soldats ! Les Taugs ont des retraites....

— J'ai prévu l'objection, lieutenant Stephenson, et si je ne l'avais pas prévue, je ne serais pas ici. Dans notre lutte avec les Taugs, je puis vous affirmer que j'ai reconnu certaines figures. Ce sont les mêmes de l'autre nuit. Ce sont les séides du fakir Souniacy. Peut-être même rôdent ils aux environs de Nerbudda dans l'espoir d'enlever leur fakir prisonnier.... Où avez-vous relégué le Souniacy ?

— Dans la prison voisine, celle qui est contiguë à la maison du capitaine Moss.

— Vis-à-vis ?

— Oui, sir Edward.

— Voulez-vous me laisser diriger cette affaire, lieutenant Stephenson ? Je vous réponds sur ma tête et sur mon honneur que mon ami Douglas sanctionnera tout ce que nous aurons fait.

— Je le crois, et je vous obéirai, sir Edward, comme à un ordre de votre ami le colonel Douglas. Je connais toute la confiance qu'il a en vous.

— Allons voir le fakir dans sa prison.

— Allons, sir Edward.

— Lieutenant Stephenson, vous me permettrez ensuite de refaire ma toilette chez vous, avec vos bons offices. C'est que je dois encore être rendu à Nerbudda avant minuit. Moss est là avec ses hommes. Douglas m'y attend aussi; chaque nuit, on redoute une attaque. Si je ne parais pas avant minuit, Douglas me croira mort ou déshonoré.... aurez-vous un bon cheval ?

— Oui, sir Edward.

— Un cheval qui a vu les Taugs ?

— Qui les flaire et ne les craint pas.

— Bien !... Allons voir notre fakir. »

Ils sortirent en disant ces mots.

Ces jours-là, aux mêmes heures, depuis le coucher du soleil, d'autres choses se passaient simultanément, et se liaient à notre histoire.

M. Tower, précédé d'un porte-flambeau, se rendait à la maison du capitaine Moss. Il se fit ouvrir la grille du jardin, et mettant le pied dans le vestibule, il recula trois pas devant une robe blanche, fièrement portée, et qui, certainement, ne couvrait pas le squelette d'un fantôme; aussi la frayeur de M. Tower était inexcusable.

Au grincement de la grille, cette gracieuse robe s'avança vers le seuil, et un visage divin fut éclairé dans tous ses contours par le flambeau de M. Tower.

« Eh! c'est notre belle comtesse Octavie, s'écria-t-il en joignant ses mains. Voilà, certes, une surprise des mieux conditionnées !

— Vous ici, à cette heure, notre cher tuteur ! dit la

comtesse en dissimulant son dépit ; et que venez-vous chercher dans cette maison ?

— Vous ! dit le tuteur avec un éclat de rire stupide. Ah ! cela vous étonne ? eh !

— Ne plaisantons pas, monsieur Tower ; je n'ai pas l'humeur au badinage, ce soir.... Vous me voyez en colère..., je suis furieuse contre mes femmes de service ; je viens de les perdre, je les cherche : elles ont déjà trouvé des voisins pour faire des commérages, en pantomime, sans doute, car elles ne savent pas un mot des langues du pays..... Vous demandez sans doute le capitaine Moss, monsieur Tower ?

— Oui, madame, vous l'avez deviné du premier coup

— M. Moss est absent. On m'a dit qu'il a été invité à un bal, chez des Hollandais, dans le voisinage.

— C'est très-juste ; quand les guerres sont finies, les jeunes officiers dansent pour se marier.

— Il faut bien repeupler le monde quand on l'a détruit.

— Ah ! voilà une belle réflexion, madame ! Mais je suis désolé de ne pas rencontrer M. Moss.

— Voulez-vous vous reposer un instant chez moi, monsieur Tower ?

— Un instant, car j'ai quitté mon hôtel en très-grande hâte.... Eh bien ! ma belle transfuge, dit Tower en s'asseyant avec une pesanteur mal dissimulée par la légèreté d'un embonpoint de soixante ans, nous vous avons donc fait bien du mal à notre insu, puisque vous nous avez quittés si brusquement ?

— Oh ! ne parlons pas de cela aujourd'hui, monsieur Tower.... »

M. Tower arrondit ses bras, ferma les yeux et s'inclina.

« Votre visite au capitaine Moss est un mystère, sans doute ? poursuivit Octavie sur un ton d'indifférence très marqué.

— Madame, je n'ai de mystères pour personne, à plus forte raison pour vous. Je voulais savoir si M. Moss pouvait me donner des nouvelles du comte Elona.

— Du comte Elona? dit Octavie avec une émotion qu'elle n'eut pas le temps de dissimuler.

— Oui, madame, ce jeune homme ne me donne que des inquiétudes.... Je le surveille de près, parce que.... voyez-vous.... on ne sait ce qui peut arriver.... C'est un Français de Varsovie, comme on a dit.... Je crains un coup de tête.... Au fond, je ne sais pas trop bien ce que je crains, mais mon devoir est de tout surveiller chez moi.

— Je vais vous donner de l'air; la chaleur est étouffoute, n'est-ce pas, monsieur Tower? dit la comtesse en se levant pour ouvrir les persiennes. Monsieur Tower, veuillez bien continuer. »

La jeune femme avait dans sa parole un trouble que M. Tower ne remarqua pas, selon son usage.

« Nous prenons ordinairement notre repas du soir ensemble, dit Tower, le comte Elona et moi, en tête-à-tête, comme deux amis. Nous causons. Il est triste; je l'égaye, je lui conte des historiettes, je lui donne des leçons de stratégie en amour. Enfin nous faisons notre veillée le plus plaisamment que nous pouvons, dans ce pays de loups. Ce soir, mon petit jeune homme n'a pas paru à l'heure ordinaire. Je l'ai cherché dans tout l'hôtel, dans la rue, au quinconce des mimosas, au parc des belles Indiennes : point de comte Elona! Enfin, on vient de me dire qu'après le coucher du soleil on l'a vu sortir, plus triste que de coutume, avec sir Edward. Ils ont pris tous deux le chemin de la campagne, et ils ont disparu derrière les premiers arbres, sans se dire un seul mot....

— C'est un duel! s'écria la comtesse, les mains sur le front et la pâleur sur le visage.

— Nous avons eu la même idée, madame, dit froidement Tower. C'est un duel, ai-je dit aussi, moi.... Puis, en réfléchissant, j'ai ajouté : Mais pourquoi sir Edward se battrait-il avec Elona? quelle raison....

— C'est un duel, vous dis-je! répéta la comtesse Octavie en se promenant à grands pas, les bras croisés sur sa poitrine. Un duel! un duel pour son compte ou pour le compte du colonel Douglas, ou pour les deux à la fois.... Le colonel sait probablement tout : il ne se mariera pas tant que le jeune comte vivra.... et puis.... oui, c'est cela.... sir Edward d'une balle fait deux coups. »

Tower écoutait d'un air ébahi.

« Oh! vous ne comprenez rien à ces choses, vous, monsieur Tower, poursuivit la comtesse. Vous n'êtes pas tuteur pour comprendre. Mais je devine tout, moi!.... c'est infâme!.... Avec sa théorie des conjectures, il croit m'endormir!.... Quel homme épouvantable! il ment comme un bonze; il court les bois avec les bohémiennes du Malabar! il tue ses rivaux et les rivaux de ses amis!.... Exécrable sir Edward!.... Oh! à Smyrne, mon premier instinct ne m'avait pas trompé!.... Je voudrais avoir au cœur toute la provision de haine qui bout dans l'enfer contre Dieu, pour la donner à cet homme en ce moment!....

— Moi qui le croyais si bon enfant, cet Edward! dit Tower au comble de la surprise.

— Taisez-vous, monsieur Tower! vous êtes stupide comme deux tuteurs anglais!.... Mais vous ne m'avez pas dit ce que vous veniez faire chez le capitaine Moss!

— Madame, dit Tower avec ce ton de dignité théâtrale que prend un sot qui se croit blessé dans son importance, madame, c'est bien simple, je venais raconter la chose à M. Moss, et lui demander des nouvelles de l'un ou de l'autre. Il m'est impossible de passer la nuit avec un souci comme celui-là.

— Oui... il est terrible, son souci !... Tous les hommes sont fous ou infâmes !... Il me semble que la rue fait beaucoup de bruit, à cette heure, dit Octavie en prêtant l'oreille devant la fenêtre. Oh! c'est la catastrophe qui nous arrive !.... Quelque chose d'affreux qui circule, et cause déjà de la rumeur !... »

Elle jeta un regard d'aplomb sur la rue, et recula d'épouvante ; elle avait distingué sir Edward, malgré l'horrible délabrement qui rendait notre héros méconnaissable. Les femmes reconnaîtraient entre mille, dans la plus noire des nuits, l'homme qu'elles aiment ou qu'elles abhorrent. Elles ont deux yeux de plus que nous.

XV

Prisonnier d'une femme.

La comtesse Octavie, voilée par une persienne, se pencha sur le balcon, pour suivre tous les mouvements d'Edward avec une curiosité haletante.

Edward, et le lieutenant Stephenson entrèrent dans la maison du capitaine Moss et traversèrent le vestibule pour se rendre à la prison.

Dans un de ces moments de délire où la circonspection est éteinte, Octavie se pencha sur la rampe de l'escalier intérieur, et elle appela sir Edward, avec une voix que l'intention voulait rendre impérieuse, et que le trouble voila subitement.

Edward tressaillit en reconnaissant cette voix, et il attendit un second appel pour obéir.

« Lieutenant Stephenson, dit-il avec une tranquillité feinte, je vous prie de m'attendre un instant dans le jardin. J'ai une commission du capitaine Moss à remplir, là-haut.

— Hâtez-vous, au moins, sir Edward, dit Stephenson ; vous savez que le moment nous brûle.

— Je le sais. »

Edward entra dans les appartements supérieurs, et ne fut pas peu surpris de voir M. Tower dans le salon d'Octavie. On se donna des saluts froids et réservés, puis la jeune femme ferma la porte à double tour, mit la clef entre deux étoffes inabordables, et raidissant son bras droit dans toute sa longueur, et posant la main sur la poitrine nue d'Edward :

« Vous ne sortirez d'ici, monsieur, dit-elle d'une voix contenue, mais orageuse, vous ne sortirez d'ici, monsieur, qu'après satisfaisante et légitime satisfaction.

— Madame, dit Edward d'un ton calme, et qui paraissait bien naturel s'il était faux, madame, avant tout, je vous prie de m'excuser si je me présente devant vous dans ce désordre de toilette....

— Je vous ai appelé, monsieur, dit Octavie en coupant la phrase d'Edward, vous n'avez point d'excuses à m'offrir.... du moins pour cela.... Sir Edward, ajouta-t-elle en lançant de ses yeux une fusée d'étincelles, je vous dirai ce qui a été dit à Caïn : Qu'avez-vous fait de votre frère ? Où est le comte Elona ? »

Cette demande avait en elle toutes les conditions requises pour écraser un homme dans la position d'Edward. Mais ce qu'elle portait de plus désespérant aux oreilles et à l'âme du malheureux interrogé, c'était l'accent non équivoque d'une femme furieuse, qui prononce le nom de l'homme aimé.

Edward fit un effort au-dessus de la puissance humaine pour s'élever à la hauteur de cette épouvantable situation, et se prouver à lui-même qu'il n'y a pas de grandes crises pour les grands cœurs. « Madame, dit-il, je vous affirme sur l'honneur que j'ignore....

— N'achevez pas d'affirmer ; arrêtez-vous au milieu de votre parjure, monsieur. Vous vous êtes battu avec le comte Elona, je le sais.

— Oh ! madame, quelle horrible idée !

— Vous ne vous êtes pas battu ? Alors, monsieur, vous avez fait moins que cela....

— Mon Dieu ! qu'ai-je fait pour m'attirer cette horrible scène ?

— Vous l'avez assassiné !.... Voyez, voyez, son crime parle du haut de sa tête à ses talons ! Quelle lutte formidable il a soutenue avec l'infortuné jeune homme ! Ses cheveux et sa poitrine distillent et suent le sang ! Son visage est dévasté par les ongles d'un désespoir à l'agonie ! Jetez ainsi, à cette heure, avec nos témoignages écrasants, un pareil homme à la barre du tribunal, et il montera sur l'échafaud demain.

— Cela est vrai, madame, dit Edward avec un calme sublime.

— Il dit : « Cela est vrai ! » Vous n'ajoutez rien de plus, monsieur, pour votre justification ?

— Rien de plus, madame. La colère n'écoute pas. J'attends le calme pour parler.

— Monsieur Tower, dit la comtesse, en se tournant vers le tuteur à demi mort ; monsieur Tower, rendez-moi un service, laissez-nous seuls.... entrez dans l'appartement voisin.... »

Tower n'attendait que cette invitation ; il obéit sur-le-champ. Mais il obéit beaucoup plus que la comtesse ne l'avait supposé.

« Sir Edward, poursuivit la comtesse, vous pouvez parler en toute liberté ; nous sommes seuls, et je suis calme ; voyez, je suis calme.

— Au nom de Dieu! madame, laissez-moi sortir, dit Edward avec un organe déchirant; laissez-moi sortir; je suis attendu....

— Par le fossoyeur, n'est-ce pas?... Il veut sortir!... mais tout prisonnier retenu pour un crime de sang veut sortir aussi!...

— Madame, dit Edward, toujours avec ce respect et cette urbanité qu'aucune injustice, aucun outrage ne pouvaient affaiblir en présence d'une femme; madame, si j'étais criminel, votre bras serait trop faible pour m'arrêter ici et me retenir. Cette fenêtre ou cette porte seraient déjà franchies en moins de temps qu'il ne m'en faut pour prononcer votre nom.

— Eh bien! essayez de sortir, monsieur, essayez. Je vous promets un scandale digne de votre audace.... Voyons, essayez de sortir.

— Ma position est horrible!... Oh! si vous saviez....

— Dites, monsieur, et je saurai.

— Ah! chaque minute perdue est un crime, madame.... Je vous le répète, ma position est affreuse! Je ne puis ni rester, ni sortir, ni parler. Si je reste, je me déshonore devant un ami; si je sors sans m'expliquer, je me déshonore devant vous, madame; si je parle, je me déshonore devant tous. Comtesse Octavie, un homme fier est à vos genoux, ayez pitié de lui!

— Avez-vous eu pitié du comte Elona, vous? Dites! Mais répondez, répondez.... de quelles veines est sorti le sang dont vous êtes couvert?... Mais vous n'avez donc pas eu le temps de jeter un coup d'œil sur vous-même! Regardez-vous un instant, là, devant ce miroir.... Vous n'osez pas?.... L'odeur et les traces du meurtre et de l'assassinat vous enveloppent comme un vêtement hideux! »

A ces mots, Edward ne put retenir un cri sourd, mais déchirant.

« Oh! je le reconnais! poursuivit la jeune femme; voilà le cri du remords! ce cri est comme un écho de l'enfer. Que Dieu vous pardonne! moi, je ne vous pardonne pas!

— Madame! s'écria Edward, si vous saviez ce que vous faites en ce moment! si vous le saviez! »

Et il frappa le sol avec son pied, et son front avec sa main.

Un coup violent ébranla la porte de la salle. Une voix du dehors criait :

« Ouvrez-moi! ouvrez-moi! »

Cette voix était connue, mais presque oubliée; elle retentit trois fois dans l'escalier, en élevant à chaque reprise son intonation.

Edward ne prit pas la peine de s'émouvoir d'un accident aussi vulgaire : s'il lui était interdit de sortir, peu lui importait que l'univers entrât.

Octavie, après quelque hésitation, marcha lentement vers le fond de la salle pour ouvrir. Edward la suivit avec un geste suppliant, vingt fois répété en vingt pas. Octavie répondit par un autre geste, un geste de reine à esclave, un mouvement superbe du bras et de la main, qui repoussait Edward et semblait l'exiler pour toujours à l'autre extrémité de la salle.

La porte s'ouvrit, et Amalia entra. L'amitié se réveilla subitement au cœur des deux jeunes femmes; elles s'embrassèrent avec une vivacité touchante; elles confondirent leurs caresses, leurs sanglots, leurs voix, leurs lèvres, leurs chevelures, dans une longue étreinte, pure comme l'âme avant l'association du corps.

Amalia se dégagea la première, et, croisant ses mains, les élevant au-dessus du front, les laissant retomber de toute la longueur des bras, elle dit d'une voix sourde :

« Il est mort! il est mort!

— Oui, dit Octavie, en essuyant ses larmes avec les

boucles de ses cheveux; oui, Amalia, et voilà son assassin. »

Un regard de pythonisse sur son trépied tomba du visage ardent de la jeune Grecque sur le front d'Edward.

« Oh! dit-elle avec lenteur, comme il ressemble bien à un assassin! comme le crime change un homme!... Je sais tout... Quelques lignes de M. Tower, glissées à présent sous ma porte, m'ont tout appris. M. Tower m'a accompagnée ici.

— Stupide Tower! dit Edward, comme s'il se fût parlé à lui-même.

— Quelle audace de damné! dit la comtesse. Oui, le coupable, c'est M. Tower!

— Maintenant, au moins, je suis à mon aise, dit Amalia en sanglotant. Oui, pauvre orpheline! si mon père et ma mère... morts tous deux... m'avaient présenté un époux de leur choix, Dieu le sait, je me serais soumise sans murmure à leur volonté sainte... Mais, après eux, personne n'a le droit de me faire violence... Cependant, je m'étais résignée à mon sort... j'avais accepté l'autre... l'Anglais.. Maintenant, je dis à haute voix le secret de mon âme... j'aimais le comte Élona!... »

Elle se laissa tomber sur une natte, les coudes sur ses genoux, le visage dans ses mains, et elle pleura.

« Je le savais, Amalia, dit la comtesse en se baissant pour l'embrasser. Oui, je le savais... et moi, j'avais quitté Nerbudda hier; j'étais venue ici pour y passer une nuit, et partir demain avec le convoi, sans te dire adieu... Nous partirons ensemble, Amalia.

— Eh! puis-je partir, moi? dit la jeune fille en relevant sa tête. Ne dois-je pas remplir mon devoir jusqu'à la fin?... Ce pauvre Élona! il est mort, et jamais ma bouche, trop réservée, ne lui a dit une seule fois : « Je « vous aime! » Il est mort sans avoir eu cette consolation... Maintenant, si le colonel Douglas réclame encore sa victime, je suis prête... Dressez l'autel. On peut me sacrifier... on épousera un cadavre couronné de fleurs. »

En ce moment, la voix du lieutenant Stephenson se fit entendre dans le jardin.

Edward se réveilla comme en sursaut d'un sommeil de tombe. Une crise pareille brise l'âme la plus forte. On peut lutter en dépensant une grande provision d'énergie, mais à la fin il faut succomber. Celui qui résisterait toujours ne tiendrait par aucun point à l'humanité : il serait ange ou démon.

Les deux jeunes amies, enlacées l'une à l'autre, avaient épuisé les paroles et les larmes. Le désespoir donne aux femmes un caractère de beauté touchant et sublime, parce qu'il met en relief, sur la grâce de la figure, les divines tendresses du cœur.

Edward s'avança, avec une dignité calme, vers ce groupe charmant et désolé. Une détermination extrême venait d'être prise par lui.

« Écoutez-moi, écoutez-moi, dit-il avec une voix de larmes contenues, je suis innocent, mais pour vous, je vais me faire criminel... Comtesse Octavie, vous exigez que je parle, je vais parler. »

Octavie se souleva à demi, et regarda Edward.

« Écoutez, madame, poursuivit-il ; demain, au lever du soleil, vous partirez avec une escorte, et vous verrez, en approchant de Nerbudda, un terrain ensanglanté largement, jonché de vingt cadavres ou souillé de leurs traces, s'ils ont été enlevés. Le comte Élona n'est pas au nombre des morts, je le jure sur l'honneur et les cendres de ma mère, et sur la terre qui sera mon tombeau ! Il m'est impossible d'en dire davantage ; j'en ai même trop dit. Les secrets des autres ne sont pas les miens, et rien au monde ne me les ferait trahir, pas même votre mort, qui serait ma mort, comtesse Octavie...

— Dérision de Satan ! dit la jeune femme avec un sourire fatal : ma mort serait sa mort!... Cette dernière parole me garantit la vérité de la première... Oui, monsieur, achevez votre œuvre d'hypocrisie... osez me parler de votre amour... misérable!

— Madame, le lieutenant Stephenson m'appelle...

— C'est votre bohémienne qui vous appelle! c'est votre danseuse de carrefour! s'écria la comtesse avec une voix folle. Allez, allez à vos amours infâmes, assaisonnés de sang humain! ce sont des voluptés dignes de vous! Après le crime, le crime; les caresses honteuses après les coups de poignard!

— Oh! mon Dieu! mon Dieu! s'écria Edward, les mains dans ses cheveux; quel horrible rêve! mon Dieu! réveillez-moi!

— Un rêve! dites-vous; un rêve!... Ah! le soleil était levé, mes yeux étaient ouverts quand j'ai fait ce rêve, moi; c'était une atroce réalité!

— Alors, madame, expliquez-vous...

— Si je m'explique, la rougeur teindra votre front mieux que le sang versé!

— Expliquez-vous, expliquez-vous, madame...

— L'œil de la femme est comme le rayon du soleil : il perce les feuilles des arbres quand elles voilent un crime... Je vous ai vu hier, quand votre brahmanesse suspendait son bras jaune à votre bras... Voilà ce que je ne voulais pas vous dire; voilà ce que je vous dis. Je suis même enchantée de vous l'avoir dit avant mon départ. Il ne faut jamais laisser croire aux hommes qu'une femme est dupe de leurs menteuses protestations. »

Ce fut un trait de lumière qui rayonna dans l'âme de sir Edward. Cela lui expliquait tout, le changement dan la parole et l'humeur d'Octavie, son départ précipité d Nerbudda, et aussi ce luxe de malédiction et de colère qui avait éclaté à la première occasion; comme si l femme jalouse, n'osant découvrir le fond de sa pensée, ût saisi au vol un incident étranger pour écraser l'amoureux pris en flagrant délit de trahison.

« Madame, vous me comblez de joie, dit Edward avec un accent de mélodie suave ; je bénis cette horrible scène, puisqu'elle vous a conduite à cette explication. Madame, excusez-moi, si, pour la première fois, je vous parle de cette douce et horrible nuit que nous avons passée aux étoiles, dans le domaine des bêtes fauves. En souvenir de cette nuit, je vous conjure de différer votre départ, et d'attendre que le soleil de demain vous apporte ma complète justification. Je vous le jure, vous serez contente de moi. Si j'étais criminel, je sortirais d'ici malgré vous, malgré le scandale dont vous me menacez. Non, je ne ferai pas une seule chose qui puisse vous déplaire. Je vous demande, à genoux, la permission d'aller accomplir un devoir, trop retardé peut-être, mais par des circonstances indépendantes de ma volonté. »

La vérité, comme l'innocence, a un accent inimitable. Ces paroles dernières donnèrent une émotion de pitié à Octavie. Elle regarda l'attitude suppliante d'Edward avec des yeux où la colère semblait insensiblement s'éteindre.

Lia était toujours effrayante à voir dans son immobilité de statue funèbre renversée sur un tombeau.

« Vous me demandez un jour, dit Octavie. Au surplus, monsieur, je ne suis pas votre juge, votre tribunal... Si vous êtes coupable, le châtiment saura bien vous découvrir... Vous me demandez un jour... un jour ! c'est beaucoup dans ce drame brûlant qui nous entraîne avec un tourbillon de feu... Eh bien ! je vous accorde ce jour...

— C'est la vie que vous accordez à moi... et à un autre peut-être. Merci, madame, merci !

— Demain, au coucher du soleil, vous serez donc, sir Edward, absous ou déshonoré à mes yeux.

— J'accepte avec joie et sans peur. Adieu, madame, Dieu ! »

Edward bondit de joie et franchit l'escalier comme une seule marche.

« Point de demande, point de reproche, dit-il au lieutenant Stephenson : c'est une demi-heure de perdue, voilà tout... Allons à la prison du fakir; brûlons le terrain et le moment. »

La prison ouverte, quatre soldats saisirent le fakir Souniacy, et le conduisirent, les bras liés derrière le dos, dans un petit bois, au midi de Roudjah. Les armes furent chargées en sa présence, et le misérable Indien, voyant approcher l'instant du supplice, ne montra pas le courage assez commun, dit-on, parmi ceux de sa profession.

Tout son corps était agité de frissons convulsifs; l'heure et le lieu influaient sans doute aussi sur l'appauvrissement de son énergie.

Edward, qui dirigeait toutes ces opérations, avait demandé à Stephenson le plus agile coureur cipaye. Le coureur, muni d'instructions spéciales, était aposté secrètement derrière les arbres où l'on préparait le supplice de Souniacy.

Les soldats se placèrent à six pas du fakir, et abattirent leurs carabines presque à bout portant pour faire feu.

Aussitôt Edward accourut, suivi de Stephenson et de quelques officiers en uniforme.

Il fit relever les carabines des soldats, et dit en indien au fakir :

« Mon ami, tes compatriotes ont demandé ta mort; mais les Anglais, qui sont bons, t'accordent la vie. J vais couper tes liens et te rendre ta liberté. »

Une pareille action peut attendrir le cœur du plu sauvage. Le fakir Souniacy poussa un râle de joie, en s voyant libre.

« Pars, lui dit Edward, et va dire à tes frères d'êtr bons comme nous. »

Le fakir secoua ses jambes engourdies par les liens et la captivité, regarda les étoiles, et se perdit sous les arbres dans la direction des montagnes.

Le coureur le suivit de loin, mais sans le perdre de vue un instant.

« Voilà tout ce que nous pouvons faire humainement pour le pauvre comte Élona, dit Edward, en rentrant avec précipitation au village pour refaire sa toilette et prendre le cheval préparé. Lieutenant Stephenson, ceci, comme vous voyez, a un double but. Si notre malheureux Élona est encore vivant, au pouvoir des Taugs, chose possible, car les sacrifices humains ne se font chez eux qu'à la lune nouvelle, quand ils n'ont pas étranglé sur la place; si Élona n'est pas mort, il est probable que le fakir Souniacy lui accordera la liberté. Et puis, votre coureur, qui fait trois milles en cinq minutes, vous rapportera des indices positifs, qui vous mettront sur le véritable chemin du quartier général des Taugs. Aussitôt vous partirez, lieutenant Stephenson, et vous agirez selon votre prudence et les inspirations du moment.

— Sir Edward, dit Stephenson, je m'incline devant votre sagesse. Oui, tout ce que vous pouviez humainement faire, vous l'avez fait.

— Le reste est à la Providence; elle aide toujours ceux qui méritent d'être aidés.... Ma journée est à peu près accomplie; il ne me reste plus qu'une obligation.... Où es-tu, où es-tu, mon brave Nizam? »

Quelques instants après, l'infatigable Edward reprenait, au vol de son cheval, la route de l'habitation de Nerbudda. En courant comme le vent sur la lisière du champ du combat, il salua les morts, et jeta le nom d'Élona aux échos de ce lieu maudit. Cette fois les spectres, s'il en restait, ne se levèrent pas. Edward arriva sur la terrasse de l'habitation bien avant le milieu de la nuit.

Le colonel Douglas, le nabab et sa fille avaient entendu le galop du cheval, et ils attendaient Edward derrière la porte, légèrement entr'ouverte par précaution. Un domestique, aposté dans l'allée, s'empara du cheval, et le cavalier s'élança dans le vestibule, au milieu d'un triple hourra d'allégresse. La citadelle fut barricadée au même instant.

« Savez-vous, sir Edward, que vous nous faites de belles peurs? dit Arinda en joignant les mains. Oh! nous vous aurions attendu jusqu'au jour! Le colonel nous a ordonné vingt fois de nous retirer, mais mon père et moi nous avons désobéi.... Qui donc vous a retenu si tard? Ah! méchant, vous avez quelque connaissance!... C'est bon! tout se découvrira, monsieur.... C'est égal, je vous pardonne, à cause du billet que vous avez écrit ce matin au colonel Douglas! Le colonel Douglas ne nous a pas montré ce billet, parce que vous y parlez un peu trop de vos affaires secrètes, a-t-il dit; et il paraît, en effet, qu'elles sont fort secrètes, mauvais sujet! Mais le colonel a sauté de joie après l'avoir lu, et tout de suite, san perdre un instant, il a envoyé des domestiques aux familles voisines, pour leur dire que notre mariage avai été devancé, et que notre bal aura lieu dans tro jours. »

Les quatre personnages de cette scène venaient de s'asseoir. Le colonel Douglas laissait parler Arinda pour deviner les pensées d'Edward sur son visage. Edward, d son côté, feignait d'écouter la jeune Indienne avec u sourire calme, et se donnait ainsi le temps d'éteindre l'a gitation haletante qui grondait en lui.

« Puisque votre gracieuse bonté me pardonne, mis Arinda, dit Edward en inclinant une figure joyeuse, et l relevant lugubre vers Douglas, je ne prends plus la pein d'excuser mon retard. Un pardon de vous, miss Arind ne fait pas regretter d'avoir été coupable.... Ainsi donc nous danserons dans trois jours. Que je suis ravi de mon billet! comme il est venu à propos!

— Voyons, sir Edward, dit Arinda, vous paraissez souffrant de faim et de soif; que voulez-vous que je vous offre?...

— Mille remercîments, mademoiselle, je ne veux qu'un peu de sommeil.

— Il est fort tard, en effet, dit Douglas avec une langueur somnolente....

— Et il est encore plus tard pour moi, ajouta Edward. Nous avons poussé notre chasse fort loin aujourd'hui....

— Oh!... causons encore un peu, messieurs, dit la jeune Indienne avec une minauderie charmante, j'aime tant faire la veillée à la campagne! le jour il fait trop chaud pour parler.... Vous saurez, sir Edward, que votre billet de ce matin m'a procuré un cadeau superbe de notre bon père.... Regardez ce diamant. Comment le trouvez-vous?

— Il me paraît magnifique, miss Arinda; mais la nuit ne fait pas valoir les diamants. J'aurai un plaisir infini à le revoir demain au grand jour.

— Avant votre arrivée, sir Edward, mon père et le colonel Douglas ont soutenu une longue discussion sur les diamants.

— Nous la continuerons demain, j'espère, dit le colonel en se levant dans l'attitude expressive d'un homme accablé de sommeil.

— Croyez bien que vous avez tort, colonel, dit le vieux nabab.

— Peut-être, dit le colonel.

— Certainement, il a tort! dit Edward en se levant.

— Voilà sir Edward qui donne tort à mon père, s'écria Arinda avec un grand éclat de rire, et il ne connaît pas le sujet de notre discussion! Asseyez-vous donc, sir Edward. Nous verrons si vous pouvez être juge dans cette

affaire.... Venez vous asseoir à mon côté... Bien !....
Connaissez-vous la valeur du diamant de Pitt (le Régent) ?

— C'est un diamant de cent trente-sept carats, répondit Edward avec un léger bâillement dissimulé avec politesse.

— Croyez-vous, comme le colonel, poursuivit Arinda, qu'il n'y a pas de plus gros diamant au monde?

— Je le crois.

— Eh bien! vous êtes un ignorant, monsieur. Le diamant que l'empereur Bâber prit à Agra en 1526 pèse deux cent vingt-quatre *ruttees*, ou six cent soixante-douze carats, et le fameux diamant d'Aureng-Zeb est de neuf cents carats.

— Dans le tarif des *Mille et une Nuits*, miss Arinda?

— Voilà justement ce qu'a dit le colonel ! Est-ce que vous avez la prétention, messieurs, de mieux connaître les diamants que mon père, qui en a fabriqué toute sa vie pour les Anglais?

— Nous nous rendons à cette raison, le colonel et moi, dit Edward; je vais faire, grâce à vous, des rêves de diamants, cette nuit, des rêves de neuf cents carats.

— Colonel, dit Arinda à Douglas, qui prêtait l'oreille aux murmures extérieurs de la nuit, en dissimulant mal son inquiétude, colonel Douglas, vous abandonnez la discussion.... Que faites-vous là devant les croisées? Entendez-vous quelque chose ?...

— Moi, belle Arinda, je me promène au hasard pour me tenir éveillé.... je regardais la partition de *Robin des Bois* ouverte sur votre piano.

— Connaissez-vous l'ouverture de Weber, sir Edward?... que cela doit être beau la nuit ! Si mon accordeur indien était venu aujourd'hui, je vous la jouerais. Il est fort inexact, cet accordeur.

— Probablement il a été fort occupé aujourd'hui, dit

Edward en regardant le colonel.... Au reste, cette ouverture est effrayante à cette heure.

— Moi! dit Arinda, je n'ai peur de rien, quand je suis avec des gens de guerre. Les femmes de l'Inde ont du cœur, elles sont nées pour être soldats. Connaissez-vous l'histoire de Noor-Jehan, sir Edward?

— Quel plaisir j'aurai de la connaître demain à mon réveil !

— Alors, il faut vous l'apprendre aujourd'hui, » dit Arinda en croisant ses bras sur la table dans une belle attitude de narration.

Douglas jeta un regard significatif et rapide à sir Edward. Ce regard disait : « Résignons-nous et écoutons l'histoire.

— Voyons l'histoire de Noor-Jehan ! dit Edward en appuyant son coude droit sur la table et son menton sur sa main. »

Le nabab dormait.

« Noor-Jehan, dit Arinda, joyeuse comme toute jeune fille qui se fait écouter, était la femme favorite de Jehangire, souverain des Cinq-Rivières, en 1616. Elle causa bien des chagrins à son mari en voulant donner à son fils Shariar la succession au trône, au préjudice des aînés des autres femmes. Ce fut la cause de la grande rébellion qui coûta tant de sang et de deuil; car le plus brave et le plus habile des fils déshérités, Shad-Jehan, se fit un parti nombreux, et soutint ses prétentions par les armes contre son père. Enfin l'empereur Jehangire se trouva en grand péril et bloqué dans Lahore par son ministre rebelle Mohabet. Noor-Jehan était avec son frère Asiph-Kan; ils apprirent le malheur du souverain, et résolurent de le délivrer. Une grande rivière les séparait de l'armée de Mohabet. Noor-Jehan monta sur son éléphant, tenant son jeune fils à la main, et elle entra la première dans l'eau. Sa petite armée, excitée par l'héroïsme de cette

15.

femme, poussa des cris d'enthousiasme et la suivit à la nage. Noor-Jehan attaqua les ennemis et épuisa les flèches de cinq carquois. Trois guides d'éléphants furent tués à ses côtés, et son jeune fils fut blessé au bras. Elle remporta une victoire complète et délivra son époux.

— Miss Arinda, dit Edward en se levant pour la troisième fois, votre histoire est magnifique; elle a même le bonheur de n'être pas longue. Quelle femme ! Je vais rêver de Noor-Jehan cette nuit, si j'en ai le temps.

— Vous croyez, sir Edward, dit Arinda en l'obligeant à reprendre sa place, vous croyez que c'est la seule femme d'Asie qui soit une héroïne ? Nous en avons des milliers comme celle-là.... Voulez-vous que je vous raconte l'histoire des femmes de l'émir Lodi ! »

Douglas fit un mouvement d'impatience qui fut éclipsé avec adresse par Edward.

« Mais, miss Arinda, dit-il en riant, gardez-nous quelque chose pour la veillée de demain. Les femmes de l'émir Lodi troubleraient mon sommeil ; Noor-Jehan me suffit [1].

— Alors, sir Edward, dit Arinda en se levant, il est inutile de vous souhaiter une bonne nuit....

— Je crois bien, miss Arinda ; j'ai la tête pleine de diamants, d'héroïnes indiennes et de sommeil.

— Colonel Douglas, dit Arinda, vous êtes bien distrait ce soir....

— Je songeais à nous, ma belle miss Arinda, et je pensais à vous; cela vous explique mon indifférence pour les autres femmes et les autres diamants.

---

[1] L'histoire de Jehangire est une série de drames sanglants d'un intérêt merveilleux. Les femmes de l'émir Lodi se tuèrent toutes pour échapper au déshonneur ; exemples de vertus héroïques très-communs dans l'Inde. On peut lire ces admirables traditions dans *Historical and descriptive account of British Inda, by Hugh Murray*, etc.

— Ah! dit Edward, le colonel est galant comme un mari avant le mariage!

— Est-il méchant, ce sir Edward, dit Arinda. Le colonel m'a promis d'être toujours après comme avant.

— Alors, je me tais, miss Arinda, et, pour prouver que je ne vous garde point rancune de vos épigrammes, je vous accompagne, un flambeau à la main, jusque sur le seuil de votre chambre de lit. Vos femmes vous attendent au bas de l'escalier. Me permettrez-vous d'ouvrir la marche?

— Je ne vous ai jamais vu passionné pour le sommeil comme ce soir....

— Vous appelez cela *ce soir*, miss Arinda! nous sommes à demain.

— Allons, venez, vieux enfant, et réveillez mon père, qui dort partout, lui.... Réveillez votre beau-père, colonel Douglas.

— Oui, ma chère femme, répondit le colonel.

— Vous voilà mariés, dit Edward; que Dieu vous bénisse, et montons.

— Il me semble, dit Arinda en s'arrêtant sur la première marche de l'escalier, il me semble qu'on pourrait bien supprimer ces deux espèces de sentinelles qui dorment debout derrière la porte.

— Vraiment, miss Arinda, dit Edward en continuant de monter, ce soir je ne vous reconnais plus. Ce soir vous êtes courageuse comme Noor-Jehan.

— Dites donc à ces sentinelles d'aller dormir dans leur chambre, poursuivit Arinda ; est-ce que vous craignez que les tigres ouvrent la porte avec une fausse clef?

— Vous avez raison, belle Arinda, dit le colonel ; c'est une précaution de luxe ; je vais envoyer ces deux dormeurs au lit. »

On se sépara bientôt après. Douglas et Edward se trouvèrent enfin seuls et face à face.

« Quel jour ! quelle nuit ! dit Edward.

— Je sais tout, dit Douglas.

— Vous ne savez rien, mon colonel.

— Vous êtes tombés dans une embuscade, à la source du petit bois. Moss a entendu dans le lointain un bruit sourd d'armes à feu, et qui n'a duré qu'un instant. Cent hommes sont partis au vol ; ils n'ont trouvé que vingt cadavres. Anglais et Taugs, tout a été enseveli. On ne saura rien demain.

— Vous ignorez tout. En cinq minutes, je vais vous raconter ce que trois heures peuvent entasser d'événements. »

Douglas écouta le récit d'Edward avec une émotion facile à comprendre ; puis :

« Mon cher Edward, dit-il, dans tout cela il y a une chose horrible pour nous tous, et désolante pour moi en particulier : c'est la catastrophe du pauvre Élona. Si Dieu n'a pas fait un miracle, Élona n'existe plus en ce moment. »

Quelques larmes mouillèrent furtivement les yeux des deux amis. Chez beaucoup d'hommes, la sensibilité a aussi sa pudeur.

« Et s'il est mort, dit Edward après une courte pause, s'il est mort, votre mariage avec miss Arinda....

— Soyons à notre devoir, à cette heure, mon ami ; pensons aux choses sérieuses, Edward.... Avez-vous réfléchi à cette embuscade de Taugs ? Ces monstres-là sortent de leurs habitudes. Que faisaient-ils là dans le bois, en si petit nombre, quatre heures avant le lever de leur étoile, à deux pas du grand chemin, dans un champ de riz ?... Cela me paraît bien mystérieux !... Ils ont même oublié d'enterrer les morts, selon leur usage.

— C'est qu'ils comptaient sur les tigres.

— Oui, peut-être.... n'importe, cette attaque est étrange !... Mes rapports reçus aujourd'hui sont assez favorables. On sait, par des espions, qu'il y a du découragement parmi les Taugs; le prosélytisme n'est pas en faveur. Les adeptes manquent, les vieux se retirent épuisés. Les ennemis qui nous restent n'en sont que plus redoutables, parce que leur fanatisme a tout surmonté. Il faut donc frapper un grand coup; nous le frapperons. Je suis prêt.

— Si le stratagème du fakir Souniacy a le succès attendu, dit Edward, nous avons quelque espoir pour Élona.

— Espoir bien faible, mon ami! N'importe, le stratagème est bon, et j'approuve tout ce que vous avez fait à Roudjah.

— Vous concevez, Douglas, que je n'ai pas voulu venir vous demander des soldats ici, à vous; il ne fallait pas dégarnir l'habitation de Nerbudda, menacée chaque nuit...

— Vous avez raisonné juste, mon cher Edward... Maintenant, tout nous porte à croire que nous ne serons pas attaqués cette nuit... Cependant, il faut être sur nos gardes... Je vais m'esquiver par la voie ordinaire, pour achever la nuit au milieu de mes soldats; vous, Edward, prenez du repos, votre colonel vous l'ordonne. Dormez l'œil ouvert, et les mains aux pommeaux de vos armes. Votre poste est plus honorable et plus périlleux que le mien; vous gardez la maison du vieux nabab et le sommeil de miss Arinda.

— J'obéis à mon colonel, dit Edward en serrant les mains de Douglas.

— Nous parlerons d'Octavie demain. Adieu, Edward.

— Adieu, Douglas... N'est-il pas étrange que l'amour se mêle à toutes les affaires sérieuses de ce monde? Nous ne sommes que trois dans ce désert; trois : l'un voudrait donner le bonheur à sa Pologne, vous à votre Bengale, moi à notre genre humain; et ces trois généreuses pensées roulent dans nos têtes avec des noms de femmes et toutes les distractions fiévreuses de la jalousie et de l'amour.

— Hélas! dit le colonel, peut-être en ce moment ces trois hommes ne sont plus que deux au désert! »

XVI

Le temple de Doumar-Leyna [1].

> Des sphinx, des bœufs d'airain sur l'étrave accroupis,
> Ont fait des chapiteaux aux piliers décrépits;
> L'aspic, à l'œil de braise, agitant ses paupières,
> Passe sa tête plate aux crevasses des pierres.
> Tout chancelle et fléchit sous les toits entr'ouverts.
> Le mur suinte, et l'on voit fourmiller à travers
> De grands feuillages roux, sortant d'entre les marbres,
> Des monstres qu'on prendrait pour des racines d'arbres.
> Partout sur les parois du morne monument
> Quelque chose d'affreux rampe confusément;
> Et celui qui parcourt ce dédale difforme,
> Comme s'il était pris par un polype énorme,
> Sur son front effaré, sous son pied hasardeux,
> Sent vivre et remuer l'édifice hideux!
>
> (Victor Hugo, *Puits de l'Inde.*)

Par des sentiers connus d'eux seuls, les étrangleurs indiens conduisirent leurs prisonniers vers la chaîne de montagnes qui se plonge à l'horizon derrière le village de Roudjah. Lorsque le jeune Élona et ses neuf compagnons d'infortune se virent lier les pieds et les mains par leurs sauvages vainqueurs, presque toujours habitués à égorger sur place, ils comprirent que le fanatisme religieux leur réservait un autre genre de mort, et que le victimaire les attendait sur l'autel de la déesse Deera.

[1] Il y a dans l'Inde deux temples de ce nom.

Dans une gorge déserte du mont Séreh, une large et symétrique excavation, taillée comme un pylone égyptien, sert de portique au temple de Doumar-Leyna. Il y a, aux environs de ce parvis lugubre, un si prodigieux amas de roches amoncelées, que les Indiens de la contrée eux-mêmes ne pourraient le découvrir, sans avoir pour guide un de ces fakirs pèlerins qui se croient obligés de suivre les cryptes anciennes, où leurs aïeux adorèrent la trinité du culte indou. La date de leur inauguration a été oubliée par les histoires. Quelles sont les puissantes mains d'architectes et de sculpteurs qui ont enseveli ces merveilles dans les continents et les archipels? C'est le secret de l'Inde. Il a fallu tant de siècles et de générations pour labourer ainsi les entrailles de la terre, et faire pousser dessus et dessous cette végétation infinie de colonnes et de monstres géants, qu'il semble que les soixante siècles écoulés n'ont pu suffire à ce travail, et que notre planète est sortie des mains de Dieu avec cette inconcevable architecture, pour exercer les disputes des sages et faire dire à la science un mensonge éternel.

Le temple de Doumar-Leyna n'est pas un chef-d'œuvre de grâce et d'élégante solidité, comme le temple de Boro-Bodor à Java. Toute pierre destinée à monter au grand soleil, vers le firmament bleu, fut ciselée avec amour et complaisance par l'architecte indien; la pierre souterraine et ténébreuse garde le caractère effrayant des mauvais rêves de la nuit. Le sculpteur qui a pétri les entrailles de la montagne Doumar-Leyna en fit jaillir d'épouvantables arabesques, pour matérialiser au fond de ce puits les caprices du malin génie dont le nom est Myhassor.

Il créa un peuple d'animaux symboliques, et les fit ramper ou s'accroupir, comme des piédestaux vivants, sous les colonnades, et les fit saillir, avec leurs faces monstrueuses, aux corniches des plafonds. Tous les mauvais esprits de la théogonie indienne semblent sortir, nains ou géants, des parois des rocs souterrains, en agitant leurs chevelures de couleuvres et leurs bras armés de haches ou de poignards. Lorsque, dans une fête de fakirs, ce vieux temple s'illumine aux flammes de Bengale, et que les adorateurs, plus hideux encore que leurs dieux, tourbillonnent dans ce labyrinthe de colonnades infinies, on croirait que les statues des démons, les têtes des taureaux, des lions, des éléphants, les groupes gigantesques des bas-reliefs, s'agitent dans une lueur verdâtre et confuse, et que les échos intérieurs de la montagne sont les mugissements joyeux de ce peuple de monstres qui remercient les adorateurs.

Dans la nef la plus reculée de ce lugubre édifice, les Taugs tiennent leurs conseils et célèbrent leurs rites. L'informe statue de Deera se dresse sur un piédestal de rocher gluant. A droite et à gauche de l'autel, on distingue confusément deux bas-reliefs à figures gigantesques : l'un représente le combat de Dourga et de Myhassor, l'autre le supplice du ravisseur de Sita, dont notre histoire a déjà parlé. Deux lampes sépulcrales, entretenues par un suif fétide, brûlent et fument dans ce sanctuaire; on croirait toujours qu'elles vont s'éteindre sous le poids des ténèbres massives suspendues aux voûtes humides du roc, et la lueur intermittente qu'elles donnent est plus horrible que la plus sombre nuit. Le murmure continuel des eaux invisibles, et des touffes d'herbe agitées par de ténébreuses familles d'insectes et d'oiseaux, est la seule chose qui rappelle la vie extérieure dans ce temple où se réjouit la mort.

Les fakirs, prêtres du sacrifice, arrivèrent les premiers, avec une gravité religieuse qui annonçait le respect dont ils étaient saisis en posant un pied profane dans ce sanctuaire de leurs plus redoutables divinités. La bande des Taugs suivait les fakirs en imitant leur démarche. Les prisonniers, dégagés de leurs liens pour être sacrifiés comme des victimes libres, s'avançaient la tête haute, et la face empreinte du sublime orgueil de ce courage qui veut, à l'agonie, jeter l'insulte au front des assassins. Le jeune Élona, les bras croisés sur sa poitrine nue, se distinguait encore au milieu de ses compagnons par un dédain superbe et la noble insouciance de son regard. On aurait cru voir un voyageur artiste entrant avec ses guides dans le temple de Doumar-Leyna, et prodiguant des saluts d'admiration à cet immense rêve pétrifié, bâti par les architectes de l'enfer.

La pensée qu'exprimait l'attitude de l'héroïque jeune homme était celle-ci : « Avant de mourir, je suis toujours bien aise d'avoir vu cela. »

En pareille circonstance, Edward aurait dessiné les bas-reliefs.

L'honneur de la vie, c'est le mépris de la mort.

Les sauvages indiens entonnèrent l'hymne à la déesse Deera sur un ton dolent et monotone, qui est la mélopée de tous les cultes d'Orient. A chaque verset, les fakirs se prosternaient devant la statue informe, et, en se relevant, ils prenaient des poses d'extase, comme s'ils venaient d'être initiés à la béatitude du céleste jardin de Mandana.

L'hymne terminée, deux bourreaux saisirent un prisonnier et le conduisirent devant l'autel de la déesse. C'était une victime d'élite, un jeune homme de vingt ans, couronné de boucles de cheveux blonds, et dont le frais visage contrastait avec les faces livides, vertes, osseuses, des sacrificateurs. Il présenta hardiment sa tête au lacet de soie tenu devant lui pour s'arrondir autour de son cou. Chaque victimaire appuya une main sur l'épaule du malheureux, et, allongeant l'autre bras qui tenait fortement l'un des bouts du lacet fatal, il jeta sur le pavé un premier cadavre étouffé avec une infernale dextérité.

Les prêtres levèrent les yeux vers les terribles divinités des bas-reliefs, comme pour découvrir sur leurs faces de pierre un sourire d'approbation ; car la fable, qui est l'histoire religieuse de ces dévots indiens, affirme que la statue d'Indra s'agita un jour sous son manguier, parmi les sculptures des deux portiques de Dau-Tali, pour saluer à son passage le glorieux architecte des temples d'Élora.

Les autres prisonniers, en voyant étrangler leur frère, voulurent lutter d'insensibilité avec les bourreaux, les prêtres et les sauvages spectateurs de cette scène. Dès ce moment, dans une excitation d'amour-propre sublime, ils résolurent tous de tomber dans une mâle attitude ; d'ailleurs ils rendaient, en mourant avec noblesse, un dernier service à leur pays ; l'effet moral rejaillissait sur toute l'armée ; ils semblaient dire à leurs ennemis : « C'est à vous de trembler ! voilà comme nous sommes tous ! »

L'idée était grande, mais elle n'allait pas à son but, avec cette horde de fanatiques et d'illuminés qui, à leur tour, auraient tous versé volontiers la dernière goutte de leur sang sur le cadavre du dernier Anglais vaincu.

Le supplice des prisonniers s'accomplissait avec une lenteur solennelle. Les prêtres semblaient vouloir prolonger l'atroce volupté de la cérémonie ; et, après une exécution, ils retardaient la suivante, afin de donner le temps à toute l'armée des Taugs, disséminée dans les montagnes, de venir prendre sa part de ce festin de cadavres. A chaque instant des bandes nouvelles arrivaient à Doumar-Leyna, et se glissaient, comme des ombres infernales, à travers les colonnades de l'immense souterrain ; ceux qui, venus trop tard, ne pouvaient voir ni l'autel ni le sacrifice, escaladaient les portiques en ruines, pour se suspendre aux corniches, et mêler leurs mufles mouvants aux têtes immobiles des sphinx, des tigres et des taureaux. La clarté des lampes courait sous les voûtes, et faisait luire tous les yeux de ces Indiens fauves, enlacés aux colossales arabesques des plafonds.

On avait égorgé neuf prisonniers, et leurs cadavres, couvrant la base de l'autel, semblaient être le piédestal de la déesse. Restait le jeune Élona. Les prêtres comprenaient que celui-ci n'était pas un prisonnier vulgaire, et qu'il fallait lui accorder les honneurs d'une agonie plus longue et d'un supplice plus affreux.

L'héroïque jeune homme sortit des ténèbres qui le voilaient, et s'avança devant les lampes de l'autel pour mourir.

Il prit trois fois dans sa main un peu de terre, et la jeta sur les cadavres, en priant.

Puis il croisa les bras sur sa poitrine, et attendit les bourreaux.

Le reflet des lampes ne trahissait, sur sa noble figure, d'autre sentiment que la pitié pour ses compagnons morts avant lui.

Les mains des sacrificateurs tombèrent sur ses épaules, et il ne tressaillit pas.

Tout à coup, un horrible sifflement sortit des bas-reliefs du ravisseur de Sita; les statues des Typhons indiens s'agitèrent au flanc de la montagne, et une image de pierre, avec des yeux vivants, étendit ses bras vers les sacrificateurs.

Une voix foudroyante fit entendre ces paroles :

« Prêtres de Siva, enfants du Lion de Dieu, serviteurs de Myhassor, suspendez le sacrifice! Cette dernière victime appartient au dieu Soupramany-Samy, le second fils de Siva, qui a longtemps habité ce temple sous la forme d'un serpent. Sortez tous et laissez ici ce vivant profane. Le serpent Ananta demande son sang et sa chair. Enfants du Lion de Dieu, demain vous rentrerez tous ici, et vous passerez la nuit dans la prière et la contemplation. »

Après avoir dit ces paroles, le simulacre de pierre referma ses yeux, roidit ses bras et son corps en reprenant son immobilité de bas-relief.

Les prêtres, les fakirs, les sacrificateurs, tous les Indiens témoins de ce prodige, souvent cité dans leur histoire, tombèrent la face contre terre. Élona seul resta debout, les yeux fixés sur les statues du bas-relief, et les considérant avec une attention minutieuse et tranquille, pour deviner le sens naturel de ce prodige inouï. La sculpture colossale garda son secret.

La foule se retira lentement, précédée par les bourreaux et les prêtres, et tous, saisis d'une sainte terreur, traversaient les colonnades tête basse et les mains levées, murmurant les paroles mystiques qui apaisent la colère de Myhassor.

Le temple devint désert.

Élona, échappé à la mort par un inconcevable prodige, comprit que dans sa position désespérée il n'y avait pas d'imprudence possible, et que tout moyen était bon, avec l'aide de la Providence, pour chercher une issue de fuite et de salut. Le lacet des Taugs était tombé à ses pieds, en effleurant son cou; mais le labyrinthe de Doumar-Leyna l'étouffait dans ses inextricables étreintes de granit et l'ensevelissait vivant auprès des cadavres de l'autel. Avant de se hasarder dans le dédale indien, il voulut examiner de près le bas-relief sauveur, et surtout la statue, qui ne montrait en ce moment qu'un torse immobile et des yeux éteints, mais qui, tout à l'heure, s'agitait avec des contorsions effrayantes et lançait des regards de flamme aux prêtres de Deera.

Il fit trois pas en avant et il s'arrêta.

« Oh! se dit-il à lui-même, ceci est un rêve affreux! Je crois veiller et je dors! ou bien, tout ce que l'on raconte des magiciens de l'Inde est vrai. »

La statue avait ouvert les yeux, et sa main faisait le signe qui veut dire : « Avancez encore. »

Une voix légère sortit des lèvres du simulacre de pierre, et dit :

« Comte Élona, éteignez les deux lampes. »

Élona, saisi d'un effroi nerveux, hésitait et n'obéissait pas.

« Éteignez les deux lampes, comte Élona, » répéta la statue.

Élona fit une réflexion fort naturelle et rapide comme la pensée :

« Même avec le secours de ces lampes, se dit-il, j'aurai de la peine à me guider dans ce labyrinthe; que deviendrai-je si je les éteins?

— Alors, dit la statue, puisque vous refusez de vivre, il faut que je sois imprudente comme vous. »

Ayant dit cela d'un ton sec, la statue s'élança lestement par-dessus les figures du bas-relief, tomba sur les lampes et les éteignit.

Au même instant, une main vigoureuse saisit le bras d'Élona, et une voix lui dit à l'oreille :

« Laissez-vous guider et suivez-moi. »

Les ténèbres de la nuit sont la clarté du jour, auprès de l'obscurité qui plombait alors le souterrain de Doumar-Leyna.

Élona suivit son étrange guide, marchant avec ses pieds et n'osant ni résister, ni penser, ni parler; il lui semblait qu'il venait de rendre le dernier soupir, et qu'un démon le traînait aux enfers.

Le guide mystérieux marchait avec assurance et n'hésitait jamais, au milieu des ténèbres opaques qu'il fallait percer comme une montagne d'ébène, sans l'ombre d'un seul rayon.

Enfin, un point lumineux scintilla dans le lointain et s'agrandit insensiblement; des groupes d'étoiles semblaient se lever sur les lèvres d'un gouffre noir, taillé avec symétrie, comme la porte d'un tombeau.

Le guide dit à Élona : « Restez là, immobile, et attendez-moi ; » et il s'élança dans le corridor du temple avec une agilité peu commune chez les statues de bas-relief.

Élona le suivit des yeux et vit, dans un lointain vaporeusement étoilé, son ombre encadrée par la porte, se haussant et se courbant avec une souplesse féline, comme pour regarder ce qui se passait aux environs.

Quelques instants après, ils étaient tous deux hors du temple et sur une montagne voilée d'arbres, hors de l'atteinte des Taugs.

« Respirons un peu ici, dit le guide. Maintenant, comte Élona, me reconnaissez-vous ?

— Non, dit Élona stupéfait, en examinant cet être incompréhensible qui gardait encore la teinte du bas-relief, et qui ressemblait toujours à une statue ambulante, douée du regard et de la voix, par quelque artifice infernal.

— Ah ! vous ne me reconnaissez pas ! dit la statue ; comme...

— Oui, oui, maintenant votre voix vous fait reconnaître, dit Élona en serrant les mains de son guide ; vous êtes notre brave Nizam !... Et pourquoi n'avons-nous pas été tous sauvés par vous ?

— Ah ! pourquoi ?... Certes, si j'eusse prévu que tout irait aussi bien, je n'aurais pas attendu votre tour de sacrifice pour épouvanter les bourreaux. Mais j'avais de grandes craintes ; il me fallait une expérience comme celle-là pour me prouver que ces Indiens sont aussi stupides que leurs pères du temps d'Aureng-Zeb. Oh ! lorsque je vous ai reconnu devant l'autel, lorsque j'ai vu la main du bourreau se lever sur le noble ami de mon noble sir Edward, j'ai mis la prudence en oubli, j'ai joué le tout pour le tout, comme dit le Français.

— Mais par quel miracle vous trouviez-vous là, mon brave Nizam ?

— Il n'y a pas de miracle ; je suis presque toujours là dans les moments graves, et ils sont très-graves, comte Élona. L'habitation est menacée. Les Taugs s'imaginent que Nerbudda renferme tous les chefs de l'armée anglaise et des Indiens renégats. Il faut vous dire que, depuis quinze ans, c'est toujours de l'habitation de Nerbudda que sont partis de grands coups. Aujourd'hui j'étais à mon poste de bas-relief pour l'heure du conseil ; et, mes renseignements pris, j'allais chanter ma chanson d'alarme sur un arbre de la terrasse de Nerbudda, ainsi que cela est convenu avec sir Edward. Plus ma chanson sera tendre, plus le péril sera grand. Comment cette attaque se fera-t-elle ? Quelles sont les forces et les ruses qui menacent l'habitation ? Voilà ce que j'ignore et ce que je veux savoir. Hier, le vieux Sing avait convoqué mille hommes pour un grand coup de main, et tout de suite après il a donné contre-ordre. Savez-vous pourquoi ? C'est une superstition de Taugs. Le vieux Sing a vu courir un lièvre [1].

— C'est un animal de mauvais augure, Nizam.

— Pour les Taugs, comte Elona. Les mille hommes ont été réduits à cent *pour l'expédition ordinaire,* a dit le vieux Sing. Je sais que de nombreux soldats et de braves officiers veillent autour de Nerbudda, et ils n'ont rien à redouter de cette *expédition ordinaire* dont j'ignore encore le but, et qui est confiée à cent hommes toutes les nuits.

— Ce sont pourtant ceux-là qui nous ont pris, et presque aux portes de Nerbudda.

— Sir Edward était-il avec vous ?

— Oui, Nizam.

---

[1] *A hare crossing the roah is a bad omen for mahometans, Thugs of India and Highlander.* « Un lièvre traversant un chemin est un mauvais augure pour les mahométans, les Taugs de l'Inde et les montagnards écossais. »
(*Letters on Egypt*, etc., by lord Lindsay. Vol. II, p. 5.)

— Oh ! lui s'échapperait des griffes du diable !

— Nizam, sir Edward a été sublime.

— Cela ne m'étonne point, comte Élona.

— Sir Edward pouvait s'échapper; son cheval ne demandait pas mieux. L'intrépide cavalier m'a vu tomber dans les Taugs, et il a enlevé, pour ainsi dire, son cheval avec ses genoux, ses pieds, ses mains, ses dents, pour venir à mon secours. J'ai vu là, en un clin d'œil, tout ce qu'un homme peut faire de surhumain : « Je suis à vous! « je suis à vous ! Élona ! tenez bon ! » s'écria-t-il d'une voix de tonnerre. Mon cheval est tombé mort, celui d'Edward est arrivé au délire de la peur, et il a sauvé son maître, malgré lui, en l'emportant vers le bois.

— Alors tout va bien, comte Élona. Voyons, où voulez-vous aller maintenant?

— Toujours à l'auberge où sir Edward m'a exilé, à Roudjah.

— Je vais vous mettre sur votre chemin. Nous allons glisser comme le vent, là-bas, au bout de la crête, du haut de la montagne dans la plaine; deux heures après, vous serez au village, en suivant mes indications.... Mettez-vous dans mes pieds, comte Élona. Venez. En traversant le fleuve, j'y laisserai ma teinte de bas-relief, et nous trouverons des vêtements dans mon cottage de Roudjah, où quatre cipayes adroits doivent me faire cinq cents costumes en cinq jours.

— En cinq jours, cinq cents costumes !

— Ne riez pas, comte Élona ; en temps et lieu, vous verrez. Mes ateliers travaillent nuit et jour.

— Et maintenant, mon brave Nizam, pour acquitter ma dette de reconnaissance, que ferai-je ?

— C'est bien simple, vous ne ferez rien. »

Nizam allongea le pas sur la crête de la montagne, et le comte Élona le suivit.

Aux mêmes heures où ce drame étrange et funèbre

remplissait de ses horreurs le souterrain de Doumar-Leyna, les bataillons de Roudjah, conduits par le lieutenant Stephenson, marchaient vers la retraite des Taugs. L'habile coureur qui avait suivi à la piste le fakir Souniacy, s'était arrêté au bas d'un torrent desséché qui s'élevait, en serpentant, jusqu'au sommet de la montagne, et ressemblait, dans les ténèbres, à un sentier taillé par la main des hommes, et conduisant à des repaires de bandits. L'espion avait laissé perdre le fakir dans les détours de ce chemin aérien, et persuadé qu'il était inutile d'aller plus loin, et supposant avec raison que les Taugs de ce canton vivaient dans quelque autre désert du versant opposé, il retourna sur ses pas et rejoignit dans les bois le lieutenant Stephenson.

Aussitôt les soldats s'élancèrent vers la région de la montagne, précédés par le guide coureur. Quand ils arrivaient au bas du torrent desséché, sentier naturel, ils auraient dû voir, si le soleil eût été levé, Nizam et le comte Élona, courant sur les corniches de la crête, vers la dernière pente inclinée à l'horizon du couchant.

Le torrent sans eau, voilé d'arbres, couvrit l'ascension des soldats jusqu'au sommet. Arrivé sur le plateau culminant, le lieutenant Stephenson n'aperçut autour de lui qu'une nature bouleversée, horrible à voir à la clarté des étoiles; une terre morte et sombre sous un ciel plein d'une vie radieuse et sereine; d'innombrables quartiers de roches se détachaient sur ce versant jusqu'au fond des abîmes; chacun de ces blocs, entouré de ténèbres à sa base, avait à son sommet un point lumineux tombé des astres. On aurait cru voir les douze mille Maldives, ces petites îles, séparées par le détroit d'un ruisseau, et qui, la nuit, brillent comme une constellation terrestre dans l'immensité de l'océan Indien.

Au milieu des ombres nocturnes, dans les zones torrides, le moindre bruit de la plaine monte, sans rien perdre de son accent, jusqu'au sommet de la montagne. Le lieutenant Stephenson crut entendre d'abord le murmure sourd d'un torrent ou d'une cataracte ; mais en examinant, autant que l'obscurité pouvait le permettre, la nature et la configuration des terrains, et la nudité anguleuse des montagnes, il rejeta l'idée que ce bruit provenait d'un grand courant d'eau inférieur. Il prêta l'oreille avec plus d'intelligence, et cette fois, il distingua un chant monotone exécuté par des voix nombreuses et ressemblant assez à la mélopée lente de l'hymne de Luther. Par intervalles, le murmure cessait. Le torrent et la cataracte ne pouvaient donc plus être admis, eux qui chantent toujours. Point de doute : c'était un concert de voix humaines, entonné dans les nefs de ces abîmes. Les vieux soldats indiens, rangés en cercle autour de Stephenson, regardaient leur lieutenant et lui adressaient une pantomime significative qui voulait dire : « Ce sont les Taugs qui chantent là-bas. » Les plus jeunes des cipayes rampaient avec une prudente souplesse, sans remuer un caillou, et, s'avançant jusque sur le bord d'une montagne taillée à pic, ils mêlaient leurs cheveux aux saxifrages flottantes des corniches, et hasardaient un regard perpendiculaire pour découvrir les ennemis et reconnaître leur nombre et leur position.

Le lieutenant Stephenson avait à peine avec lui cent cinquante hommes, et l'ordre de marcher n'émanant pas directement du colonel Douglas, il comprenait toute l'étendue de sa responsabilité, et voulait scrupuleusement sonder le terrain, avant de se précipiter sur les Taugs et d'engager avec eux un combat sur un terrain mouvant et anguleux, sur des pointes d'abîmes, où le désavantage serait pour les assaillants, surtout si l'ennemi avait encore la supériorité du nombre en sa faveur.

Un jeune cipaye de quinze ans, créature frêle et vive, qui passait comme un lézard dans les crevasses des roches, s'enlaçait aux rameaux saillants des arbustes et flottait avec eux dans la gueule d'un précipice, vint déposer son rapport du bout de ses lèvres à l'oreille de Stephenson. L'enfant avait vu et compté les ennemis : ils étaient plus de mille, tous réunis sur un plateau entouré d'abîmes, et ils psalmodiaient l'hymne à leurs divinités, sans doute pour demander leur assistance avant une grande expédition.

Stephenson ne pouvait prendre conseil que de lui-même ; il résolut donc d'envoyer trois messagers à Nerbudda pour instruire le colonel Douglas, en lui demandant des ordres et des secours. En attendant, il crut devoir garder sa position, qui était bonne et pouvait se combiner avec un plan d'attaque, dans les éventualités d'un très-prochain avenir.

En lisant cette histoire, on sera peut-être étonné du petit nombre de soldats que cette guerre mettait en jeu des deux côtés. Aussi nous devons faire observer, en forme d'épisode, que la guerre du Nizam ne ressemble point aux opérations militaires de notre Europe, et que l'artillerie, la fusillade, les charges de cavaliers, les évolutions savantes, étaient exclus comme inutiles avec d'invisibles adversaires qui avaient mis l'assassinat non pas à l'ordre du jour, mais à l'ordre de la nuit. Nous ajouterons encore que nous mentionnons seulement ici les rencontres sanglantes liées à notre drame domestique. Bien d'autres luttes ténébreuses étaient soutenues aux mêmes heures, dans d'autres lieux, avec d'autres noms. Les étrangleurs étaient partout et nulle part ; et les forces partielles dirigées contre eux, presque toujours insuffisantes, ne pouvaient amener que bien tard un heureux résultat général et décisif.

Lorsque les fakirs, les prêtres, les sacrificateurs, sortirent du temple de Doumar-Leyna, en entendant la voix de la statue du bas-relief, ils se réunirent tous sur un plateau inabordable où le vieux Sing, leur chef, avait choisi sa retraite dans un large tronc d'arbre mort. Tous gardaient un silence religieux, commandé par le prodige dont ils venaient d'être les heureux témoins. Un nouvel incident mit le comble à leur fanatisme et justifia l'audacieuse intervention de Nizam. Le fakir Souniacy, tant regretté par les Taugs, et qui avait été déjà mis au rang des martyrs et des saints, reparut tout à coup au milieu d'eux. Les prêtres croyaient et publiaient que le fakir était mort sacrifié par les barbares sur l'autel du dieu des chrétiens, et qu'en expiation de ce sacrilége il fallait immoler à Deera quelques prisonniers ennemis. En retrouvant Souniacy, ces prêtres ne manquèrent pas d'attribuer le miracle de cette espèce de résurrection au récent holocauste de Doumar-Leyna; et le fakir se garda bien de les détromper, de peur d'être obligé de donner des éloges à la générosité de ses ennemis, qui venaient de le rendre libre au moment fatal de l'exécution.

L'hymne que psalmodiaient les prêtres et les Taugs était une action de grâces rendue à Deera, qui, satisfaite de l'holocauste, leur avait rendu le saint fakir Souniacy.

Les trois messagers du lieutenant Stephenson étaient partis pour Nerbudda, non pas ensemble, mais l'un après l'autre, et par des chemins différents, comme on fait en écrivant une lettre par triplicata des Indes en Europe, à cause des dangers ou des erreurs de la nuit; on supposait qu'un des trois émissaires arriverait sain et sauf à sa destination.

Ainsi le lieutenant Stephenson avait renoncé à l'espoir de sauver les neuf prisonniers et le jeune Élona. Il se consolait en quelque sorte, pourtant, de n'avoir rien pu faire pour ces malheureux, en songeant que le but de sa mission ne serait pas complétement manqué, puisqu'il occupait une position avantageuse, dont le colonel Douglas profiterait sans doute le lendemain.

Au coucher des dernières étoiles, le lieutenant Stephenson caserna ses soldats dans les anfractuosités de la montagne, pour les dérober, par luxe de précaution, aux yeux infaillibles des Taugs. Le soleil, à son lever, découvrit, vers un horizon inconnu, une terre aride et désolée, comme le domaine de la mort. C'était une succession infinie de roches aiguës, ressemblant à une mer battue par l'ouragan, et dont les vagues auraient été subitement glacées par un froid polaire, en conservant leurs formes, dans une subite immobilité. De loin en loin, on distinguait les ruines superbes de quelque vieux temple sans nom et sans dieu, élevé aux âges inconnus, par des architectes qui bâtissaient des rocs sur des rocs, et *changeaient la forme des montagnes*, pour nous servir encore, en finissant, d'un vers du divin poète qui a tout écrit et tout chanté.

XVII

Le lendemain.

Après une nuit de larmes, de silence morne et de désespoir, Octavie et Amalia virent se lever une journée pleine d'incertitudes désolantes et de deuil. Elles étaient descendues dans le jardin de la maison, qui depuis la veille leur servait d'hôtellerie, et, assises sur le même banc de gazon, elles prêtaient l'oreille à tous les bruits que fait, en se réveillant, un village de soldats, de colons et de fermiers. A tout moment, elles s'attendaient à voir entrer sir Edward avec une nouvelle consolante ou fatale. Octavie, en s'interrogeant, ne trouvait en elle que trouble, ténèbres et contradiction; quelquefois même elle entrevoyait une pensée horrible dont elle s'indignait comme d'un crime, et qui la révoltait contre elle-même. Au fond de la douleur que ressentait Octavie en songeant à la mort violente de ce jeune comte Élona, proscrit et malheureux en tout pays, elle découvrait une honteuse et coupable consolation qu'elle s'obstinait à chasser bien loin et qui revenait toujours. Cette pensée se résumait en ces mots :

« L'amour d'Élona et d'Amalia, qui a causé tant de tourments à ma fierté de femme, et peut-être aussi à une naissante affection, cet amour qui tenait comme suspendu sur ma tête un mariage désolant pour moi, cet amour est brisé par la mort ! »

Un instant, un seul instant, Octavie avait cru se délivrer de son passé : elle avait été séduite d'admiration et de reconnaissance devant la grâce et le courage de sir Edward; elle avait entrevu dans l'avenir une existence renouvelée et des jours pleins de tendresse et de charmes, des jours à jamais liés au souvenir d'une sublime et chaste nuit; mais ce beau rêve s'était évanoui comme le mirage du désert; ce splendide palais de cristal, bâti dans un instant, devait être renversé dans un instant. Une catastrophe mystérieuse avait rendu au comte Élona cet intérêt ardent et généreux que la noble femme se hâta de prodiguer au jeune proscrit à ses premiers pas sur la terre d'Orient; et maintenant, après la mort d'Élona, elle entrait dans une phase inconnue; séparée pour toujours de sir Edward, dont l'amour opérait une diversion puissante et favorable, elle se débattait honteusement contre la pensée criminelle de trouver une sorte de consolation dans un dénoûment fatal.

La lueur d'espérance qu'Edward avait laissée à Octavie, la veille, en partant, s'effaçait d'heure en heure, à mesure que la matinée courait vers midi. L'impatience doublait le temps écoulé. Sir Edward était déjà criminel décidément, puisqu'il n'apportait pas la justification promise. « Oh ! disait Octavie, ma bonté aveugle me fait dupe une seconde fois de cet homme. Il a tous les masques à la disposition de son visage, toutes les gammes à la disposition de sa voix. Il a craint un scandale hier soir, et il a profité d'un éclair d'attendrissement sur mon visage pour m'échapper.... Je ne le reverrai plus ; mais la justice humaine le reverra ! »

Avant toutes choses, cependant, Octavie avait à cœur de purifier son âme de la coupable pensée toujours renaissante comme un remords, et après avoir échangé avec Amalia une foule de ces monosyllabes brefs et aigus comme des soupirs, et qui sont l'entretien des douleurs extrêmes, elle dit à Amalia, avec l'accent et l'intention de l'humble pénitente qui s'agenouille pour demander au prêtre son pardon et se mettre en repos avec sa conscience :

« Ma chère Amalia, j'ai été bien injuste envers toi.... oui, tu ne sais pas combien j'ai été injuste ! Ne mets pas ta main sur ma bouche, mon ange.... laisse-moi parler.... Amalia, tu le vois.... les heures s'écoulent.... l'autre ne vient pas.... il ne viendra pas !.... On nous trompe si facilement, nous !... Écoute, Amalia, il faut de pareils moments pour découvrir ce qu'il y a de bon et de pur au fond de nos âmes. Comme tout sentiment d'injustice et de vanité s'efface devant une mort ! Tu ne me comprends pas bien, mon amie, n'est-ce pas ?... Que veux-tu ?... ma tête brûle.... les mots s'arrêtent sur mes lèvres.... Amalia, tu l'aimais donc bien, ce noble et jeune exilé ?... Oui, tu l'aimais bien.... tu te serais poignardée avant d'être l'épouse d'un autre ... Je devine ton geste et tes pleurs.... S'il vivait encore, Amalia !... si tu le revoyais encore ici, avec cette fierté charmante et sombre qui le distinguait entre tous les jeunes gens....

— Il est mort! il est mort! Octavie.... Nous sommes au milieu du jour.... rien!... J'ai reconnu son noble sang sur les habits de sir Edward.... Il est mort!

— Laisse-moi finir ce que je voulais te dire, chère Amalia....

— Voilà M. Tower qui revient de l'auberge où nous l'avons envoyé.... Impossible de rien deviner sur la figure de cet homme.

— Mesdames, dit M. Tower en saluant à dix pas, je viens de l'hôtellerie pour la troisième fois. M. le comte Élona n'est pas rentré.

— C'est bien, dit la comtesse avec un geste qui tenait M. Tower à l'écart; c'est bien; nous voulons être seules encore quelques instants.

— Il n'est pas rentré, dit Amalia.... Est-ce clair maintenant?... lui qui m'envoyait tous les soirs et tous les matins les plus belles fleurs du Bengale!...

— Dieu est grand, ma chère Amalia, dit Octavie en jetant ses bras autour du cou de la jeune fille. Écoute, mon ange, j'ai besoin de te dire ceci avec le cœur : les lèvres mentent quelquefois, le cœur est sincère.... Si Dieu nous rendait le comte Élona, je le regarderais comme mon frère d'adoption, et j'irais dire au colonel Douglas : « Oubliez tout ce que je vous ai écrit; Amalia
« ne sera jamais votre femme; elle est fiancée à un
« autre. Colonel, vous êtes rendu à votre liberté, Ama-
« lia est rendue à la sienne. Toutes les exigences de
« l'honneur et du monde seront satisfaites. J'écrirai
« moi-même au ministre et à quelques amis de Smyrne,
« qu'Amalia et le comte Élona sont mariés, ce qui ar-
« range tout et met un terme à tout.... »

— Octavie, dit Amalia d'une voix lente et triste, tout cela n'est plus qu'un beau rêve.... Ce n'est pas même une consolation. A quoi bon supposer l'impossible? Il me semble que la réalité suffit pour m'accabler.

— Amalia, dit Octavie, je me trouve un peu soulagée après t'avoir dit cela; aussi je regrette moins de te l'avoir dit.

— Et point de nouvelles! point de nouvelles!... personne! Octavie.... C'est désespérant!... Oh! il m'est affreux et intolérable de vivre dans cette incertitude!... Si je reste un jour de plus dans ce village, je meurs! »

Amalia fit signe à M. Tower d'approcher.

« Monsieur Tower, dit-elle, avez-vous jeté un coup d'œil, à l'auberge, sur le tableau des navires en partance?

— Oui, mademoiselle, selon vos ordres.

— A qui des deux tenez-vous à plaire, monsieur Tower, au ministre ou à moi?

— Cette demande, mademoiselle, dit M. Tower avec de grandes inflexions de torse, cette demande m'honore beaucoup....

— Je ne vous demande pas si elle vous honore. Répondez-moi par un seul mot.

— Le ministre est fort loin d'ici, et probablement il nous a oubliés. J'ai plein pouvoir de....

— On vous demande un seul mot, monsieur Tower, dit Amalia en étendant et agitant les mains vers lui.

— Je veux plaire à vous, mademoiselle Amalia.

— Très-bien, quoique trop long. Y a-t-il un navire sous charge pour France, à la minute?

— Dans les ports du Malabar, on attend les moussons.

— Au diable les moussons!

— Au Coromandel, on annonce le départ du trois-mâts *le Dragonnier* pour Bordeaux.

— Oui, mais il faut traverser la moitié de la presqu'île en palanquin pour aller à....

— A Tranquebar, mademoiselle.

— Eh bien! s'il le faut, nous irons nous embarquer à Tranquebar. Il paraît qu'à Tranquebar on n'attend pas les moussons. Octavie, tu ne me quittes point, j'espère, n'est-ce pas ?

— Mon Dieu! que ferais-je ici, mon ange? Ensemble nous sommes venues, ensemble nous repartirons.... Mais il me semble, Amalia, que ce départ est encore subordonné....

— Sans doute, Octavie, il faut que je boive la coupe jusqu'à l'amertume. Que me coûte-t-il à présent de faire mon devoir? Je le ferai. Nous verrons les dispositions du colonel Douglas.... Si le colonel méprise mon deuil, ou m'accorde le sursis que l'on accorde aux condamnés, je me résigne, je me sacrifie, je reste. Je ne veux pas que le monde exploite contre moi la mort d'Élona, et invente encore quelque monstrueuse histoire, pour achever mon déshonneur. Si le colonel est généreux, comme je l'espère, ou insouciant, comme il en a l'air, tout est fini pour moi au Bengale; demain nous montons en palanquin, et nous partons pour la France ou tout autre pays : il me serait impossible de vivre un jour de plus dans cette maison.... Octavie! Octavie! ajouta la jeune demoiselle en secouant mélancoliquement la tête, tu le vois.... personne ne vient.... on dirait que tout est mort autour de nous ! »

Elle se leva, comme violemment excitée par une idée soudaine qu'elle allait mettre à exécution.

« Monsieur Tower, dit-elle, nous ne sommes qu'au milieu du jour, et vous pouvez être de retour encore ce soir bien avant le coucher du soleil.... Vous avez plein pouvoir ici.... vous n'avez qu'à demander des guides ou des escortes pour être obéi. Il faut partir sur-le-champ et voir le colonel Douglas à Nerbudda.

— Vous l'exigez, mademoiselle ? dit Tower d'un air humble.

— Belle question ! dit Amalia en haussant les épaules; certainement je l'exige.

— J'irai voir le colonel Douglas, après?

— Vous lui parlerez en particulier, et vous lui demanderez une explication nette et catégorique sur cette affaire qu'on appelle un mariage. Vous connaissez mes intentions, monsieur Tower; eh bien! il est juste que mon tuteur connaisse les intentions du colonel Douglas.

— C'est on ne peut plus juste, mademoiselle....

— Ne cachez rien au colonel, monsieur Tower. Je vous donne carte blanche pour les indiscrétions. Laissez dire à votre bouche tout ce qu'elle voudra; peu m'importe!.... Il doit connaître la mort du comte Élona; il tirera de votre démarche les conséquences... L'essentiel est de connaître les dispositions du colonel. Vous agissez pour votre propre compte, entendez-vous, monsieur Tower? vous faites une visite de tuteur.

— Mademoiselle, dit Tower, vous allez être obéie à l'instant.... Ne vous affligez pas ainsi comme vous faites.... les consolations ne vous manqueront pas.... et j'espère que mes soins, mon zèle, ma....

— Monsieur Tower, songez que je suis sur des charbons ardents, et que j'attends votre retour. »

M. Tower s'inclina respectueusement, et sortit du jardin pour exécuter les ordres de sa pupille, qui était sa tutrice depuis l'arrivée à Roudjah.

Nous laisserons nos deux héroïnes dans leur isolement et leurs angoisses muettes, pour suivre M. Tower sur la route de Nerbudda.

M. Tower, qui rapportait tout à lui-même, selon l'usage de son amour-propre, s'acquittait avec plaisir de cette mission. Ce désespoir témoigné par deux femmes, à la nouvelle vraie ou fausse de la mort d'Élona, était tout simplement causé par un vif intérêt amical. Le lendemain, ce désespoir aurait fait son cours, se disait M. Tower. Quant au colonel Douglas, M. Tower ne doutait pas de sa répugnance invincible pour ce mariage.

Il se proposait donc d'obliger mollement Douglas à le terminer, afin de lui laisser une porte ouverte pour s'échapper du pied de l'autel. Ensuite se déroulait un long voyage sur mer, un tête-à-tête de trois mille lieues, où les choses devaient nécessairement prendre une tournure favorable à M. Tower, dont l'ascendant était irrésistible sur une jeune femme accablée des ennuis d'une longue navigation. Le dénoûment de ces aventures était facile à prévoir. On débarquerait dans un port de France, hors des atteintes et des rancunes du *Foreign-Office*, et il y aurait un mariage d'amour, coté à douze mille livres de dot, au bénéfice de M. Tower.

Les tuteurs de la chancellerie expédiés aux Indes ont inventé cette nouvelle branche de commerce, et ils l'exploitent ordinairement avec plus ou moins de succès. On nolise une pupille comme un *trois-mâts*. Le ministre de White-Hall a bien autre chose dans la tête que les pupilles et les tuteurs.

M. Tower avait pris trois cavaliers cipayes, trois de ceux qui lui faisaient escorte à son arrivée à Roudjah, et il s'avançait rapidement vers l'habitation pour terminer son affaire avec promptitude et regagner bientôt le village avant les dangers de la nuit, car la campagne qui s'étendait à sa droite et à sa gauche était effrayante à voir, même en plein soleil.

Le nabab Sourah-Berdar entendit un galop de chevaux dans son avenue, et il quitta sa natte pour aller au-devant de ceux qu'il attendait avec une vive impatience.

En voyant des inconnus descendre sur sa terrasse, il témoigna par un geste de mauvaise humeur que cette visite ne lui était pas agréable.

Tower, qui ne regardait jamais que lui, ne remarqua pas cette pantomime ; il s'avança vers le nabab avec la démarche pompeuse d'un ambassadeur, et fit, d'un ton imposant, cette demande : « Je voudrais avoir l'honneur de parler au colonel Douglas.

— Le colonel est absent ; il est en chasse depuis ce matin, répondit le nabab, à moitié endormi sur l'ambre de son houka.

— Absent! dit Tower, en caressant de sa main sa bouche et son menton. Ceci ne fait pas mon affaire. Reviendra-t-il bientôt de la chasse ?

— Je ne saurais vous le dire, monsieur.

— Sahib nabab, dit Tower avec une dignité parodiée, je suis M. Tower, agent de la Grande-Bretagne ; j'ai un caractère officiel pour parler à M. le colonel Douglas.

— Je le crois, monsieur Tower, mais le colonel est absent. Si vous voulez l'attendre, entrez dans l'habitation et demandez tout ce qui vous sera nécessaire. »

La mauvaise humeur du nabab ne pouvait lui faire oublier les devoirs de l'hospitalité.

« Il m'est impossible d'attendre, sahib nabab ; je n'avais que cinq minutes d'entretien à demander au colonel Douglas. Il faut que je rentre à Roudjah de très-bonne heure. La nuit n'est pas amusante dans ce désert.

— Vous la passerez ici, monsieur Tower...

— Oh! impossible ! ma présence est indispensable à Roudjah, ce soir.... J'ai des vaisseaux à fréter.... j'ai des dames à voir.... le soleil commence à descendre, et lorsqu'il descend, il est vite là-bas. Je reviendrai demain.... ce n'est pas ma faute si le colonel est absent.... Nous allons remonter à cheval.... Demain j'aurai toute une bonne journée à moi. Je n'aurai pas de crainte pour la nuit. Le ministre m'a recommandé d'être très-prudent au Bengale après le coucher du soleil. Je suis votre bien dévoué, sahib nabab.

— Vous ne voulez donc pas vous reposer un instant ?

— Sahib nabab, si le colonel devait arriver bientôt, j'attendrais; mais dans le doute, j'aime mieux renvoyer l'entretien à demain. »

A ces derniers mots, M. Tower était remonté à cheval.

« Monsieur Tower, dit le nabab, puisque vous êtes un compatriote, vous devez avoir reçu une invitation du colonel ?

— Je n'ai point reçu d'invitation, dit Tower avec des yeux ébahis.

— Alors vous la recevrez demain, monsieur Tower, et vos dames la recevront aussi.

— Le colonel Douglas donne une fête, sahib nabab ?

— Mieux que cela, il se marie dans quelques jours. Vous voyez les domestiques occupés aux préparatifs du bal.

— Ah ! il se marie ! c'est décidé ! dit Tower au comble de la stupéfaction.

— C'est décidé depuis longtemps, monsieur Tower; ce sont des affaires particulières qui ont fait retarder un peu ce mariage....

— Très-bien ! dit Tower du ton sec d'un homme qui veut couper court à l'entretien, parce qu'il sait tout ce qu'il a voulu savoir, et qu'il est pressé de partir; très-bien, sahib nabab ! Dites au colonel que M. Tower est venu le voir : il comprendra le but de ma visite, et il sera content. Vous ajouterez que nous sommes prêts pour ce mariage, et que nous attendons sa visite de futur époux à notre auberge de Roudjah. C'est un malheur ! ajouta-t-il en lui-même : affaire manquée ! il faut alors s'exécuter de bonne grâce comme je fais. Soyons diplomate en toute chose et partout. Il me reste la comtesse Octavie. Elle est jeune, belle et riche comme un Crésus. »

La petite cavalcade reprit aussitôt le chemin d Roudjah.

Chemin faisant, Tower organisa des plans infaillibles. Il résolut de se fixer, après le mariage, dans le voisinage des deux époux, et de concentrer toutes ses ressources de fascination sur les deux femmes. C'était un avenir délicieux qui adoucissait la contrariété présente, et qui déjà excitait en lui une pitié hautaine pour ce malheureux Douglas, assez imprudent pour épouser une jeune femme par violence, et préparer ainsi un triomphe trop facile à un redoutable rival.

En montant l'escalier de l'appartement où les deux femmes l'attendaient, Tower composa sa figure, essaya des tons de voix et arrondit quelques débuts de phrases adroites pour engager l'entretien. La porte s'ouvrit comme d'elle-même; car le retour de Tower était épié à la persienne, et Amalia l'interrogea même sur le seuil.

« Mademoiselle, dit Tower en joignant ses mains sous le menton, nous vous appellerons dans quelques jours madame Douglas Stafford. On prépare votre bal de noces à Nerbudda. J'ai vu les domestiques occupés de ce travail. Nous sommes invités, madame la comtesse Octavie et moi.

— C'est bien ! dit Amalia dans un long soupir; c'est ce que j'attendais d'ailleurs.... Monsieur Tower, je vous remercie....

— J'ai exécuté vos ordres, mademoiselle....

— Mon Dieu ! je le sais bien ; ce n'est pas votre faute si je me marie....

— Oh ! vous pouvez bien le croire, mademoiselle, dit Tower en levant la main droite et lançant un regard d'une expression stupide, mais il faut se résigner au destin. J'ai exécuté vos ordres. J'ai dit : « Nous sommes « prêts pour ce mariage. » Vous recevrez la visite du colonel demain.

— Demain, je pars, moi, dit Octavie en se levant pour se promener à grands pas; je ne veux pas revoir le colonel Douglas. Mais, dans tout ceci, que devient cet infâme sir Edward?... Il n'y a donc pas de justice humaine dans ce pays!... Pardon, monsieur Tower, ayez la bonté de nous laisser seules.... cela ne doit pas vous amuser beaucoup.... Comment! le comte Élona disparaît. Nous accusons sir Edward. Il ne peut se justifier; il ne peut expliquer le sang qui le souille, le désordre qui bouleverse sa figure et ses vêtements.... Caïn ne peut pas nous dire où est Abel, et pour un tel homme, pour un tel crime, il y aura une révoltante impunité!

— Octavie, Octavie! dit Amalia en se suspendant au bras de la jeune femme, tu ne m'abandonneras pas; non : j'ai besoin de toi, Octavie; il me faut au moins une amie, comme toi, pour me plaindre, pour me consoler, pour me soutenir....

— Y songes-tu bien, Amalia? je rentrerais à Nerbudda, moi! Oh! impossible! J'en suis sortie pour toujours. Je sais tout ce que m'a coûté d'amertume le moment de repos que j'ai pris dans cette habitation.

— Tu veux donc m'ôter tout espoir, Octavie? Tu veux que je meure victime de mon devoir et de ta fausse amitié! »

Amalia s'assit lourdement et pleura.

« Le jour va finir, dit Octavie d'une voix sombre, et le misérable ne s'est pas montré!... Oh! que je fus bien inspirée, lorsqu'un soir je lui dis, à Smyrne : *Vous aurez ma haine, ma haine implacable jusqu'à ma mort!* L'amour d'une femme peut s'éteindre; sa haine, jamais. »

En ce moment, l'escalier de la maison trembla sous l'élan d'une ascension furieuse, et trois coups légers furent frappés à la porte de la salle, comme si le respect eût soudainement retenu, dans sa brûlante excitation, celui qui demandait à être introduit.

Les deux jeunes femmes échangèrent un regard, et, malgré leur désespoir, elles jetèrent aussi un rapide coup d'œil sur le désordre de leur toilette, avec un mouvement naturel d'habitude qui pouvait très-bien s'accommoder avec leur extrême douleur.

« Entrez, » dit Octavie d'une voix épuisée qui semblait exhaler son dernier mot.

La porte s'ouvrit, et le comte Élona parut dans la salle.

Deux cris éclatèrent dans la poitrine des deux femmes et moururent sur leurs lèvres. Tout ce qui rayonne de vie ou se voile de mort sur des figures pleines de charme et de grâce illumina et assombrit à la fois le visage d'Amalia et de sa noble amie ; leurs yeux exprimèrent mille pensées en un instant.

Le comte Élona était arrivé le matin de ce jour, et bien avant le lever du soleil, au cottage, où Nizam avait établi son mystérieux atelier. Les portes de Roudjah étant, à cette heure, encore fermées, Élona, épuisé d'émotions et de fatigues, avait dépassé la limite ordinaire de son sommeil de soldat. Le soleil touchait le zénith lorsqu'il se réveilla sur sa natte de campagne. Nizam, l'infatigable serviteur, ne s'était arrêté qu'une heure pour donner ses derniers ordres à ses travailleurs et ses instructions à Élona ; mystère qui s'éclaicira bientôt.

En arrivant à l'auberge des *Douces-Heures*, Élona fut fort surpris de ne trouver ni M. Tower, ni Amalia, ni les gens de service. Personne ne put lui indiquer ce qu'ils étaient devenus. Il répara le désordre de sa toilette avec un soin minutieux, de peur d'éveiller le moindre soupçon, et il attendit.

M. Tower, en sortant de l'appartement de nos deux héroïnes, comme on vient de le voir, se promenait au hasard dans le village, et s'étant rencontré avec Élona, il y eut une explication courte et vive qui devait amener l'incident dont nous allons parler.

« Mesdames, dit le jeune comte avec un sourire triste, je viens vous remercier de l'intérêt que vous avez bien voulu témoigner à un pauvre proscrit. Je bénis le motif de mon absence, puisqu'il m'a donné l'occasion de connaître mes véritables ennemis.

— Comte Élona, dit Octavie en faisant un suprême effort pour trouver des idées et des mots, cet intérêt est fort naturel.... Nous sommes ici tous si éloignés de notre pays.... que nous nous regardons comme des compatriotes, comme des frères, comme des sœurs.... Une absence inexplicable, mystérieuse, accompagnée de circonstances au moins singulières, peut justement alarmer une famille, car nous formons une famille dans ce désert.

— C'est bien lui! dit Amalia, qui semblait revivre après un coup de foudre; mais comme il est pâle!... n'est-ce pas, Octavie?

— Le comte Élona, dit Octavie en essayant un sourire avorté sur ses lèvres, doit nous trouver aussi bien changées....

— Mais, non, madame, dit Élona en s'asseyant avec le calme d'un homme qui n'a aucune préoccupation, et se dispose à passer la soirée en famille.

— Nous avons eu pourtant une bien cruelle nuit! dit Amalia. Ah! vous êtes bien coupable, monsieur le comte! ajouta-t-elle avec une douceur qui corrigeait l'accusation.

— Coupable! dit Élona en riant sérieusement; mais il y a des moments où l'on ne sait pas refuser.... Vous connaissez le caractère entraînant de sir Edward.... Il m'a pris à l'improviste.... il m'a forcé de l'accompagner à la chasse....

— Comte Élona, dit Octavie, dont la tête en ce moment entretenait une foule de pensées contradictoires, nous avons supposé que sir Edward vous avait enlevé.... Vous ne vous méfiez pas de sir Edward, vous, candide jeune homme?

— Moi, madame, me méfier de sir Edward!... Les yeux fermés, je le suivrais au bout du monde.

— Au premier pas, monsieur le comte, vous ouvririez les yeux.

— Comtesse Octavie, dit Élona d'un ton de chaude amitié, je ne connais pas un cœur plus noble que le cœur de sir Edward. »

Dans les vives organisations, le moindre incident peut soudainement bouleverser toutes les idées. Octavie qui, depuis l'entrée du comte, s'efforçait en vain d'imposer silence à tant de sensations diverses pour reprendre son sang-froid habituel, se trouva tout à coup à son aise en écoutant les derniers mots d'Élona. Une maligne expression ranima ses beaux yeux.

« Certes, dit-elle, je ne m'attendais pas à voir le comte Élona défendre sir Edward avec cette chaleur. Je conçois cela.... ces deux messieurs ont chassé ensemble.... la nuit dernière.... Une chasse de nuit, ce doit être fort curieux.

— Madame, dit Élona, trop novice dans l'art de dissimuler un embarras, madame.... on part la veille au soir pour chasser le lendemain au jour.

— Moi, je trouve cette explication fort naturelle, dit Amalia, qui s'effrayait du changement subit opéré dans le maintien et le ton de la comtesse Octavie.

— Fort naturelle, dit Octavie en aiguisant chaque syllabe comme un stylet, fort naturelle.... Je ne dis pas autre chose.

— Mais il me semble... murmura Élona pour dire quelque chose, et sans intention d'aller plus loin.

— Oui, cela vous semble ainsi, comte Élona, dit

Octavie. Vous êtes parti hier au soir un peu clandestinement, je crois ; vous avez passé la nuit à Nerbudda, et ce matin vous avez chassé.

— Madame, je ne vois là rien de surprenant, dit Élona.

— Eh ! dites-moi, monsieur le comte, comment vous est venue subitement cette passion pour la chasse ? A Smyrne, où l'on ne craint pas de devenir gibier soi-même, vous avez toujours professé le plus grand dédain pour la chasse et pour les chasseurs ; ici, au Bengale, où les tigres chassent aux hommes, vous partez un beau soir, pour trancher du Robin des bois : un seul mot de sir Edward fait éclater en vous cette passion après le coucher du soleil.... Vous riez, comte Élona !... moi je ris aussi.... voyez ! Après une mauvaise nuit, il faut bien nous égayer par quelques plaisanteries.... Ici, toutes les fois que nos messieurs sont obligés de discuter un alibi, ils disent : « Nous étions en chasse. » Cela répond à tout.... Hier, sir Edward m'a payée de cette raison, et je n'ai pas accepté cette raison, croyez-le bien....

— Octavie, dit Amalia au comble de l'étonnement, Octavie, je ne te comprends pas.... Vraiment, on dirait que tu es fâchée de revoir M. le comte Élona vivant, après avoir partagé ma douleur cette nuit....

— Amalia, je me comprends, moi.... je me comprends.... et le comte Élona, en lui-même, me rend plus de justice que toi....

— Madame la comtesse, dit Élona, je vous jure que je ne devine pas le sens de vos dernières paroles.... »

Sa phrase fut coupée par un regard d'Octavie. Le jeune comte baissa la tête, et, dans une réflexion instantanée, il admit qu'Octavie était instruite des horribles scènes de la nuit dernière, et il résolut de borner là cet entretien, de peur de provoquer une dangereuse indiscrétion.

Il y eut un long silence. Octavie se promenait à grands pas, en secouant la tête, appuyant par intervalles fortement ses pieds sur le plancher. Amalia regardait son amie avec des yeux qui, à force de tout exprimer, n'exprimaient qu'une vague et douloureuse inquiétude.

Élona, qui avait des soucis sérieux, et qui, ayant promis de se rendre à un rendez-vous inévitable, voyait avec effroi la nuit s'avancer, fit quelques pas vers la porte, puis se retourna vers les fenêtres, comme s'il eût voulu préparer les deux femmes à son départ obligé.

Octavie devina cette intention.

« Monsieur le comte, dit-elle avec une politesse glaciale, cela n'empêche pas que nous ne soyons très-reconnaissantes de votre visite. Dans ce pays, où la nuit est un danger continuel et invisible pour les voyageurs imprudents, nous avons été alarmées de votre absence. Vous nous avez rassurées, voilà l'essentiel. Maintenant, si vos affaires ou vos plaisirs vous appellent ailleurs, nous ne voulons pas vous retenir. Agissez, monsieur le comte, en toute liberté. »

Élona murmura quelques syllabes qui voulaient commencer des mots et ne les achevaient pas; et le noble jeune homme, ne voyant autour d'une phrase complète que l'écueil du mensonge, salua profondément Amalia ébahie et muette, puis la comtesse, et sortit en frappant son front avec sa main.

« Maintenant, dit Octavie avec un accent de fureur contenue, maintenant je livre mes cheveux à qui voudra les gagner, si je me trompe dans ma prévision.... Amalia, ce jeune homme sortira du village au tomber de la nuit.

— Octavie, dit Amalia, vraiment, depuis quelques instants, tu es une énigme vivante pour moi : je voulais parler en faveur....

— Amalia, mon ange, tu es une enfant!... tu n'as rien dit, tu as bien fait.... Amalia, tu sors du couvent, et je suis une femme, moi, entends-tu? Cela ne t'a point frappée, toi, de voir Élona défendre avec chaleur sir Edward?

— Quoi d'extraordinaire, Octavie? Élona est l'ami de sir Edward.

— Il est son complice! C'est clair comme le jour indien; ce serait évident pour tout le monde, excepté pour toi, pauvre petite!... Veux-tu que je m'explique?

— C'est ce que j'attends, Octavie.

— Amalia, je vais te briser le cœur, je vais brûler la racine de tes cheveux et glacer ton sang.... Tu ne recules pas? Eh bien! je te dis que sir Edward a toutes les nuits des rendez-vous infâmes avec les bohémiennes de ce pays, et qu'il a entraîné ton Élona dans cette horrible société.

— Ce n'est pas possible! ce n'est pas possible! s'écria Amalia le visage en feu, le comte Élona est un noble gentilhomme qui n'est pas venu au Bengale pour se déshonorer!

— Amalia, mon enfant, sir Edward aussi est un noble gentilhomme. Ces messieurs ne croient pas du tout se déshonorer avec des infamies qui ne sont, à leurs yeux, que des gentillesses, que des passe-temps de voyageurs ennuyés. Les hommes sont ainsi faits, ils traitent l'amour avec une légèreté charmante. Pour eux, les femmes ne sont que des colifichets de luxe et d'amour-propre. Ce n'est pas nous qui avons inventé les sérails, je crois.

— Calme-toi, Octavie, calme-toi, tu perds la raison....

— Je la retrouve, Amalia!... Tout ce que je te dis, mon ange, c'est pour t'éclairer.... Que m'importe à moi ce que fait le comte Élona ou ce que fait sir Edward? je ne suis jalouse ni de l'un ni de l'autre.

— Peut-être !

— Peut-être, dis-tu?... Vraiment, Amalia, tu choisis bien ton temps pour faire de la malice. Écoute.... où penses-tu que le comte Élona passera la nuit?

— A l'auberge de Roudjah; oh ! j'en suis bien sûre, moi !

— Novice ! veux-tu donc que j'arrache violemment la bandeau qui couvre tes yeux?

— Oui.

— Très-bien, Amalia ! tu seras contente.... Et que penses-tu de sir Edward, qui devait venir aujourd'hui sous peine d'être déshonoré à mes yeux?

— Cela ne me regarde point, je n'ai rien à démêler avec sir Edward.

— Amalia, mon ange, mon enfant, ma sœur ! dit la comtesse avec un accent de sensibilité émouvante, ce que nous faisons à présent est horrible. Ce matin nous avons pleuré ensemble; nous avons fait de nos douleurs un seul désespoir, et maintenant une aigreur honteuse se mêle à nos paroles. Embrasse-moi, Amalia; nous sommes malheureuses toutes deux !... Il y a là, dans mon front, une idée qui me tue !... C'est à rendre une femme folle.... Lorsqu'on a le malheur d'être femme, on est exposé à voir les préférences d'un homme tomber à côté de vous sur une autre femme, une femme habillée en femme et qui parle avec une voix douce et une langue chrétienne.... Ici, on vous donne pour rivale quelque monstre, avec des verroteries de sauvage au col, des griffes jaunes au bout des mains et des rugissements dans la voix !... Amalia, voici la nuit, M. Tower est là tout près, sans doute.

Nous allons l'appeler, il ira demander à l'auberge des nouvelles du comte Élona.

— Oh! je suis bien tranquille, Octavie. Fais cette expérience pour ton compte, je n'en ai pas besoin, moi. »

Octavie se tut, et, quelques instants après, M. Tower était parti pour remplir cette commission avec toute la promptitude possible.

Quand M. Tower rentra dans la maison du capitaine Moss, les étoiles luisaient, il était fort tard.

M. Tower resta sur le seuil de la porte, dans l'attitude d'un homme qui s'apprête à sortir après avoir fait tout ce qui est attendu de lui.

« Madame la comtesse, dit-il, le comte Élona Brodzinski a quitté l'auberge au coucher du soleil. Le *landlord* lui a demandé s'il passerait la nuit à *Sweet-Hours-Inn*. « Je ne crois pas, » a-t-il répondu ; et il a ajouté : « Voici une lettre que je viens de recevoir de Nerbudda, « je la mets dans une enveloppe adressée à M. Tower. « Remettez ce pli à M. Tower dès qu'il rentrera. » La lettre incluse est à votre adresse, madame ; la voici.

— C'est bon! dit Octavie en donnant un léger signe de remercîment et de congé à M. Tower. je reconnais l'écriture.... Oui, c'est un billet de sir Edward.... Eh bien ? Amalia, que dis-tu du jeune comte? ajouta-t-elle avec un sourire accablant. Me suis-je trompée ? réponds.

— Voyons le billet de sir Edward, dit Amalia d'une voix tremblante : le billet expliquera peut-être....

— Le billet n'expliquera rien, Amalia ; tu vas voir :

Sir Edward à la comtesse Octavie.

« Madame, dans ce monde, on est toujours à la veille de mourir, la preuve c'est qu'on meurt toujours un endemain.

« Il n'est pas impossible que je meure avant le lever du soleil.

« Mais puisque nous sommes tous mortels à la minute, je ne voudrais pas mourir déshonoré. Le comte Élona vous remettra cette lettre, et vous me rendrez votre estime en échange ; j'y compte, madame, comme sur la justice de Dieu.... Personne n'a tué le comte Élona.

« Heureux sont ceux que vous honorez de vos larmes quand ils meurent un jour, et qui ressuscitent le lendemain pour recevoir vos sourires.

« Je ne suis pas au nombre de ces heureux, du moins pour les sourires ; je compte sur les larmes à tout événement.

« Vous voyez, madame, que mon étoile nuptiale continue d'avoir raison.

« Votre bien dévoué jusqu'à demain,

« EDWARD. »

« *Jusqu'à demain !* murmura Octavie ; *jusqu'à demain !* voilà un étrange billet.... n'est-ce pas, Amalia ?

— Oh ! je n'ai rien entendu ! dit Amalia d'un ton d'inquiétude déchirante, absolument rien.... A chacun sa part de douleur.... Quelle horrible nuit commence encore pour nous !

— Amalia, veux-tu que je relise ce billet ?

— Octavie, l'amitié est souvent bien imprudente.... Si j'avais un bandeau sur les yeux, pourquoi me l'arracher ? Quel odieux luxe de complaisance !

— C'est toi, Amalia, qui as poussé ma main sur ton bandeau ! Ce billet me donne des frissons, je ne sais pourquoi....

— Mon Dieu, Octavie, comme tu changes de raisonnement ou de folie à chaque heure !... Te voilà maintenant réconciliée avec sir Edward par un billet vulgaire d'amoureux menteur.... Vante-moi ton expérience, à présent, Octavie! Sir Edward fait le semblant de t'aimer, et il te menace de se tuer, si tu ne l'aimes pas! Voilà le sens de son billet, je crois....

— Et tu ne l'as pas écouté, ce billet?

— Tous ces billets se ressemblent! A Smyrne, on m'en a montré cent dans le monde.... *Aimez-moi ou je me tue!* disent-ils tous; on ne les aime pas, et ils vivent cent ans.

— Oui, Amalia.... Mais sir Edward!...

— Sa bohémienne le consolera.

— Mon Dieu! s'écria la comtesse, supprimez la nuit, et donnez-nous notre lendemain! »

Les deux femmes s'abîmèrent dans leurs réflexions, et au milieu de la nuit elles s'endormirent de ce sommeil agité qui arrive quand l'âme et le corps sont épuisés par les émotions.

XVIII

Le vallon des Taugs.

Le comte Élona était sorti du village après le coucher du soleil, et, en arrivant au cottage de Nizam, il trouva deux cents cipayes, armés à la légère, qui attendaient les instructions dont il était chargé par le colonel Douglas.

C'était dans ce cottage que le jeune comte avait trouvé un abri, après les fatigues de la nuit dernière. Nizam ne s'y arrêta qu'une heure; ensuite il reprit la route de la montagne pour continuer son service volontaire. Ce luxe de dévouement faillit lui être fatal. Comme il rampait sur la cime de la crête qui domine à pic le temple de Doumar-Leyna, il fut arrêté par les soldats embusqués du lieutenant Stephenson, dont pas un seul n'était connu de lui. Il essaya de parler pour se tirer d'affaire, mais on lui ferma la bouche, et on le menaça de l'étrangler s'il prononçait un seul mot.

Les soldats incrustés dans les crevasses de la montagne se communiquèrent l'un à l'autre, par signes expressifs, la nouvelle de la capture d'un Taug, afin qu'elle fût transmise au lieutenant Stephenson. Celui-ci donna ordre de garder le prisonnier, de ne lui faire aucun mal. Nizam, qui avait le génie des gestes, essaya une nouvelle explication en pantomime. On le menaça de lui lier les bras, s'il continuait.

A l'approche du jour, le lieutenant Stephenson fit embusquer sa petite troupe dans un angle sombre et boisé de la montagne, et il donna ordre d'amener le prétendu prisonnier taug.

Nizam n'attendit pas d'être interrogé pour parler.

« Lieutenant Stephenson, dit-il avec un accent de vérité inouï, je suis Tauly, mon surnom est Nizam : je suis le plus dévoué serviteur du colonel Douglas, le chef de ce cantonnement. Laissez-moi libre. Si le jour qui va commencer est un jour perdu, il ne sera pas facile de le réparer ; et il sera perdu si je ne parle pas au colonel.... Vous vous méfiez encore de moi, lieutenant Stephenson? Eh bien! donnez-moi de quoi écrire au colonel Douglas, et j'attendrai sa réponse ici. Quand j'aurai fini ma lettre, vous la lirez avant de l'envoyer, et vous verrez, après l'avoir lue, que je suis votre ami et votre allié fidèle. »

Stephenson était un jeune et novice officier, qui avait le mérite, fort estimé en pareille guerre, de n'agir qu'avec une extrême circonspection. Il réfléchit quelque temps, et, sur de nouvelles instances empreintes de sincérité, il consentit à ce que demandait Nizam.

Il est inutile de rapporter ici la lettre fort développée que Nizam écrivit au colonel Douglas. Elle révélait beaucoup de choses que nous savons déjà, entre autres, les tragiques scènes du temple souterrain, et elle esquissait un plan d'attaque, dont l'intelligence du colonel devait tirer un parti victorieux en le complétant. Nous pourrions nous dispenser d'ajouter qu'au retour du messager, la liberté avait été rendue au brave serviteur de sir Edward.

Pendant cette journée, le colonel Douglas et sir Edward, instruits par la lettre de Nizam, visitèrent tous les postes de cipayes, éparpillés dans les massifs ténébreux des deux forêts voisines de l'habitation. C'est ce qui explique leur absence, lorsque M. Tower arriva chez le nabab, qu'il trouva seul devant Nerbudda. Quoique Nizam eût prévu dans sa lettre que les Taugs n'attaqueraient point la maison du nabab la nuit suivante, cependant, par luxe de précaution, le colonel laissa deux cents hommes d'élite, commandés par le capitaine Moss, pour garder de très-près l'habitation de miss Arinda. Sir Edward, d'après l'avis de Douglas, envoya un messager à Roudjah, pour donner au comte Élona des instructions relatives au cottage. Dans la soirée de ce jour, nos deux amis firent leur veillée habituelle avec le nabab et sa fille, et la gravité de la circonstance n'altéra nullement la gaieté de leur entretien, comme on peut en juger par les dernières paroles qui furent échangées au moment où les domestiques attendaient, les flambeaux à la main, miss Arinda et le nabab dans le vestibule pour les reconduire dans leurs appartements.

« Oui, messieurs, disait Arinda, j'ai arrêté ma toilette de bal, et j'espère que mon colonel me fera des compliments sur mon goût. Mes femmes m'ont essayé aujourd'hui une robe crêpe de Chine, couleur tendre, dont je suis folle. C'est un amour de robe. Vos dames de Londres la payeraient cinq cents livres chez Everington, le fournisseur de miss Sidonia. Je serai coiffée, comme la déesse Lachmi, avec deux bandeaux ondoyants sur chaque tempe, et des masses de cheveux, à petites tresses, tombant derrière la tête, mêlées à des fleurs de stanopéas, de l'ivoire le plus pur. Vous connaissez la fleur de stanopéa, sir Edward?

— Si je la connais, miss Arinda ! j'ai failli l'inventer, dit Edward, en agaçant deux aras sur leur perchoir; la stanopéa est le plus charmant caprice de la nature indienne. On dirait que la Flore du Bengale a voulu copier en miniature une tête d'éléphant, et la ciseler en ivoire. Les larges oreilles flottantes et les défenses surtout sont exquises d'imitation. Vous voyez, miss Arinda, que je connais la *stanopea oculata*, c'est son nom.

— Il la connaît, dit la jeune indienne avec surprise. Mais où prenez-vous votre temps, sir Edward, pour étudier tant de choses ?

— J'étudie pendant la nuit, miss Arinda, dit Edward avec une gravité pleine de modestie. Maintenant, par exemple, je vais vous quitter. Je monte à ma chambre, j'ouvre mes in-folio, mes cartes, mes albums, et je vais étudier jusqu'à deux ou trois heures du matin. Essayez de venir frapper à ma porte, entre deux et trois, vous me trouverez courbé sur mes livres. Demandez au colonel Douglas....

— Oh ! il le fait comme il le dit, répondit le colonel.

— Et cela me rappelle, miss Arinda, dit Edward en effilant avec ses deux doigts l'arc d'ébène de sa moustache, cela me rappelle que nous avons à traduire, cette nuit, avec le colonel, un *pantoun malais* fort difficile. La société savante de Bombay nous le demande, et le télinga part demain.... Vous devez connaître ce *pantoun*, miss Arinda! C'est celui qui commence ainsi : *Alors, l'illustre monarque dit à sa gracieuse épouse*[1].

— Oui, je le connais, sir Edward. Le roi va à la chasse, et sa femme lui dit: *Amène-moi un jeune faon*[2].

— C'est fort difficile à traduire en anglais, dit le colonel Douglas.

— Horriblement difficile! dit Edward avec un flegme et un sérieux admirables, à cause de la pauvreté occidentale de notre langue.

— Nous allons vous laisser à votre travail, messieurs, dit Arinda.... A propos, mon cher colonel, ajouta-t-elle en se frappant le front, j'oubliais le plus essentiel. Ne manquez pas demain d'envoyer une invitation à un compatriote.... Vous savez, celui dont mon père vous a parlé....

— M. Tower? dit tranquillement Edward.

— Précisément, poursuivit Arinda ; n'oubliez pas de lui adresser une invitation, à lui, et à ses deux dames.... M. Walles a vu ces deux dames : on dit qu'elles sont assez bien, mais un peu trop blanches. Deux dames de plus pour notre bal! C'est fort important!

— Nous inviterons les deux dames et M. Tower, dit le colonel.

— Vous êtes charmant, mon Douglas. Serrons-nous les mains, et bonne nuit!

— Elle sera bonne, chère Arinda, je vous en réponds. »

Après la séparation, Edward et Douglas gagnèrent la campagne par le chemin ordinaire, et cette fois avec une

---

[1] *Lalou berkata radja bangsaouan.*
[2] *Baoukann soya.*

deur qui annonçait une violente détermination. Tout
n courant l'un à côté de l'autre, ils échangeaient quelques paroles.

« Edward, nous frapperons un coup décisif.

— Octavie aime le comte Élona, mon cher Douglas...

— Vous me l'avez déjà répété vingt fois, cher Edward.

— Si vous aviez vu comme moi son désespoir!... ses larmes!...

— Soyez homme, Edward, soyez fort.

— Cette nuit n'a pas de lendemain pour moi, cher Douglas.

— Cette nuit, Edward, il faut faire son devoir.

— Douglas, je le ferai trop; vous verrez.

— Tout sera-t-il prêt au cottage de Nizam?

— Oui, je vous l'ai déjà répété vingt fois, Douglas. Élona est averti.

— Élona doit-il nous joindre ensuite à Doumar-Leyna?

— Oui, Douglas, et j'espère bien que nous y périrons tous deux.

— Qu'avez-vous donc fait de votre générosité, mon cher Edward? Vous désirez la mort d'un homme!

— Et la mienne aussi, Douglas; je le traite comme je me traite moi-même....

— Et si vous le voyiez en péril de mort, vous lui porteriez encore votre secours, Edward.

— C'est vrai, Douglas.

— Edward, vous êtes fou.

— C'est encore plus vrai.

— Vous êtes injuste....

— Douglas, lorsqu'on est amoureux, on est tout, excepté homme.

— Songeons à l'heure présente, Edward! les Taugs de mon district nous sont livrés. Je prodigue mon sang et ma vie; je frappe un coup de tonnerre; et, si je sors vivant de cet enfer, j'envoie ma démission au ministre et j'épouse Arinda. J'aurai satisfait ainsi à trois choses sacrées : à mon cœur, à mon honneur, à mon devoir.

— Quelle étrange vie nous menons, cher Douglas !... Miss Arinda va s'endormir tranquille en faisant des châteaux en Espagne, au Bengale. Pauvre fille ! elle peut se réveiller veuve demain, la veille de ses noces !

— Mon Dieu ! que puis-je faire, Edward ? il faut que je la trompe continuellement jusqu'au jour de la vérité. C'est une terrible obligation : je la subis. Je joue un jeu de hasard. On gagne quand on est heureux.

— Moi, j'ai perdu !

— Edward, vous pensez que deux cents hommes sont suffisants pour défendre, en cas d'attaque, la maison de mon Arinda, cette nuit ?

— Il n'y aura pas d'attaque, comme nous l'écrit Nizam. Les Taugs s'imaginaient que leur fakir Souniacy était prisonnier à l'habitation de Nerbudda, et voilà pourquoi ils voulaient faire un effort extravagant de surprise pour délivrer leur fétiche ; aujourd'hui ils ont retrouvé ce fakir, et ils ne songent plus à leur attaque nocturne : c'est évident !

— Je le crois ainsi, Edward : et j'ai besoin de le croire pour être tout entier à mes soldats.... Pas un mot de plus. Nous voici aux avant-postes. Le geste va supprimer la parole. Adieu aux femmes jusqu'à demain.

— Jusqu'à toujours, peut-être ! » dit Edward d'une voix sombre, dont le timbre semblait résonner à l'oreille d'un ami pour la première fois....

Lorsque les soldats qui arrivaient avec le comte Élona du cottage de Nizam furent réunis à ceux du colonel Douglas, ils formèrent un faible détachement de trois cents hommes environ. Nizam les joignit au pied de la montagne Serieh, et, d'après ses infaillibles calculs, le nombre des ennemis assemblés pieusement à cette heure, dans le temple de Doumar-Leyna, devait s'élever à douze cents. En bataille rangée, les Taugs n'auraient pas défendu le terrain un seul instant; mais leur tactique, leur force, leur courage, leur adresse, les rendaient redoutables dans les positions et les moments qu'ils savaient se choisir. Agresseurs ou attaqués, ils s'élançaient au cou de leurs ennemis, s'enlaçaient corps à corps avec eux pour neutraliser l'emploi des armes, aussi heureux de tuer que d'être tués : car la mort ne peut inspirer aucune crainte à de fanatiques sauvages, qui sont persuadés qu'après leur vie ils vont entendre des airs mélodieux du *Sitar*, à côté du Dieu-Bleu, dans le jardin de Mandana.

Nizam, qui connaissait les localités, marchait à la tête de la petite colonne, à côté du colonel Douglas. On traversa une forêt profonde, qui s'élevait de la plaine et venait expirer sur la base de la montagne, et l'on se perdit dans un vallon ténébreux qui conduisait à des sites arides et désolés, dont la nuit augmentait encore l'épouvante. Nizam n'hésitait jamais sur le choix du chemin : lorsque, par intervalles, les rochers croisaient leurs pics et leurs abîmes, et semblaient jeter leurs barrières insurmontables devant l'audace des pieds humains, Nizam se frayait un chemin à travers un sillon de crevasses, et tous se glissaient, après lui, comme d'énormes reptiles, avec la même souplesse et la même agilité.

Après trois heures de marche brûlante, Nizam s'arrêta sur la crête d'un vallon qui barrait le chemin, comme un lit de fleuve sans eau. La nature avait épuisé ses horreurs dans le paysage que les étoiles éclairaient en ce moment. A droite, un amas prodigieux de roches éboulées servait comme de piédestal en ruine à l'immense muraille d'une montagne à pic.

Nizam se plaça devant le colonel, et dans une pantomime aussi expressive que la parole, il lui parla ainsi :

« A votre droite, là-haut, entre ces roches bouleversées et le pied de la montagne à pic, on trouve l'ouverture du temple de Doumar-Leyna, rempli de Taugs à cette heure. A l'aube, les Taugs descendront de ces hauteurs inaccessibles pour se répandre dans la campagne et reprendre leurs professions de cultivateurs, de jardiniers, de bergers, de batteurs de riz ou de mendiants. Mais ils doivent tous, avant de se séparer, passer par ce vallon, que j'ai nommé le vallon des Taugs. Examinez ce vallon, autant que la nuit peut vous le permettre ; il est formé par deux petites collines qui ne sont que deux longs amas énormes de roches grises suspendues à droite et à gauche sur un défilé profond. Vous allez voir maintenant comment j'ai usé de la permission que vous m'avez donnée auprès du capitaine Moss. Le stratagème travaillé dans l'atelier du cottage nous assure le succès, sans trop de présomption, je crois. »

Aussitôt les soldats quittèrent leurs habits et ne gardèrent que leurs armes. La troupe se divisa en deux détachements : l'un descendit dans le vallon et remonta sur la colline opposée, mais sans trop s'écarter du défilé que suivaient toujours les Taugs ; l'autre descendit pour s'établir au même niveau. Les terrains choisis étaient hérissés de quartiers de roches anguleuses, comme si une double avalanche de granit, tombée du sommet des deux collines et brisée dans sa chute en des milliers de fragments, se fût arrêtée à la double lisière de l'étroit chemin. Ensuite, on distribua aux soldats des lambeaux de toile grossière, anguleuse, parfumée d'aromates et peinte à la nuance des roches voisines ; c'était le stratagème inventé et préparé au cottage de Nizam, avec une habileté infinie d'imitation, chose commune chez les Indiens et les Chinois. Lorsque, des deux côtés, les officiers et les soldats eurent pris cet étrange costume de campagne, le colonel Douglas, Edward et Élona, restés debout un instant, se témoignèrent par un échange de regards la satisfaction que leur causait la nouvelle ruse de guerre.

Roches vivantes ou mortes, toutes appartenaient à la même espèce géologique. L'œil ne pouvait, sans doute, au lever du jour, distinguer le terrain parasite du terrain naturel.

Avant de prendre sa place comme les autres, Élona remit à Edward une lettre, largement écrite au crayon, en le priant de la lire à la première lueur de l'aube. Cette lettre était ainsi conçue :

« Mon cher Edward, me voici en présence d'un ennemi qui n'est pas le mien et qu'il me répugne de combattre, car il m'est impossible de lui garder une rancune de vengeance. Si les Taugs ont voulu m'égorger à Doumar-Leyna, c'est qu'ils me regardaient comme un des vôtres : ils étaient dans leur droit.

« Ces sauvages, en attaquant les Anglais et leurs alliés indiens, défendent leur pays. Ils ne m'ont fait aucun mal ; je ne puis, en conscience, faire cause commune avec vous en cette occasion. Cette manière d'envisager votre guerre est sans doute, à vos yeux, injuste ou absurde ; il doit pourtant m'être permis de l'exprimer. Mes principes sont invariables, et je ne les sacrifierai pas aujourd'hui, en alléguant l'excuse que nous nous battons avec des barbares, exclus du droit des gens.

« D'un autre côté, vous avez fait un appel à mon dévouement, mon cher Edward ; je garde bon souvenir des services que vous m'avez rendus ; je vous suis surtout bien reconnaissant du courage incroyable avec lequel vous vous êtes précipité à mon secours l'autre nuit. En ce moment, vous êtes en péril de mort, j'ai donc un devoir à remplir, et je le remplirai. Il faut aussi que je suive le colonel Douglas dans le terrible combat qui va s'engager à l'aurore ; en voici la raison morale : je sais que le colonel Douglas est obligé, par des motifs de politique et de haute convenance, d'épouser Mlle Amalia. Ainsi, mon devoir est de garder la vie du colonel, parce qu'il est mon rival, parce qu'il doit détruire à jamais mon bonheur en consommant ce mariage. Je ne veux pas qu'il soit dit que je pouvais sauver la vie du colonel en combattant auprès de lui, et que j'ai mieux aimé, par un odieux calcul de rivalité jalouse, me tenir à l'écart, et spéculer amoureusement sur sa mort.

« Voici donc à quelles conditions je suis engagé dans cette affaire : moi, le comte Élona, je suis l'ami du colonel Douglas et de sir Edward, et, de plus, je suis leur obligé. Je traverse avec eux un défilé du Bengale ; mes amis sont attaqués par des étrangleurs de profession, je mets les mains sur mes armes, et je défends mes amis. Si, comme on l'affirme, bon nombre de Taugs, dérogeant à leurs anciens usages, sont armés cette nuit d'armes à feu et de poignards malais, le péril en sera plus grand, et mon devoir d'assistance plus impérieux. En tout état de choses, je ne ferai jamais feu le premier. L'attaque m'est interdite, la défense est dans mon droit. Il est inutile de vous dire : « Bon courage, » à vous, Edward ; seulement j'aurais dû vous dire que demain vous aurez deux bras de plus attachés à votre corps, ce seront les miens.

« ÉLONA. »

La petite armée des Taugs qui s'était établie dans le district de Nerbudda, et qui obéissait au vieux Sing et au fakir Souniacy, était la plus rusée des bandes du Bengale. Le colonel Douglas et Nizam avaient bien compris qu'il fallait démoraliser et décourager les étrangleurs du vieux Sing en se montrant beaucoup plus *taugs* qu'eux-mêmes, c'est-à-dire en les surpassant en tromperies, puisque leur nom signifie *trompeurs*. Pour atteindre ce résultat victorieux, il fallait prendre l'initiative des ruses, et les battre avec leurs propres armes. Jusqu'à ce moment, on leur avait laissé le privilége des attaques nocturnes et des embuscades adroitement combinées; il fallait donc les étonner en leur apprenant qu'en dépit de leurs mystérieuses retraites, des piéges mortels pouvaient être tendus sous leurs pas, et qu'ils allaient enfin, à leur tour, tomber victimes des embuscades intelligentes de leurs ennemis.

Cette idée avait inspiré la tactique nouvelle que nous allons voir à l'œuvre dans les abîmes de Doumar-Leyna.

Au coucher des dernières étoiles, un concert de voix monotones descendit de la montagne et courut d'échos en échos jusqu'au fond des précipices, comme si chaque rocher eût répété à son tour le refrain de l'hymne religieux. Les Taugs chantaient, en sortant du temple, des strophes du poëme sacré de *Ramaïana*. Quelques pierres détachées du parvis annoncèrent que la bande se mettait en marche en se servant des innombrables assises amoncelées comme d'un escalier, et puis toutes les voix s'éteignirent, et l'on n'entendit plus que le bruit des pas dans les derniers moments du silence de la nuit.

Les montagnes de l'horizon de l'aurore resplendissaient à leurs sommets en laissant encore au fond des abîmes une clarté douteuse, lorsque les Taugs entrèrent dans le défilé, qui était leur chemin accoutumé, pour gagner la plaine. Au moment opportun, un sifflement aigu retentit dans cette épouvantable solitude, et toutes les roches du vallon roulèrent sur la colonne des Taugs, et firent éclater à l'instant une traînée de coups de foudre à leurs pieds.

Les derniers rangs des étrangleurs, épouvantés par ce prodige, et l'attribuant à la puissance divine, rebondirent de roche en roche, comme des éperviers surpris par des aigles, jusque sur le parvis du temple, pour se mettre sous la protection de leurs dieux. Ce mouvement avait été prévu. Les soldats indiens de Stephenson étaient déjà descendus du haut des crêtes, en s'aidant des pierres saillantes, des touffes d'herbe, des crevasses de rocs, des racines tortueuses ; et, favorisés par le terrain, ils repoussèrent les Taugs fugitifs, et les précipitèrent morts ou vivants dans les abîmes, au moment où leurs pieds mal affermis chancelaient au bord des gouffres. Dans le vallon, le combat s'acharnait sur un sillon de cadavres, entre les soldats de Douglas et les plus intrépides étrangleurs. De part et d'autre le bruit des armes avait cessé. La lutte était corps à corps : les mains et les orteils se crispaient dans les chairs vives, quand les poignards se brisaient sur les os. Un râle étouffé d'agonie, de douleur et de rage, courait sur toute la ligne avec un bruit de torrent. Les Taugs se laissaient tomber comme blessés à mort, et couchés sur le sol, ils brisaient avec des pierres aiguës les pieds nus de leurs ennemis, et les étranglaient avant de se relever pour mourir.

Nizam, blessé à la tête, fut saisi d'un accès de folie furieuse qui donna au combat un nouveau caractère d'horreur. Il s'arma de deux criks malais, et poussa d'une voix de tonnerre le formidable cri, *amok!* le cri si connu et redouté même au Bengale, et que les îles de la Sonde ont renvoyé au continent. L'*amok*, grinçant des dents, l'écume aux lèvres, les yeux horribles de sang et de flamme, Nizam bondissait avec les ailes d'un démon et l'agilité d'un jongleur sur les rangs compactes des Taugs, et prodiguait les coups de poignard et les malédictions indiennes. Les soldats de Douglas poussèrent le même cri et se ruèrent avec cette fureur infernale que leur donnent leur sang et leur soleil, sur les étrangleurs saisis d'effroi ; tandis que les cipayes de Stephenson, descendus de l'autre côté, achevèrent la défaite en s'emparant du vieux Sing et de son escorte de prêtres et de fakirs.

L'histoire dit que deux cents Taugs seulement échappèrent au massacre de Doumar-Leyna. On fit un grand nombre de prisonniers, et les oiseaux de proie et les bêtes fauves du désert se réjouirent longtemps de cette bataille. Les honneurs de la sépulture ne furent accordés qu'aux soldats anglo-indiens.

Douglas, Edward et le jeune Élona n'étaient plus reconnaissables, même aux premiers rayons du soleil levant. Ils avaient combattu au fort de la mêlée, et il était difficile de reconnaître si le sang qui ruisselait sur eux sortait de leurs veines ou des veines de l'ennemi.

Élona n'avait pas quitté le colonel : il s'était fait son gardien, et cette assistance fraternelle et vigilante avait épargné sans doute plus d'un coup fatal à Douglas, lequel, en sa qualité de chef, devait naturellement veiller sur ses soldats et fort peu sur lui.

« Comte Élona, dit Douglas en serrant les mains du jeune homme, je vous remercie : vous êtes un excellent garde-corps. Il est fâcheux que je ne puisse rien faire pour vous. Je n'ai point de grade à vous donner. Dans cette affaire, celui qui a joué le plus noble rôle, c'est vous.

— Mon cher colonel, dit Élona, j'ai fait bien peu, mais j'exige pourtant que vous fassiez quelque chose pour moi.... Il y a là-haut, par-dessus ces abîmes que je reconnais bien, il y a neuf cadavres étendus au pied d'un infâme autel; notre devoir est de les ensevelir. »

Le colonel fit un geste de satisfaction, et se retournant vers Nizam, qui arrivait avec le groupe de prisonniers :

« Nizam, dit-il, croyez-vous que les cadavres de nos malheureux soldats soient encore là-haut dans le temple?

— Non, mon colonel, dit Nizam d'une voix encore houleuse, pour ainsi dire, après la tempête de son *amok*, non, les cadavres ont été enlevés, selon l'usage de ces bandits.

— Le vieux Sing doit connaître l'endroit où ils ont été déposés.

— Certainement, mon colonel, le vieux Sing connaît cet endroit, et les autres aussi le connaissent.... Mais, ajouté Nizam, je regarde de tous côtés, et je ne vois pas sir Edward ! Il est trop adroit pour se faire tuer par ces animaux, lui ! Où est sir Edward ?

— Ne vous inquiétez pas, Nizam, dit Élona. Je viens de serrer les mains de sir Edward; il s'est battu probablement, selon son usage. de l'air d'un homme qui a un mépris souverain pour ses ennemis et qui ne veut pas leur faire l'honneur de se laisser tuer par eux.... Regardez, voilà sir Edward qui nous arrive. »

Edward, immédiatement après le combat, s'était mis en devoir de découvrir un ruisseau, dans ce désert aride, en étudiant la nuance des roches, et les espèces de petites plantes clair-semées aux corniches des montagnes et aux soubassements des pics. Le ruisseau trouvé, notre gracieux gentilhomme s'était purifié des souillures de la bataille, et il se dirigeait vers le groupe de ses amis, avec un dandysme superbe, empreint peut-être d'une certaine affectation, très-excusable d'ailleurs; car la fatuité n'est permise que sur un champ de bataille, ainsi que l'a remarqué un moraliste du siècle dernier [1].

« Mes amis, dit Edward, la mort est une chose fort difficile à trouver; ne meurt pas qui veut. Le Manfred de Byron dit : *il est facile de mourir*.... Pas si facile, milord !

— Vous avez donc essayé de mourir, Edward ? dit Élona, effrayé du sourire triste de son ami.

— Pas précisément, mon cher Élona.... il y a des moments de mélancolie mortelle.... Vous savez cela mieux qu'un autre, mon jeune comte.... des moments où l'on

---

[1] Marmontel, *Heureusement*, conte moral, immoral.

donnerait sa vie pour la première fantaisie d'enfant....
pour une femme.... Mes amis, je viens de découvrir
là-bas, derrière ce bastion de roches, un ruisseau charmant.... une eau vierge, c'est un boudoir de toilette délicieux....

— C'est cela même! s'écria Nizam.... oui, je connais ce ruisseau.... il n'y a que celui-là aux environs.

— Un ruisseau égaré, dit Edward; il semble que l'aridité du site a oublié ce ruisseau par distraction, et qu'elle va le boire au premier moment de soif. Ainsi, hâtez-vous, si vous êtes bien aise d'en jouir.

— Colonel Douglas, voulez-vous ensevelir les cadavres? dit Nizam.

— Je vous comprends, Nizam, dit le colonel avec tristesse.

— Suivez-moi, mon colonel.

— Dois-je vous accompagner, Douglas? dit Edward.

— Il le faut, Edward, mon ami; il le faut.

— Mais je connais le ruisseau; c'est moi qui l'ai découvert.

— Venez toujours; vous découvrirez autre chose. »

Douglas, Élona, Nizam et Edward s'acheminèrent vers le ruisseau, et, lorsqu'ils eurent fait quelques pas dans cette direction, le colonel parla bas à l'oreille de Nizam, qui fit un signe affirmatif, et retourna vers le défilé du combat, où le lieutenant Stephenson surveillait les inhumations.

« Colonel Douglas, dit Élona, cet épisode mystérieux vous a fait oublier ma demande.

— Je n'ai rien oublié, comte Élona.

— Il me semble, colonel, poursuivit Élona, que notre premier devoir est de songer aux malheureux prisonniers égorgés devant moi, et....

— Votre empressement est louable, dit le colonel en interrompant; mais attendez un peu, vous serez satisfait. »

18.

Nizam arriva, suivi d'une escouade de cipayes, et on continua de marcher vers le ruisseau.

Arrivés sur les bords, Nizam examina le terrain sur une longueur de cinq cents pas; il arracha les plantes fluviales pour examiner les racines, il fouilla profondément la terre avec ses doigts, et remarquant enfin que le ruisseau faisait une courbe peu naturelle, entre deux bordures de petites fleurs artificiellement posées sur les rives, il frappa son front, et dit : *C'est là !*

Aussitôt les intelligents cipayes creusèrent, avec une dextérité merveilleuse, un petit lit de ruisseau à côté de l'autre; ce travail fait, ils détournèrent sur ce point l'eau courante, et mirent le premier lit à sec. On découvrit alors une terre fraîchement remuée et dépouillée de cette mousse et de ces couches d'herbe que l'humidité entretient au fond des ruisseaux. Les soldats creusèrent encore sous l'indication du doigt de Nizam, et l'on découvrit neuf cadavres.

Élona les reconnut et pleura.

C'est ainsi que les Taugs ensevelissent leurs victimes pour dérober aux plus minutieuses recherches les traces des assassinats religieux. Ils détournent, sur un point, le cours d'un ruisseau, et lui donnent un lit nouveau, qui est une tombe.

Le colonel Douglas fit appeler tous les soldats, pour rendre les honneurs militaires aux morts de Doumar-Leyna; on leur creusa des fosses profondes, et on roula sur les terrains funèbres des quartiers de roche, pour défendre les cadavres contre les hyènes et les oiseaux qui fouillent les sépultures aux heures de la faim.

Ce pieux devoir rempli, le colonel Douglas donna le signal du départ, et le détachement abandonna ce versant de la montagne, pour rentrer dans des domaines plus sereins. Les soldats de Stephenson reçurent l'ordre de ne se montrer à Roudjah que le soir, après le coucher du soleil, à moins que les circonstances ne fissent prendre d'autres dispositions. Le capitaine Moss reprit ses postes dans les forêts de Nerbudda.

« C'est un luxe de précaution, dit Nizam, car je crois que nos Taugs d'ici ne bougeront plus, après cette leçon de ce matin. Cependant, cela ne nuit pas de veiller toujours. »

XIX

Le tuteur Tower.

Ce même jour, à l'heure où le sang coulait dans le vallon des Taugs, devant le pic de Doumar-Leyna, miss Arinda, levée avec l'aurore, donnait ses ordres pour le bal du lendemain, et la comtesse Octavie et Amalia rentraient avec M. Tower à l'auberge des Douces-Heures, après une dernière et orageuse nuit passée dans la maison du capitaine Moss.

Les deux femmes avaient épuisé tout entretien possible sur Edward et le jeune Élona. Elles étaient arrivées à un silence morne, jalonné par intervalles de quelques syllabes sourdes; à ce silence qui semble dire que tous les soupçons viennent enfin d'être reconnus légitimes, et qu'il est inutile de pousser plus loin cette aveugle complaisance de l'amitié ou de l'amour, qui veut se tromper elle-même pour justifier des absents trop évidemment criminels.

C'était donc pour les deux femmes un fait accompli et reconnu. Edward et le comte Élona, ces natures d'élite, mentaient à leur honorable réputation ; ils ressemblaient à une foule d'autres hommes; ils employaient leurs jours à tromper les affections de leurs nuits, et leurs nuits à tromper les affections de leurs jours. Chose désolante, mais incontestable.

Par intervalles, M. Tower hasardait quelques timides et courtes apparitions, espérant toujours que l'attrait de sa présence donnerait enfin une nouvelle tournure à cette crise domestique, et que l'ancien état de choses allait renaître à la première occasion. M. Tower traversait la salle d'un pas tantôt grave, tantôt léger; il ne demandait rien, mais il affichait la prétention de deviner ce que l'on ne demandait pas : il soulevait une persienne ; il éclipsait, avec un pan de rideau, des rayons qui se glissaient sur le mur; il corrigeait un vice de symétrie dans deux vases de fleurs; il ménageait un courant d'air favorable et supprimait celui qui pouvait être dangereux ; il posait des éventails sur un guéridon, dans le voisinage des femmes ; il ouvrait la porte en feignant de trouver de la résistance, et il chassait, du bout du pied, un obstacle absent : puis il exhalait une sourde aspiration, en laissant supposer qu'il avait cru entendre une voix qui l'appelait au moment de sortir. Toutes ces ruses vulgaires, que Tower regardait comme l'élixir de la diplomatie domestique, n'eurent pendant quelques heures aucun résultat. Enfin, il se hasarda, sur le seuil de la porte, à remplacer le soupir d'interrogation par une phrase clairement articulée :

« Comtesse Octavie, dit-il en encadrant sa figure avec les deux battants, il me semble que vous m'avez appelé ?

— Ah! c'est vous, monsieur Tower ! dit Octavie avec le ton de la distraction, et en relevant sa tête, qui depuis longtemps s'appuyait sur la main droite. Non, je ne vous ai pas appelé.... n'importe, venez ici.... Vous êtes bien heureux, vous, monsieur Tower, votre tête est.... libre....

— Ne croyez pas cela, madame, ne croyez pas cela, dit

ower, en s'appuyant contre le mur, à côté d'Octavie, et entr'ouvrant son jabot pour appuyer sa main droite, ma tête est libre, en ce sens que je sais dompter mes pasions, et que je me dis : « Tu n'iras que là, pas plus loin, « et tu t'arrêteras. » Mais, ajouta-t-il en posant sa jambe droite sur la gauche et en la balançant sur la pointe du pied, mais on n'a pas la tête tout à fait libre pour cela.... e connais les femmes, et j'ai un principe avec elles : je e leur rends jamais que la moitié de ce qu'elles me donnent; de cette manière, lorsque nous réglons nos comptes, elles dépendent de moi.

— C'est un beau principe que vous avez là, monieur Tower, dit Octavie avec cette négligence de paroles qui annonce que l'on tient fort peu à poursuivre ou à teriner un entretien.

— Je m'en trouve bien, dit Tower, très-bien.

— Avez-vous eu, monsieur Tower, une vie orageuse? dit Octavie, en regardant le plafond.

— Ah !... ah !... madame ! »

Tower ouvrit démesurément ses yeux ternes et secoua la tête, en agitant sa main dans le jabot.

« Votre teint est pourtant d'une fraîcheur, monsieur ower !...

— Mon père était Écossais, madame. C'est un teint de famille; je pourrais vous montrer, dans ma petite aison de Bond-Street, les portraits de mon père et de on aïeul. A soixante ans, ils avaient des faces de chéubin, et vous saurez, madame, que mon aïeul a été un es hommes les plus courus de l'Écosse; il avait été déigné pour être page. Son prénom était Valentin. Walter cott l'a désigné clairement dans la *Jolie fille de Perth*. A ondres, on ne parlait que de Valentin Tower. Georges IV oulut le voir, et il se le fit présenter à Hampton-Court. soixante-cinq ans, madame, il paria cent livres de onter au sommet d'Arthur-Seet, et d'y écrire son nom;

c'était justement le jour de la Saint-Valentin, grande fête à Edimbourg, comme vous savez. Il gagna le pari ; mais il commit l'imprudence de boire de l'eau glacée. Survint une pleurésie. On le saigna, mais on le saigna trop tard, malheureusement. Il mourut deux jours après. On peut dire qu'Edimbourg a porté le deuil de Valentin Tower.... un colosse !

— Comme c'est intéressant ce qu'il nous raconte là, ce monsieur ! murmura sourdement Amalia en se levant pour s'appuyer au balcon, derrière la persienne.

— Voulez-vous, mesdames, que je sonne pour le thé ? dit Tower avec sa plus douce voix.

— Sonnez, monsieur Tower, dit Octavie. Il faut bien tuer les heures de quelque manière.... Mon Dieu ! si je pouvais partir demain.... Il faudrait pouvoir demande un vaisseau comme on demande un thé. »

Tower poussa un de ces éclats de rire stupides qui dé solent un salon.

« Mais ça se peut, madame, dit-il en éteignant le rir avec une difficulté feinte, ça se peut très bien.

— Monsieur Tower, puis-je compter sur vous, si j veux retourner en Europe ? »

Tower se redressa fièrement, prit son maintien de bc homme, se jeta un rapide coup d'œil du menton aux pieds et dit :

« Vous savez, madame, que j'ai un devoir à remplir un devoir sacré. Ce devoir rempli, je me mets à votr disposition pour tout ce que vous exigerez de moi.

— Dans leur jargon de tuteur, dit Amalia toujour inclinée au balcon, ils appellent cela *un devoir sacré remplir*.... Marier une pauvre orpheline malgré elle avec un colonel malgré lui !

— Mademoiselle, dit Tower, ne sachant ce qu' allait dire, mademoiselle, vous savez que mes instruc tions....

— C'est bien ! dit Amalia en frappant le plancher avec vivacité.

— Monsieur Tower, dit Octavie, admettons que vous avez rempli ce devoir sacré, rien ne vous retient plus au Bengale ?

— Mais.... rien.... oui.... il me semble.... A moins que Mlle Amalia ne veuille....

— Moi ! dit Amalia toujours sans se retourner; quand on m'aura sacrifiée, vous êtes bien le maître, monsieur, d'aller où bon vous semblera. »

Le visage de Tower se contracta par l'expression de cette idée : « Voilà de la jalousie bien évidente, ou je ne m'y connais pas. »

« Vous pouvez donc me reconduire en France, monsieur Tower ? dit Octavie.

— Oui, madame ; et j'ai même des raisons personnelles pour aborder en France.... On ne sait ce qui peut arriver.... En France, je pourrai, par mes amis, sonder les intentions du ministre à mon égard.

— Je vous comprends, monsieur Tower. »

Tower se promena dans la salle pour se livrer tout entier, avec tous ses avantages, à l'admiration d'Octavie.

« Aimez-vous la France, monsieur Tower ? ajouta la comtesse.

— La France ? belle comtesse.... J'aime assez la France.... mais je vous avoue que j'ai une certaine répugnance pour les Français.... Ce n'est pas par antipathie nationale, du moins, croyez-le bien.... Le Français me paraît trop léger, trop frivole.... il a un amour-propre de démon... il se croit aimé de toutes les femmes. Il perdra volontiers une maîtresse pour une indiscrétion, et un ami pour un calembour.... J'ai eu deux affaires d'honneur à Paris.... Il s'agissait de deux dames françaises de ma connaissance.... intime.... sur les mœurs desquelles on se permit des propos lestes....

calomnieux, pour trancher le mot. Je demandai satisfaction.... elle me fut accordée.... Oh! quant à cela, le Français est brave. Je le maintiens brave.

— Comme c'est heureux pour le Français! dit Amalia.

— Oh! poursuivit Tower, ces deux duels ont fait bruit à Paris.... C'était en mil huit cent vingt et.... et.... avant 1830.... Voilà mon opinion sur les Français.... Quant aux Françaises, ajouta-t-il en mettant une douceur fade dans sa voix et sur sa figure, quant aux Françaises, c'est autre chose.... La Française est vive, spirituelle, sensible, charmante...; en la voyant, il faut tomber à ses genoux.... Au reste, qu'est-il besoin de faire l'éloge des Françaises? n'ai-je pas sous les yeux en ce moment le plus parfait....

— Il suffit, monsieur Tower, interrompit la comtesse; je tenais à savoir si je pouvais compter sur vous.

— Oui, oui, madame, dit Tower avec une émotion sanguine qui empourprait son visage et gênait sa respiration; oui, comptez sur moi.... lorsque le devoir sacré....

— Allons, dit Amalia, voilà le devoir sacré qui revient!... Octavie, approche-toi.... viens regarder là-bas, dans la rue, il se passe quelque chose d'extraordinaire, je crois.... »

Octavie vint se placer au balcon à côté d'Amalia.

Tower se promenait d'un pas triomphant, et sa figure traduisait le monologue intérieur qui n'arrivait pas aux lèvres. « Voilà bien les femmes! comme ce dépit d'Amalia est mal joué! maintenant elle entraîne Octavie à la fenêtre! quelle ruse gauche! Au reste, je suis enchanté de moi, la comtesse a fort bien pris la chose : il est vrai qu'elle m'a fait des avances ; et moi, 'ai riposté par une déclaration. Ah! quand les femme veulent un peu trop se livrer avec moi, elles trouvent qui parler! Amalia ne sait pas quel service elle vient d rendre à la comtesse. Octavie était émue au dernier point!

Amalia l'a tirée d'embarras en l'appelant. D'ailleurs, la journée est longue ; nous nous reverrons. Ça marche bien! ça marche bien! »

« Monsieur, dit Octavie en quittant le balcon, la rue est pleine de bruit, vos soldats indiens crient : *Hourra pour le colonel Douglas!*... Entendez-vous, monsieur Tower?... Eh bien! vous restez là, planté comme un Terme, à me regarder avec des yeux ébahis! Allez donc aux renseignements... Si nous n'étions pas, Amalia et moi, en négligé de désolation, nous serions dans la rue déjà.

— Je vous obéis, madame, » dit Tower avec un regard vif comme un feu qui s'éteint.

Et il sortit.

« Voilà un tuteur anglais, dit Octavie, que nous avons élevé peu à peu à la dignité de domestique. Si le ministre veut me donner trois tuteurs comme M. Tower, je congédie mes gens de service, et je deviens enfin maîtresse absolue de mes serviteurs. »

A chaque instant, les groupes des soldats indiens devenaient plus animés dans la rue. On pouvait deviner à leur joie bruyante qu'une bonne nouvelle était arrivée au cantonnement de Roudjah.

Les deux femmes attendaient le retour de M. Tower avec une vive impatience. Il s'était mêlé dans les groupes, et il cherchait un visage européen, dédaignant de parler aux naturels du pays.

Dès qu'Octavie et Amalia virent M. Tower faire un signe de remercîment à un planteur qui était leur voisin, elles descendirent jusqu'au milieu de l'escalier, pour connaître plus tôt la grande nouvelle qui agitait le village. M. Tower s'était arrêté avec le *land-lord* de l'auberge, et les deux femmes entendirent distinctement ces mots :

« Oui, monsieur Tower, la nouvelle est positive ; le

télinga vient d'arriver à cheval de Nerbudda; il a fait le trajet dans une heure. J'ai ordre, moi, de préparer pour demain un repas de trois cents couverts pour les cipayes. Je dresserai mes tables au quinconce des Belles-Indiennes. C'est une bonne affaire pour moi. Le colonel Douglas fait les choses généreusement.

— Voulez-vous donc monter, monsieur Tower? crièrent deux voix de femmes dans l'escalier.

— Je suis à vous, mesdames, » répondit Tower; et il ajouta en montant : « Mon Dieu! il faut toujours un peu de temps pour recueillir quelques informations. »

Octavie et Amalia entraînèrent M. Tower dans la salle, et leurs yeux étincelants interrogeaient beaucoup mieux qu'une demande.

« Voici, voici, dit M. Tower. C'est à cette heure un bruit public; la nouvelle est officielle. Le télinga porte un faisceau de lettres d'invitation. Le mariage du colonel est arrêté. Il y a bal demain à Nerbudda. Ainsi, mademoiselle Amalia, nous pouvons vous appeler déjà mistress Douglas Stafford. »

Amalia se laissa tomber sur un siége, en levant les mains et exhalant un profond soupir.

« Eh! mon Dieu! poursuivit Tower, il fallait s'attendre à ce dénoûment. Je connais les hommes. Cela ne pouvait avoir une autre fin. Je l'ai dit cent fois. Le colonel reculait pour mieux sauter. Je connais les militaires, puisque j'ai failli être militaire moi-même. Ils gardent le secret dans ces sortes d'affaires; puis, un beau matin, ils annoncent leur mariage au tambour.... Au reste, mademoiselle, je ne vois pas trop ce qui peut tant vous affliger dans ce mariage : Douglas est un très-beau cavalier, ma foi; il est bien en cour, il sera général dans cinq ans. Certes, je connais plus d'une femme....

— Assez, assez, monsieur Tower, dit Amalia d'un

n triste, et en faisant de la main le signe qui commande
e silence, assez. Vous n'êtes plus mon tuteur, et je vous
emercie de vos avis et de vos réflexions.

— Comme vous voudrez, dit Tower.

— Eh bien! Octavie, poursuivit Amalia en souriant
vec mélancolie, il y aura bal demain!... un bal!...
ci est trop fort! On peut bien me traîner à un autel
e mariage; ils ont la force pour eux, et j'ai perdu
'amour du comte Élona, et je lui ai retiré mon estime,
t je l'ai en horreur, comme toi tu as en horreur sir
ward, Octavie.... Mais on ne me traînera pas à des
lons de bal. Il ne manquera qu'une dame à leur bal
e noces, une seule.... la mariée! il m'a quittée à mon
al de Smyrne, je le quitterai à son bal de Nerbudda.
ous serons quittes.

— Amalia, dit Octavie, je t'ai bien fait du mal, moi;
bien! je veux le réparer.... Monsieur Tower, ayez
bonté de descendre pour prendre des informations
écises sur le départ des convois de terre et des vais-
aux.... je veux partir demain.

— Madame, dit Tower, vous savez depuis hier qu'il
a un bal et que vous êtes invitée.... Ma parole
onneur, vous deviez vous attendre à cela. Je vous
avais déjà rapporté la nouvelle de l'habitation du
lonel....

— Vous avez raison, monsieur Tower, dit Octavie,
is on croit toujours que la chose redoutée arrivera
d.... Je ne suis pas prête pour demain.... Allez rem-
ma commission, monsieur Tower; nous vous atten-
ns ici. »

Tower s'inclina et sortit.

« Ma chère Amalia, poursuivit Octavie, nous parti-
s ensemble et tu ne te marieras pas. Je me charge
M. Tower, moi.... nous laisserons dans leurs abomi-
bles repaires tous ces hommes infâmes qui étaient

venus chercher chez les monstres du Bengale une société digne d'eux.

— Oui, oui, s'écria Amalia, nous partirons ensemble ! Tout ce que nous avons aimé follement est indigne de nous. et je n'épouserai jamais, moi, ce que je n'aime pas. »

La porte s'ouvrit, et la moitié de M. Tower parut timidement, et dit en remettant deux lettres : « Voici votre courrier, mesdames, le land-lord le reçoit à l'instant. Pendant que vous lisez, je vais aux informations. »

Amalia prit la lettre qui lui était adressée; elle examina l'écriture et le cachet. Elle était scellée du lion et de la licorne, comme une dépêche solennelle.

« Dois-je lire, Octavie? demanda-t-elle en tremblant.

— Dans notre position, mon ange, on lit tout.

— Voyons.... C'est du colonel Douglas, Octavie.

— Il t'invite à ton bal probablement.... Lisons.

« Mademoiselle,

« Dieu m'en est témoin, si j'ai attendu dans ma vie un jour de réparation, un jour de vrai bonheur, c'est celui qui porte la date de cette lettre.... »

« Hypocrite ! dit Amalia, en froissant la lettre, je suis tentée de la déchirer, cette lettre, et de lui en renvoyer les lambeaux. N'est-ce pas, Octavie?

— Continue, Amalia, nous apprenons à connaître les hommes, c'est une étude. »

« Depuis deux ans, j'aime une jeune Anglaise-Indienne, miss Arinda, la fille du nabab Sourah-Berdar.... »

« Ah! ceci est d'une insolence qui suffoque! s'écria Amalia. Octavie, les hommes sont vraiment affreux!

— Oui, celui-ci fait des confidences amoureuses à la femme qu'il va épouser.

— Il va me dire, Octavie, qu'il me sacrifie cette concubine avant de m'épouser; tu vas voir....

— Il la sacrifie avant pour la reprendre après.... Continue....

— Octavie, mes yeux se ternissent comme des vitres au froid; je n'y vois plus.... Lis, Octavie, achève cette lettre d'outrages. »

Octavie ramassa la lettre et continua la lecture :

« Si je vous avais connue avant elle, aucune femme n'aurait pu me détacher de vous. — Menteur! — Mais lorsque je vous vis à Smyrne, lorsque je crus devoir me soumettre provisoirement à ce contrat que d'autres avaient signé pour nous, j'étais déjà lié par un serment et une passion. Cela vous expliquera bien des choses qui ont été un mystère jusqu'à cette heure. La répugnance visible que vous avez toujours témoignée pour notre mariage m'a encouragé dans la conduite que j'ai tenue envers vous. Je sentais que nous nous rendions mutuellement service en brisant la chaîne que d'autres avaient forgée sans nous consulter.

« Aujourd'hui, mademoiselle, je vous rends à votre liberté.... »

« Ah! mon Dieu! s'écria Amalia; que dit-il?

— Attends, attends, » dit Octavie d'une voix qui commençait à s'émouvoir.

« Je vous rends à votre liberté. Mon mariage, retardé par des circonstances mystérieuses que vous connaîtrez ce soir, est aujourd'hui décidé. J'épouse miss Arinda, la plus noble fille du Bengale, comme vous êtes, vous, la plus noble fille de votre beau pays. »

« Il l'épouse! il l'épouse! s'écria Amalia, bondissant de joie et embrassant Octavie avec fureur.

— Folle que tu es! dit Octavie, qui sentait se réveiller

en elle ses émotions d'autrefois. Attends la fin ; nous n'avons pas tout lu.

— Je me soucie bien de la fin, maintenant, dit Amalia. Il épouse son Irinda, Erinda, Arunda. Le reste m'est bien égal.

— Et cela te rend-il le comte Élona fidèle et pur, comme avant?

— Non, Octavie, mais cela me rend libre.

— Veux-tu que j'achève? dit Octavie avec une froideur étrange.

— Comme tu voudras. »

« J'espère, mademoiselle, que ma femme sera votre amie, tant que vous habiterez le Bengale, et, si je ne me trompe, vous l'habiterez longtemps. Ce soir, j'irai officiellement, comme chef de cette province, vous demander en mariage à votre tuteur, qui est muni de pleins pouvoirs.... »

« Octavie ! s'écria Amalia, que lis-tu? Il épouse son Indienne, et il vient me demander en mariage !... Il y a une phrase omise, c'est impossible autrement....

— Lis toi-même; lis, voilà la lettre.... tu n'omettra point de phrases, toi, » dit Octavie d'un ton sec.

Amalia reprit la lettre et continua :

« Vous avez déjà deviné le noble époux qui veut vou consacrer son existence. Ce matin, j'ai reçu ses confi dences après une épouvantable nuit, pendant laquelle i m'a sauvé la vie vingt fois. Nous pouvons être indiscret aujourd'hui. La bande des assassins a été anéantie dan le vallon de Doumar-Leyna. Vous connaîtrez ainsi notr victoire décisive, sans avoir connu notre danger, qu était le vôtre aussi. Sir Edward et le comte Élona s sont couverts de gloire. Le premier mérite d'être votr ami, et le second mérite d'être votre époux. »

Amalia laissa tomber ses bras, et regarda fixement Octavie, qui ressemblait à la statue de la stupéfaction, avec des yeux vivants, dont la double flamme aurait été allumée par un pouvoir surnaturel.

Après quelques instants de silence, Octavie étendit nonchalamment sa main vers Amalia, et lui fit signe de continuer. Elle poursuivit sa lecture, d'une voix altérée par tous les genres d'émotion :

« Cela vous explique aujourd'hui, mademoiselle, des choses qui vous paraissaient inexplicables hier. Ainsi, lorsque nous avons été obligés de congédier avec une politesse brutale la comtesse Octavie, en la priant de chercher un asile ailleurs, c'est que nous venions de recevoir la nouvelle que l'habitation de Nerbudda serait attaquée par les terribles ennemis que nous venons d'écraser. Je me borne à vous citer seulement ce fait. Ce soir, de vive voix, nous vous ferons l'histoire de ces derniers jours. Quelle solennelle réhabilitation vous devez, l'une et l'autre, à ce généreux sir Edward, qui a bravé vos haines, vos colères, vos accusations accablantes pour ne pas trahir le secret de nos nuits! Vous voyez que je sais tout. Quand sir Edward était maudit par vous, il venait de tenter des efforts héroïques pour sauver le comte Élona, prisonnier d'une bande d'assassins. »

Octavie poussa un cri sourd, se leva vivement, joignit ses mains et regarda la lettre par-dessus l'épaule d'Amalia.

Amalia, suffoquée par des larmes que sa fierté retenait violemment captives, céda la lettre à Octavie.

La jeune femme relut attentivement le dernier paragraphe, et dit d'une voix étouffée :

« La lettre se termine là... il n'y a plus que quelques lignes insignifiantes... des formules ordinaires... Eh bien! ma chère Amalia... voyons... essaye de parler...

comme je parle, moi... de sang-froid... avec calme...
Que dis-tu?... mon ange... c'est accablant... n'est-ce
pas?... »

Amalia secouait mélancoliquement la tête à chaque mot d'Octavie; mais ses yeux attestaient qu'une joie intérieure, une joie d'extase, dominait toutes les autres émotions.

Octavie raffermissait sa paupière avec sa main et relisait la lettre.

En ce moment les clairons indiens sonnaient sous les balcons de l'hôtellerie, et les soldats cipayes criaient : « Hourra pour le colonel Douglas! »

Les deux femmes se précipitèrent vers le balcon, et assistèrent à un spectacle qui donnait à la lettre du colonel la plus éclatante confirmation.

Les prisonniers du combat de Doumar-Leyna traversaient en ce moment la grande rue du village, escortés par les soldats indiens. Vainqueurs et vaincus, ils étaient horribles à voir; l'histoire de la nuit dernière était écrite sur leurs chairs nues avec des ongles de fer. Leurs visages avaient perdu toute ligne humaine sous un masque de poussière et de sang durci au soleil, et leurs pieds laissaient en passant un stigmate rouge sur chaque pavé.

Après ce défilé, les acclamations redoublèrent avec une véritable furie indienne, vers l'autre extrémité de la rue; le peuple et les soldats saluaient trois cavaliers superbes qui ne se montrèrent qu'un instant, car les chevaux fendaient l'air; mais cet instant avait suffi pour les faire reconnaître, même sous la pluie de fleurs qui descendit de tous les kiosques voisins, et les voilà comme un nuage éblouissant.

Devant l'hôtellerie, une autre foule suivait un homme qui affichait de distance en distance, des placards écrits en deux langues et conçus de cette façon :

« La noblesse et le peuple sont prévenus qu'une grande fête aura lieu demain à Roudjah, pour célébrer la victoire que le colonel Douglas Stafford a remportée la nuit dernière à Doumar-Leyna.

« Le colonel Douglas Stafford savait qu'une petite armée de Taugs se recrutait pour recommencer une malheureuse guerre depuis longtemps éteinte, et qui ne doit plus alarmer les populations industrielles et agricoles du Bengale.

« Des troupes ont été dirigées sur le point occupé par les barbares. Elles ont anéanti les derniers des Taugs; ceux qui survivent sont prisonniers : de ce nombre est le dernier chef, le vieux Sing. »

Le colonel Douglas savait très-bien qu'il lui était impossible de garder secrètes ses opérations militaires, surtout après l'affaire de la dernière nuit, et il se hâtait de les publier pour prendre l'éclatante initiative de l'indiscrétion, bien persuadé d'ailleurs, comme tout le faisait croire, que le combat de Doumar-Leyna était à jamais décisif dans son cantonnement, et que son effet moral devait encore avoir des conséquences salutaires dans les districts voisins ou éloignés.

Agitée par la double fièvre des veilles et des émotions, Octavie fixa ses réflexions sur une seule pensée, et celle-là domina tout dans son esprit et lui fit oublier tout ce qui n'était pas elle. « Mon Dieu! avait-elle dit en voyant de toutes parts éclater l'innocence de sir Edward, avec quelle horrible et injuste cruauté j'ai traité cet homme qui avait joué sa vie pour me sauver une nuit, dans les bois! »

Octavie, semblable à la femme folle, qui répète avec acharnement la même phrase, ne trouvait plus sur ses lèvres d'autres mots pour exprimer d'autres idées : elle edisait cette exclamation sur tous les tons, entre des larmes et des sourires, en l'adressant quelquefois, sous une forme interrogative, à sa jeune amie Amalia, qui, absorbée dans un égoïsme d'exaltation bien naturelle, ne répondait qu'en interrogeant à son tour.

La rentrée de M. Tower ramena forcément un peu de symétrie apparente dans cet intérieur domestique.

« Mesdames, dit le tuteur en tutelle, en prenant une pose de bel homme admiré, mes chères dames, le landlord m'a donné l'adresse de M. Francis Green, courtier de nolissement. Il a dans son registre tous les noms des navires actuellement sous charge sur les deux côtes. J'ai compulsé avec attention ce registre, qui, du reste, est fort bien tenu. Les navires sont classés par séries, et ils sont dessinés à l'*aquatinta* sur une page in-folio, avec les détails de leur contenance, de leur aménagement, *et cœtera et cœtera*. C'est un beau, curieux et utile travail...

— Quel homme d'à-propos! dit Octavie en prenant un maintien de résignation mélancolique.

— Plaît-il, madame? demanda Tower d'un air hébété.

— Continuez, continuez, monsieur Tower, dit Octavie en croisant les bras.

— Or, voici ce que j'ai découvert fort heureusement, car notez bien que j'étais sur le point de le laisser passer inaperçu, parce que c'était à la dernière feuille, après plusieurs pages blanches, ce qui pouvait m'induire en erreur : dans six jours, *l'Indus*, capitaine Godefroy, met à la voile de Bombay pour Marseille, qui est un port de France, comme vous savez. Il y a demain un convoi de Roudjah à Bombay; ainsi, on peut aisément profiter du convoi et du navire. Vous ne sauriez dire, mes chères dames, ajouta Tower en essuyant la sueur de son front, toutes les peines que j'ai prises pour décou tout cela. Cette chaleur est accablante; tout le mon dort; il faut frapper à vingt portes pour trouver un commis; j'ai sué sang et eau avant de rencontrer M. Francis Green; il s'est mis très-officieusement à ma disposition. C'est un assez bel homme au premier abord, mais on s'aperçoit qu'il est vulgaire. J'ai causé quelque temps avec sa femme, Mme Green, une petite créole vive et qui m'a l'air bien dégourdie. Elle s'est mise en coquetterie avec moi, au premier mot; mais je connais les femmes et je me suis montré d'une froideur glaciale et polie, ce qui a un peu déconcerté mon petit lutin. Bref, mes chères dames, on peut partir. Le convoi est prêt, le vaisseau attend. On ne m'a pas conseillé d'aventurer une jeune femme sur tels et tels navires qui sont inhabitables pour la décence de votre sexe. *L'Indus* est convenablement équipé. On y est comme chez soi. M. Francis Green m'a dit : « Prenez *l'Indus*, et vous serez content; » nous prendrons *l'Indus*.

— Vous avez fini votre discours? dit Amalia en agitant avec nonchalance son éventail sur son sein.

— Oui, mademoiselle.

— Eh bien! monsieur Tower, nous ne prendrons pas *l'Indus!*

— Bah!

— Nous ne partons point.

— Vous ne partez pas?

— Nous restons, monsieur Tower.

— Madame la comtesse et vous, mademoiselle!

— Moi, je reste, c'est décidé. Octavie va vous répondre.

— Je répondrai ce soir, dit Octavie abîmée dans ses réflexions.

— Et que dira M. Francis Green? demanda Tower d'un air stupide.

— Il dira ce qu'il voudra, répondit Amalia, cela m'est bien égal.

— Excusez-moi, mademoiselle, dit Tower d'un ton

pénétré; je vous aurai peut-être blessée en vous parlant de Mme Green?

— Monsieur Tower, je me soucie fort peu de vos galanteries avec Mme Green et autres créoles du pays indien.

— Vraiment, mademoiselle, je ne me consolerais jamais, si....

— Eh bien! consolez-vous, dit Amalia d'une voix pleine de charme, et qui fit tressaillir de bonheur M. Tower; oui, j'ai eu un instant de mauvaise humeur quand vous avez parlé de Mme Green; mais je vois votre repentir, et je vous pardonne. »

Tower prit la main de la jeune demoiselle, et la baisa tendrement; puis, se redressant avec une fierté de conquérant heureux :

« Mademoiselle, dit-il, je ne conçois pas vraiment la faute que j'ai commise, moi qui connais les femmes!

— Ah! cela est vrai, monsieur Tower, vous connaissez les femmes comme le serpent du Paradis terrestre les connaissait, dit Octavie en reprenant un visage serein.

— Mais je me flatte...

— Ne vous flattez pas, monsieur Tower, dit Octavie, laissez-vous flatter par les autres. »

M. Tower prit un air modeste, et chassa légèrement du bout de deux doigts quelques grains de poussière qui n'existaient pas sur la manche gauche de son habit noir.

« Ce que j'aime dans M. Tower, dit Amalia en minaudant devant lui, c'est qu'il est bon et complaisant.

— Mademoiselle, un gentleman véritable doit être l'esclave des jolies femmes.

— Est-il vrai, monsieur Tower, que vous avez toute sorte de pouvoir sur moi, par ordonnance du ministre? dit Amalia.

— Mais entendons-nous, entendons-nous, dit Tower en travaillant péniblement un éclat de rire facétieux : toute sorte de pouvoir! le mot est fort... j'ai un pouvoir de tuteur...

— Enfin, dit Amalia en passant le bout de son éventail sous le menton de Tower, si je voulais vous épouser, vous, me donneriez-vous votre consentement? Avez-vous le pouvoir de vous le donner?

— Charmante! charmante! dit Tower en renouvelant l'éclat de rire cité plus haut; quel aimable caractère! Tout à l'heure, je vous ai quittée plongée dans la mélancolie, et je vous retrouve dans votre plus adorable gaieté, mademoiselle Amalia.

— En votre absence, monsieur Tower, j'ai fait des réflexions.... Mais vous n'avez pas répondu à ma demande, monsieur Tower.

— Que s'est-il donc passé en mon absence? demanda Tower d'un ton visant à la malignité; je parie que l'on s'est beaucoup entretenu de moi....

— Nous n'avons fait que cela, monsieur Tower.

— Oh! je connais les femmes.

— On le sait, que vous connaissez les femmes, dit Octavie; mais répondez donc à la question d'Amalia.

— La question de mademoiselle, dit Tower en aiguisant son regard, est assez embarrassante.... Oui, j'ai mes pleins pouvoirs de tuteur de la Chancellerie.... Mais je ne sais trop jusqu'à quel point un tuteur.... parce que, voyez-vous, un tuteur peut encourir le reproche d'avoir abusé de sa position pour séduire le cœur d'une pupille, et le cas est grave; on a une responsabilité. Certes, à tout prendre, nous sommes ici au Bengale, hors du droit commun. On pourrait aussi, avec une enjambée de ruisseau, passer sur le territoire hollandais, dans une île de la Sonde, et alors, les tuteurs et les pupilles ne rendent plus compte qu'à Dieu de leurs actions. » Nouvel éclat de rire de M. Tower. « Il y a des expédients pour tout; on peut toujours tout arranger avec de l'adresse et un vaisseau.... Ensuite, où est le tort? quel dommage y a-t-il pour le prochain? Une pupille a un faible pour son tuteur.... Une supposition.... Les tuteurs sont des hommes comme les autres, n'est-ce pas? On s'épouse par libre consentement mutuel. Personne n'a rien à dire à cela.

— C'est incontestable, dit Octavie.
— C'est parfaitement raisonné, » dit Amalia.

M. Tower prit un air solennel pour se mettre à la hauteur de cette grande situation.

« Ainsi, poursuivit Amalia, il est bien convenu que nous pourrions nous marier, vous et moi, monsieur Tower, si cela nous plaisait? »

M. Tower élargit ses mains énormes, en étendant ses bras et inclinant la tête.

« A plus forte raison, continua la jeune demoiselle, vous pouvez donner votre consentement à un autre homme qui me demanderait en mariage, et que j'accepterais pour époux.

— A plus forte raison, dit Tower, trop sûr de son triomphe pour regarder la demande d'Amalia comme un piége.

— Eh bien! dit Amalia, voici une lettre du colonel Douglas que je vous prie de lire avec attention. »

Tower lut la lettre, et quand il fut arrivé au paragraphe essentiel, il se redressa fièrement et lança un regard sévère à sa pupille.

« Vous avez compris, monsieur Tower? dit Amalia d'un ton léger.

— Comment! dit Tower, ce petit Élona vous demande en mariage? Quelle insolence!

— C'est ce que j'ai dit comme vous, monsieur Tower. Eh bien! après réflexion faite, j'accepte sa proposition.

— Mais c'est un enfant! un enfant véritable! mademoiselle.

— Oui, il a le malheur d'avoir vingt-cinq ans. C'est un grand défaut; mais, lorsqu'une demoiselle est trop difficile, elle ne se marie jamais.

— Je tombe de surprise, mademoiselle !

— Relevez-vous, monsieur Tower, dit Octavie, et dites comme moi à Amalia : « Épousez le comte Élona Brodzinski ; c'est la volonté de Dieu. »

— Les voici ! » s'écria Amalia en battant des mains.

Les acclamations des soldats indiens et le galop des chevaux retentirent subitement sous les fenêtres de l'hôtellerie. M. Tower, l'œil fixé sur le plancher, avait croisé ses mains, et il les faisait glisser du menton sur la poitrine, en pantomime de détresse. La porte s'ouvrit, et le colonel, Edward et Élona entrèrent dans la salle, après avoir été annoncés par le land-lord.

Octavie se laissa dominer par une idée généreuse qui semblait s'écarter un peu des convenances ; elle s'avança vers sir Edward et lui tendit la main, avec une expression de regard qui demandait l'oubli des scènes précédentes. Edward n'eut pas l'air de comprendre ; il feignit d'accepter cette démonstration comme une politesse amicale de grande dame envers un visiteur, et il engagea légèrement l'entretien, comme si l'heure présente n'avait eu aucun antécédent fâcheux.

« Nous avons obéi à notre colonel, dit-il. Le comte Élona et moi, nous voulions renvoyer notre visite à demain. Le colonel Douglas a parlé en maître ; il a fallu le suivre. Nous venons engager nos danseuses pour le bal.

— Nous acceptons nos cavaliers, dit Octavie avec son sourire des beaux moments, à condition qu'ils nous raconteront l'histoire complète de ces derniers jours....

— Qui sont des nuits, dit Edward en prenant le siége qu'Amalia lui présentait.

— Mesdames, dit Douglas qui venait de placer les mains du jeune comte dans les mains d'Amalia, vous excuserez des soldats un jour de victoire. Nous n'avons que quelques instants à vous consacrer aujourd'hui. Il y a beaucoup d'affaires à régler avant la nuit, beaucoup de dépêches à écrire, beaucoup de soldats à récompenser. Cependant je vais vous faire en abrégé, et en attendant mieux, l'histoire demandée. Nos deux amis s'acquitteraient mal de ce récit; ils s'oublieraient par distraction. Moi, je serai court et je n'oublierai personne, pas même mes amis. »

Alors Douglas raconta aux deux dames tout ce qu'elles ignoraient et ce que nous savons déjà.

« Monsieur Tower, dit Douglas en finissant, je vous ai rencontré ici avec plaisir. Mlle Amalia vous a sans doute communiqué ma lettre, et vous avez sans doute déjà accordé ce que l'on vous demande par politesse, par déférence; comprenez-vous, monsieur Tower?

— Oh! M. Tower connaît ses devoirs autant que ses intérêts véritables, dit Octavie en se levant avec un sourire provocateur de coquetterie délicieuse, et serrant la main du tuteur; je réponds de lui, il signera le premier au contrat. »

M. Tower, subjugué par la grâce de la jeune comtesse et par l'éclat velouté de deux yeux divins qui semblaient en extase devant lui, dit avec une émotion comique :

« Je ne fais et ne puis faire aucune opposition au mariage de ma pupille; je signerai au contrat des deux mains.

— Une suffit, dit Octavie, et je garde l'autre pour moi. »

Tower se redressa plus beau que jamais.

« A demain donc, au bal, mes belles dames, dit Douglas en se levant; excusez-nous, encore une fois, en faveur de la circonstance. Nous terminerons tout demain, n'est-ce pas, comtesse Octavie?

— Tout, dit Octavie, et même davantage. »

Et elle tendit la main à sir Edward.

« A propos, ajouta-t-elle, donnez-moi des nouvelles de mon guide Nizam, sir Edward.

— Madame, Nizam sera bien sensible à votre souvenir. Votre gracieuse parole nous le rendra demain complétement guéri.

— Nizam est malade, sir Edward?

— Ce matin, madame, au vallon des Taugs, son front a effleuré une balle; mais Nizam a un front de métal, c'est la balle qui a été blessée : aussi cela ne l'empêche point de travailler dans son atelier à un magnifique ouvrage qu'il vous destine comme cadeau.

— A moi, sir Edward, Nizam me destine un cadeau?

— Oui, madame, dit Edward en souriant avec amour, Nizam vous destine un charmant tapis de boudoir avec cette devise, empruntée à l'oracle de la sibylle homérique de Smyrne : *Souvenir d'une action grande ou vulgaire, mais inventée pour me plaire et accomplie pour moi.*

— Ah! je connais cette devise, sir Edward, dit Octavie avec une émotion mal dissimulée par un léger éclat de rire ; mais cela ne m'explique pas le cadeau.

— Le cadeau est bien simple : c'est une superbe peau de tigre avec des griffes dorées, et une émeraude de la grosseur d'une balle au milieu du front. Acceptez-vous le cadeau? ajouta Edward d'une voix pleine de tendresse; l'acceptez-vous? c'est une galanterie du pays.

— Oui, sir Edward, je l'accepte.

— Et mon étoile?

— Sir Edward, votre étoile aura tort. »

On échangea encore, entre tous, quelques paroles insignifiantes, et Douglas et ses deux amis prirent congé des deux dames, après avoir répété vingt fois sur tous les tons : « A demain! »

M. Tower, au comble du bonheur, arrondit gauchement son bras droit, et l'offrit, en inclinant la tête, à la jeune et belle Octavie, pour la conduire à son appartement.

XX

Un bal de noces au Bengale.

<small>J'ai lu et entendu raconter bien des fables monstrueuses,
mais cette histoire surpasse toute fiction.
(CAPTAIN TAYLOR, *Confessions of a Thug.*)</small>

Ces trois syllabes, *à demain!* échangées entre les héros de cette histoire, à l'hôtellerie de Roudjah, avaient une signification étendue, comprise de tous. Elles voulaient dire que, la veille étant trop courte et trop occupée, pour terminer tant d'affaires importantes, il fallait ajourner au lendemain leur dénoûment prévu. Il y avait là trois mariages inévitables, et que rien désormais ne pouvait plus contrarier, tous les obstacles ayant disparu. Aussi, une pareille histoire, s'accomplissant ou se racontant dans le cadre de nos villes d'Europe, serait terminée à ces mots : *à demain!* Le narrateur se bornerait, par ampliation, en forme d'épilogue, à enregistrer un triple hyménée dans les bureaux de l'état civil des romanciers, en faisant observer au lecteur que la loi imprescriptible du croisement des races devait triompher de tous les empêchements suscités par les hommes et les choses. Mais nous sommes au Bengale, et ce qui serait regardé comme accompli à Paris ou à Londres, peut encore recevoir quelque contrariété dans la sauvage province de Nizam. Au cœur de l'Inde, une nuit seule a vu naître et mourir bien des événements, et souvent la veille n'y tient pas la promesse qu'elle a faite au lendemain.

Dans la vaste cour intérieure de l'habitation de Nerbudda, deux heures avant le coucher du soleil, un orchestre asiatique exécute les airs de danse que l'Angleterre a lourdement inventés pour ses bals. Pas une famille voisine, conviée à deux lieues à la ronde, ne manque au rendez-vous de fête. C'est le bal du mariage d'Arinda et de la récente victoire du colonel Douglas, événements trop rares au pays pour négliger de les célébrer avec toute la pompe et toute la joie possibles. On dansera donc jusqu'à la nuit, et, après le festin du nabab, on dansera jusqu'au jour. Tel est le programme rédigé par miss Arinda, et adopté avec enthousiasme par toutes les nuances de visages invités sans distinction ; preuve incontestable que la danse est la seule joie de l'humanité dolente, quel que soit son épiderme ou sa langue, et que le meilleur des rois blancs, noirs, jaunes, rouges ou cuivrés, serait celui dont la charte proclamerait l'éternité du bal dans ses États.

Sir Edward, debout sur le seuil de l'habitation, regardait avec inquiétude deux choses : le chemin de Roudjah et la forêt. De temps en temps, le colonel Douglas venait le joindre, et sa figure, joyeuse devant Arinda, se faisait soudainement triste et semblait demander une explication.

« Toujours rien ! disait Edward.... Personne!... Je ne comprends pas la conduite de mon brave Nizam !... Il devrait être ici.... les Taugs ne l'occupent plus.... N'est-ce pas, Douglas ?

— Oh ! les Taugs nous laisseront respirer longtemps, je pense, disait Douglas : ils ont reçu la plus rude et la plus complète des leçons, et ils ont perdu leur vieux Sing. Mon cantonnement est libre.

— Que ferez-vous de ce vieux Sing, Douglas?

— C'est un pauvre diable, digne de pitié ; je l'ai fait emprisonner dans la basse-cour de l'habitation, à côté de la ménagerie. Arinda m'avait dit : *Pour cadeau de noces, apportez-moi le vieux Sing dans une cage.* L'événement m'a servi à souhait.

— L'événement nous sert toujours, ou presque toujours, cher Douglas, lorsque l'on a le courage de tout oublier et de se fier à lui. Je vous le disais dernièrement : dans les crises impérieuses, il faut d'abord faire l'inévitable, sans se soucier du reste, et le reste arrive souvent selon vos désirs. Voyez ce bal. Nous avons laissé miss Arinda disposer cette fête, dans un moment où rien ne faisait pressentir la possibilité d'un dénoûment joyeux; eh bien! la Providence, qui se déguise en hasard, pour ne pas nous humilier, a eu pitié de nous, et nous a ménagé ce bal à heure fixe. Miss Arinda et ses invités ne savent pas sur combien d'écueils son mariage et sa fête ont dû se briser avant ce jour! Autant de soucis que nous lui avons épargnés!... Ils m'en reste quelques-uns cependant, à moi.... Ce Nizam! ce Nizam qui ne vient pas.... Si c'était un autre homme, on pourrait à peu près deviner l'endroit où il fait des lieues à cette heure; mais Nizam, lui!... Il est peut-être à Madras ou à Bombay!... ou bien il est allé offrir ses services au capitaine Taylor, pour recommencer dans les autres cantonnements, avec d'autres Taugs, la guerre terminée ici, à son grand regret.... Quel diable de Nizam!

— Il vous est donc bien nécessaire en ce moment, mon cher Edward?

— S'il m'est nécessaire! Belle question! Il ne m'a jamais été plus nécessaire qu'en ce moment!... Mon cher Douglas, entendez-vous ce charivari indo-chinois que l'orchestre de notre bal exécute avec des *bins*, des *los*, des *sitars*, des *jérecks*, pour faire sautiller gauchement, sur deux lignes, nos invités des deux sexes? Cela serait admirable à la salle de *King's-William-Street*, ou au Panthéon de Madras, ou à *Surrey-Garden*, ou au Vauxhall; mais je cours la chance de perdre ici une seconde fois la comtesse Octavie, si elle tombe à Nerhudda, au milieu de ce vacarme d'enfer chinois. Ma comtesse peut arriver d'un moment à l'autre : elle a voulu laisser passer les heures les plus ardentes du jour....

— Cela est fort bien, mon cher Edward ; mais je ne comprends pas ce que ferait Nizam pour donner un autre caractère à notre bal.

— Nizam exécuterait au piano toutes les contredanses que miss Arinda reçoit de Paris. Vous figurez-vous la joie d'Octavie, si nous la recevions avec un quadrille de *Fra-Diavolo?*

— Vous avez raison, Edward.... mais on peut remplacer Nizam.... Je vais prier miss Arinda....

— Ne priez pas, Douglas ; c'est inutile. Miss Arinda danse, et ne veut pas faire danser. Au reste, miss Arinda doit recevoir la comtesse à son arrivée. C'est convenu.

— Il est possible, Edward, que Nizam soit en visite chez les soldats que j'ai laissés dans le bois, par luxe de précaution, jusqu'à demain.

— Non, Douglas. Ce genre de visites n'est pas dans les mœurs de Nizam. Il est fier. Il ne s'exposerait point à être traité d'égal à égal par un soldat indien.... Cette absence me contrarie et m'inquiète.... Douglas, la nuit tombée, fermons, selon l'usage, portes et fenêtres ; barricadons-nous. La cour intérieure où nous dansons est vaste, fraîche, aérée, et nous n'y redoutons aucune attaque nocturne....

— Y songez-vous, Edward? dit Douglas en riant aux éclats ; la prudence vous arrive après le danger. Nos Taugs anéantis, leur vieux Sing prisonnier dans Nerbudda, trois cents hommes embusqués dans le bois....

— Oui, oui, Douglas, cela rassure, j'en conviens.... Il faut songer à protéger les femmes.... Je ne m'inquiète ni de moi, ni de vous, Douglas.

— Je le sais bien, Edward, l'amour vous rend poltron.

— Vous l'avez dit, Douglas. En songeant qu'Octavie doit passer la nuit à Nerbudda, je me fais poltron, ou prudent, ce qui est souvent la même chose la nuit. »

On arrive toujours au moment et sur le terrain où l'on n'est pas attendu, ainsi que sir Edward l'a reconnu dans sa théorie de l'attente, développée au comte Éldona. Le colonel Douglas et sir Edward, ayant épuisé les conjectures sur le seuil de la porte, venaient d'être appelés à la salle du bal par miss Arinda, qui se plaignait de la trop longue absence de ses amis. L'éternelle contredanse anglaise, galvanisée par l'orchestre chinois, se développait alors sur deux lignes, sans mélange de sexes, et formait des figures étranges, inventées sur place, selon le caprice des dames et des cavaliers. On aurait cru voir jouer en action une grande partie d'échecs, semblable à celle qu'imagina don Juan d'Autriche devant Boy le Syracusain, lorsque trente-deux pièces vivantes, de toutes les tailles et de toutes couleurs, se croisèrent avec des contorsions fantasques sur un immense échiquier de dalles de marbre blanc et noir.

En ce moment, la comtesse Octavie entra.

Elle entra d'un pas vif et léger, avec les plus gracieuses ondulations de tête et de corps, avec le plus charmant de ses sourires, comme elle serait entrée dans le salon de son hôtel ; et la contredanse s'arrêta sur ses trente-deux pieds, pour admirer la radieuse étrangère, et l'orchestre se tut pour écouter cette voix mélodieuse qui chantait en parlant.

Douglas et Edward s'élancèrent du fond de la salle pour la recevoir ; elle quitta lestement le bras du comte Élona, et serrant affectueusement les mains des deux amis :

« Colonel Douglas, dit-elle avec une vivacité délirante, ne laissez donc pas interrompre la danse. Votre salle de bal est charmante, toute tapissée de verdure et de fleurs ; quatre tentures d'espalier ; des fontaines partout, des

…diers du Japon qui nous regardent danser par-dessus les murs; un orchestre fabuleux. Eh bien? sir Edward, vous ne dansez pas?

— Je vous attendais, madame.

— Oh! vous êtes trop exigeant! Nous descendons de palanquin; nous avons laissé Amalia sur la terrasse; elle [est] affligée du bras de M. Tower. C'est son dernier malheur. Amalia est en admiration devant le paysage de [Ou]rbudda. Moi, je le connais, et je puis me dispenser de l'admirer une seconde fois, n'est-ce pas, sir Edward? Colonel Douglas, présentez-moi à la jeune maîtresse de la maison; je parie de la reconnaître parmi ces vingt [d]anseuses.... C'est cette demoiselle qui a des fleurs d'i[vo]ire dans de superbes cheveux noirs, et qui nous re[g]arde avec des yeux si grands, et pourtant si beaux.

— C'est miss Arinda, vous l'avez deviné, dit le colonel [e]n s'éloignant du groupe avec le comte Élona.

— Oh! j'étais bien sûr, dit Edward avec un sourire plein de finesse, que la comtesse Octavie ne se tromperait pas.

— Sir Edward, dit Octavie, en frappant légèrement avec son éventail la main d'Edward, avez-vous mis une intention dans cette remarque?

— Si vous en doutiez, madame, vous ne le demanderiez pas.

— Ah! voilà qui est singulier! je demande parce que je doute.

— Eh bien! madame, dans ma remarque il y avait une intention. Vous avez reconnu miss Arinda; vous l'aviez déjà vue, sous mon bras, un matin.

— C'est vrai, sir Edward.... cela dit encore une fois, nous n'en parlerons plus. Laissons le passé dans son néant, ne le regardons pas.

— Moi, madame, je n'ai deux yeux que pour mon avenir.

— N'en réservez-vous pas un pour le présent, sir Edward ?

— Le présent n'existe pas.

— Et que faisons-nous en ce moment, sir Edward ?

— Nous passons.

— Je vois, sir Edward, que votre étoile nuptiale vous donne de l'inquiétude.

— Je vois, madame, que vous ne m'avez encore promis que le passé. Madame, c'est bien peu de chose pour un homme qui compte sur l'avenir. Mon étoile prend des allures de comète.

— Montrez-la-moi sur l'horizon, votre étoile, sir Edward, et je lui donne un démenti en face, vous verrez.

— Attendez la nuit, madame ; mon étoile n'est pas levée ; en ce moment elle brille encore par son absence.

— Sir Edward, vous ne méritez pas d'être heureux. Vous prenez un malin plaisir, je crois, à vous porter malheur ; vous vous servez de mauvaise étoile à vous-même....

— A Smyrne, vous m'avez dit la même chose, madame ; c'était aussi dans un bal, au son des instruments....

— A Smyrne, je n'étais pas sincère....

— Prouvez-moi que vous l'êtes maintenant.

— Avez-vous oublié, sir Edward, que j'ai accepté hier le cadeau de Nizam ?

— Vous êtes entrée aujourd'hui, ici, dans cette salle, madame, avec un air si joyeusement distrait, que j'ai cru, moi, que vous aviez tout oublié.

— Les hommes sont vraiment étranges ! Oui, sir Edward, il fallait, pour vous plaire, ne demander que vous, ne regarder que vous, n'aborder que vous en entrant ici. Vous êtes injuste, sir Edward !

— Comtesse Octavie, je vous aime.

— A demain, sir Edward.

— Encore à demain !

— Le présent n'existe pas. »

La contredanse finissait avec ces paroles. Le colonel Douglas conduisait Arinda vers Octavie, au moment où Amalia et M. Tower arrivaient aussi de l'autre côté, avec le nabab.

Pendant que des formules de politesse européenne et d'hospitalité indienne s'échangeaient entre nos personnages, sir Edward avait regagné son poste d'observation sur le seuil de la porte, pour attendre Nizam. « Quelle femme! disait-il dans un monologue mental qui agitait silencieusement ses lèvres ; quelle femme! Si je n'avais qu'un seul bon sens dans la tête, je l'aurais déjà perdu avec ce démon! Combien ai-je subi d'épreuves cruelles pour l'amour de cette comtesse!.... Quelle femme!... elle veut se faire gagner comme un paradis! Eh bien! elle a raison. »

M. Tower était arrivé à ce bal de colons indiens avec son costume solennel des bals de Londres, et il s'étalait pompeusement au milieu des groupes de femmes créoles, en affectant de passer en revue toutes les gerbes de fleurs qui jaillissaient au pied des murs de la vaste salle. De cette manière, il laissait toute liberté de regards à l'admiration dont il était enveloppé par le beau sexe indien. Lorsqu'il jugea que chaque femme l'avait suffisamment détaillé dans toutes ses perfections européennes, il coupa une branche d'*yucca gloriosa*, ornée de ses clochettes, et vint l'offrir à la comtesse Octavie, avec un mélange de respect et de familiarité qui devait laisser supposer bien des choses aux autres dames du bal.

Cependant la nuit arrivait ; miss Arinda, légère et vive comme l'oiseau du Bengale, croisa ses bras avec les bras d'Amalia et d'Octavie, et ouvrit la marche, pour entraîner et guider les convives à la salle du festin. Les domestiques des deux sexes, que ne réclamait pas le service de la table, continuèrent le bal.

Au repas, la conversation fut absorbée par la récente victoire du vallon des Taugs. Les colons intéressés à la paix de leurs campagnes, accablèrent de questions le colonel Douglas, qui donna toute satisfaction à la curiosité de ses convives.

Douglas et Edward échangeaient souvent des signes et des regards d'intelligence compris d'eux seuls.

Après le repas, miss Arinda se leva pour ménager une surprise à la société. Elle courut à la salle voisine, se mit au piano, et aux premiers accords, tous les convives se levèrent avec des cris de joie, et firent cercle autour de la jeune artiste, reine de Nerbudda.

Edward, toujours préoccupé de l'absence inexplicable de Nizam, fit ses dispositions, comme si la victoire de Doumar-Leyna n'eût pas anéanti les Taugs de ce canton. Profitant de la diversion favorable opérée par les accords du piano, il ferma les portes et les croisées basses, ne laissant à la circulation de l'air extérieur que les soupiraux étroits ménagés sous les cintres, à travers lesquels on voyait luire les étoiles et flotter les cimes des arbres; et, quand il eut reconnu que la maison était suffisamment défendue contre un hardi coup de main, il cessa de trembler pour sa comtesse Octavie : car, en supposant qu'une centaine de Taugs échappés au massacre vinssent tenter une attaque folle et désespérée contre la forteresse de Nerbudda, les soldats embusqués dans le voisinage auraient tout le temps nécessaire pour accourir avec leur agilité bien connue, et anéantir ce reste d'ennemis sur la terrasse de l'habitation.

Le colonel Douglas, plein de confiance en Edward, le laissait agir et calculer les chances comme il l'entendait dans sa sagesse ; et pour n'éveiller aucune alarme, il se tenait debout devant le piano d'Arinda, et tournait les feuillets de la partition.

Un seul regard que rien ne pouvait tromper, une

seule oreille que rien ne pouvait distraire, ne se fixait pas sur la jeune artiste, n'écoutait pas les mélodies de l'instrument. La comtesse Octavie ne perdait pas de vue sir Edward ; ou, du moins, elle suivait les mouvements de son ombre sur les marbres du vestibule ; elle distinguait le bruit léger de ses pas, hasardés avec trop de précaution mystérieuse, et elle s'inquiétait vaguement de cette conduite étrange et impossible à expliquer.

M. Tower, debout auprès du piano, battait faussement la mesure avec deux doigts sur l'angle d'acajou et prenait des airs d'extase, en secouant mollement la tête et laissant tomber par intervalles sur Octavie de doux regards enivrés de musique et d'amour.

Tout à coup, la tête de M. Tower s'immobilisa roidement sur le cou et ses grands yeux ternes se plombèrent de stupéfaction.

La comtesse Octavie, avançant avec un air de mystère son charmant visage par-dessus des têtes créoles, regardait M. Tower, et son doigt indicateur, prudemment caché par des boucles de cheveux, invisible pour tous excepté pour le tuteur, son doigt se courbait en virgule, et se redressait en point d'admiration, signe qui veut dire, en toute langue : *Venez!*

Tower fut admirable de prudence et de discrétion. Il contint une explosion de joie bien naturelle, sous un masque diplomatiquement sérieux, et son regard, affectant cette finesse d'expression que donne l'expérience des bonnes fortunes, répondit : *J'y vais.* Il se dégagea du groupe qui l'emprisonnait, mais avec une lenteur de mouvement dont il laissait apprécier l'ingénieux mécanisme à la comtesse ; il prit ensuite l'allure de l'amateur qui s'éloigne malgré lui comme suffoqué par l'admiration et va chercher dans un coin de la salle une place plus assortie à son enthousiasme et à son recueillement.

Miss Arinda, excitée par les bravos, et toute nouvelle

dans son triomphe de jeune fille, épuisait avec une verve indienne les feuilles de ses partitions ; et le colonel Douglas qui, au début, tournait les pages avec une complaisance pleine de distraction et d'inquiétude, séduit lui-même par la grâce de sa mélodieuse fiancée, avait oublié Nizam, Edward, les Taugs, l'univers, et s'abandonnait au charme de cette nuit enivrante, qui donnait la lumière de ses étoiles et les parfums de ses grandes fleurs à cette salle de fête joyeusement agitée sous les doigts harmonieux d'Arinda.

« Je vous demande votre bras, mon cher monsieur Tower, pour deux tours de promenade dans cette galerie, dit Octavie au tuteur, quand il se fut approché, après beaucoup de détours, habilement calculés à son avis.

— Je suis tout à vous, madame.... J'ai été forcé, comme vous avez vu, de modérer mon empressement à cause de.... des.... J'ai l'habitude de ces choses.... Il y a des jeunes gens étourdis qui, au premier signe d'une femme....

— C'est bien, monsieur Tower. Oh! vous n'êtes pas étourdi, vous !.... Je vous avoue, monsieur Tower, que j'aime assez froidement le piano quand il ne se marie pas avec la voix.

— Voilà justement, madame, ce que je pensais, lorsque votre signe....

— Et puis vous ne trouvez pas, monsieur Tower, que la chaleur est étouffante dans cette galerie?

— Étouffante, madame, surtout pour moi qui ai gardé le costume européen, le seul décent pour un bal avec des dames; tandis que ces jeunes gens manquent à toutes les convenances, en portant l'habit négligé du planteur colonial. C'est vraiment une horreur. »

En causant ainsi, Octavie avait entraîné Tower dans le vestibule, où elle surprit Edward au milieu de ses préparatifs de défense.

« Eh bien ! sir Edward, lui dit-elle en affectant une grande nonchalance de parole, vous évitez la musique et les musiciens ! Cela m'étonne fort ; je vous croyais plus passionné pour les beaux-arts.

— En l'absence de Douglas, madame, dit Edward un peu déconcerté, je donnais quelques ordres aux domestiques, et j'allais entrer dans la salle du piano, pour écouter miss Arinda. »

M. Tower avait pris une pose triomphale, et il se faisait ressembler à un homme heureux qui demande aux autres pardon de son bonheur.

« Sir Edward, poursuivit la comtesse, voilà une porte fermée comme la poterne d'une citadelle ; la nuit doit être charmante sous les arbres de la terrasse ; je voudrais bien y faire quelques tours de promenade avec M. Tower.

— Y songez-vous, madame ? dit Edward en riant faux ; nous ne sommes pas à votre château de Meudon ; nous sommes au cœur du Bengale. Il y a là-bas, près des fermes, des voisins qui ne sont pas des agneaux.

— M. Tower, lui, ne craint pas ces voisins ; n'est-ce pas, monsieur Tower ?

— Moi, madame, dit Tower ému, je ne crains rien lorsque j'ai une jolie femme sous le bras. Cependant....

— Cependant.... vous craignez tout, » dit Edward.

Tower se releva fièrement.

« J'aurais été bien aise aussi, dit Octavie, de voir si l'étoile de sir Edward est levée à l'horizon.

— Cette nuit, madame, dit Edward avec un sérieux effrayant, les affaires de ce bas-monde m'empêchent de regarder le ciel.

— Sir Edward, dit Octavie émue, je crois deviner votre parole, mais je ne comprends pas votre figure.

— Ce que dit sir Edward, remarqua Tower, me paraît assez clair, à mon sens. Il a beaucoup d'affaires dans ce monde, et alors....

— Monsieur Tower, dit Octavie, vous n'avez rien compris. Vraiment, poursuivit la jeune femme avec une voix pleine de tendresse, vraiment, sir Edward, il se passe en vous quelque chose d'extraordinaire. Votre figure n'est plus à la disposition de votre volonté d'homme : elle exprime des sentiments mystérieux que vous essayez en vain de refouler au fond du cœur ; il y a dans votre âme une lutte violente qui éclate malgré vous sur vos traits. Votre gaieté n'est plus qu'une grimace maladroitement faite ; la fièvre bout dans toutes vos artères. Sir Edward, vous n'êtes plus sir Edward, répondez.

— Madame, ôtez une femme et cette nuit de ce monde, et je serai encore sir Edward.

— Comme il dit cela? Venez, venez, ajouta Octavie avec émotion, rentrez avec nous. La musique vous rendra votre caractère. Je chanterai. Oui, je chanterai un de vos airs favoris, quelque belle cavatine du *Crociato*, de *Tancredi* ou de l'opéra nouveau de *Robert*.... Allons, obéissez, monsieur ; venez. »

Edward se laissa entraîner par la comtesse Octavie, et miss Arinda lui céda sa place au piano.

M. Tower se disait à lui-même : « La comtesse veut me donner de la jalousie ; c'est évident. Je connais les femmes ! N'ayons pas l'air de remarquer ce jeu, mal joué pour un œil comme le mien. Cette femme est prise ; il faut tenir bon. »

Il se fit un grand silence. Octavie embrassa miss Arinda, rejeta, par un mouvement gracieux, ses cheveux en arrière, distribua des sourires à son auditoire, et allongeant ses beaux bras nus vers le clavier, elle commença le grand air du quatrième acte de *Robert-le-Diable*, alors, comme aujourd'hui encore, jeune de mélodie, de grâce et de passion.

La voix de la jeune femme vibrait avec des modulations célestes sous les lambris de la salle, et, s'échappant par les soupiraux aériens des cintres, elle se répandait dans les bois voisins, et faisait tressaillir les soldats indiens parmi les massifs de l'embuscade. Ces enfants du Bengale, tous artistes de la nature, regardant le chant de la femme et les accords d'un instrument comme deux voix de leur ciel, ne s'étaient jamais trouvés à pareille fête ; ils s'avancèrent pas à pas vers l'habitation, comme si un magique charme les eût arrachés à leur poste militaire, n'écoutant plus la voix de leurs chefs, qui donnaient eux-mêmes mollement des ordres jugés inutiles. D'ailleurs, la victoire du vallon des Taugs, l'absence de tout danger, semblaient excuser ce relâchement dans la discipline ; et la voix de la comtesse Octavie, plus impérieuse que celle du devoir, les attira tous sur la terrasse, à dix pas des fenêtres de l'habitation. Dans les intervalles des couplets, on distinguait même les cris de joie du vieux Sing, qui applaudissait dans sa prison à cette mélodie qui descendait du firmament.

Le chant cessa ; les applaudissements éclatèrent ; sir Edward rayonnait de bonheur ; ses yeux venaient de rencontrer un de ces regards qui resplendissent d'avenir.

Tout à coup, on entendit une autre voix qui semblait répondre au chant d'Octavie, du haut des arbres de la terrasse, et les têtes se levèrent spontanément vers les éclaircies des soupiraux aériens, pour recueillir cet autre chant qui venait du dehors.

Une voix douce chantait cette mélodie indienne, dont les premiers accords firent tressaillir de joie tout l'auditoire créole, et mirent la terreur sur les visages héroïques de Douglas et d'Edward.

L'ÉMIR DE BENGADOR.

(Traduction libre.)

Si tu savais que je t'adore
Comme l'étoile aime le ciel,

> Comme l'abeille du Mysore
> Aime la fleur où naît le miel,
> Tu viendrais à l'heure où le Gange
> Au golfe bleu va s'endormir,
> Tu viendrais t'asseoir, ô mon ange!
> Sous les rosiers de ton Émir.
>> Là, ma douce reine,
>> Sous la nuit sereine
>> Après un beau jour,
>> Les fleurs ranimées
>> Les rives aimées,
>> Les nuits embaumées,
>> Tout parle d'amour!

« Mais c'est charmant, s'écria Octavie en battant des mains, on me fait concurrence sur les arbres. La mélodie est délicieuse et pleine de naturel. Je crois avoir saisi le mouvement; au second couplet, j'accompagne le chanteur.... Connaissez-vous ce chanteur nocturne, miss Arinda?

— Il me semble, dit Arinda, que j'ai reconnu la voix de mon accordeur.

— Approchez-vous donc, sir Edward, dit Octavie; vous vous tenez à l'écart comme un musicien jaloux. Venez donc me traduire les paroles, vous qui savez l'indien. »

Edward traversa la foule, et dit en passant à l'oreille du comte Élona, en lui serrant énergiquement la main :

« Mettez-vous à deux pas de la porte, et au premier cri *Ouvrez!* que poussera Nizam, obéissez.... Madame, dit Edward en se plaçant nonchalamment à l'angle du piano, les paroles des chansons indiennes se ressemblent toutes. C'est toujours un homme qui dit à une femme trois mots en vingt-quatre vers.

— Si les trois mots sont bien choisis, ils méritent d'être traduits, sir Edward.

— Je vous aime.

— C'est la chanson qui parle!

— Et je la traduis pour mon compte, madame.

— Silence! Écoutons l'autre couplet. Je l'accompagne au vol.

> Si tu venais, ô nonpareille,
> Comme tu faisais autrefois,
> Pour dérouler à mon oreille
> Toutes les perles de ta voix ;
> Je te donnerais, ô mon ange !
> Mon beau palais de Bengador,
> Qui met son jardin sur le Gange
> Et sur la mer ses balcons d'or :
>   Là, ma douce reine,
>   Sous la nuit sereine,
>   Après un beau jour,
>   Les fleurs ranimées,
>   Les rives aimées,
>   Les nuits embaumées,
>   Tout parle d'amour !
>
> Si tu voyais quelle merveille
> Change d'un signe de ma main
> La pauvre fille de la veille
> En sultane du lendemain,
> Tu croirais demain, ô mon ange !
> Que le Dieu bleu du firmament
> Est revenu sur notre Gange
> Avec le nom de ton amant.
>   Là, ma douce reine,
>   Sous la nuit sereine
>   Après un beau jour,
>   Les fleurs ranimées,
>   Les rives aimées,
>   Les nuits embaumées
>   Tout parle d'amour.

Des trépignements de joie saluèrent le chanteur inconnu qui venait se mêler à la fête et prendre sa part du concert. On criait de toutes parts : « Il faut ouvrir la porte à l'artiste indien !...

— Vraiment, sir Edward, dit la comtesse en croisant ses bras et inclinant la tête, je vous le dis encore une fois, ce soir vous êtes méconnaissable.... Allez donc ouvrir la porte à ce pauvre Indien, qui chante pour avoir du pain.

— Nous connaissons ce chanteur, madame; c'est notre pensionnaire. On a soin de lui. »

Une explosion de cris terribles retentit bientôt dans les salles basses, comme si un volcan eût éclaté dans les cours intérieures de l'habitation. Miss Arinda courut vers son père pour le couvrir de son corps; Amalia, la jeune orpheline du désastre de Missolonghi, ne démentit pas sa noble origine : elle fit luire soudainement sur son sein un poignard, en lançant des regards de flamme vers l'escalier. La comtesse Octavie se souvint aussi de l'honneur de son pays, et, sans s'émouvoir, elle continua l'accompagnement de la chanson indienne sur le piano. Un formidable hurlement de femmes, comme on l'entend aux villes prises d'assaut, retentit dans le vestibule, et tous les serviteurs des deux sexes envahirent la salle, et montrèrent des visages bouleversés par toutes les contractions d'un effroi sans pareil. Edward s'était écrié :

« Comtesse Octavie, voilà mon étoile qui se lève; mais elle se couchera sur mon cadavre, vous allez voir ! »

Il enleva Octavie avec une irrésistible violence de protection, car Edward ne voyait qu'elle dans cet horrible tumulte, et la reléguant à l'extrémité de la salle, et lui faisant un rempart de meubles amoncelés, il se plaça sur cette barricade improvisée en un clin d'œil, avec une provision d'armes toutes prêtes sous sa main.

« Ouvrez ! ouvrez ! » cria Nizam d'une voix de tonnerre.

Élona, Douglas et quelques domestiques, placés à la première marche de l'escalier qui descendait du vestibule aux salles basses, avaient engagé un combat terrible avec une bande de Taugs qui semblaient sortir de l'enfer. Les décharges des armes à feu ébranlaient la maison. Le nabab avec ses amis créoles se dégagèrent des mains des femmes et vinrent se mêler à la bataille. Les Taugs montaient, montaient toujours, laissant des cadavres sur chaque marche ; et le petit nombre de défenseurs allait succomber sous l'attaque de deux cents démons, lorsque Élona, entendant le cri de Nizam, se précipita vers la porte et l'ouvrit. Aussitôt le bataillon des soldats de Moss inonda le vestibule, et roula comme un torrent de feu sur l'escalier, entraînant tout, renversant tout, avec une force d'impétuosité irrésistible, au milieu d'une tempête de rugissements qui dominaient encore le fracas des détonations. Taugs et soldats tombèrent ensemble comme une cataracte de bronze vivant dans les abîmes des cours inférieures, où les lumières de la fête éclairèrent une scène inouïe de carnage et de désolation. Là se découvrit le stratagème d'attaque préparé par dix ans de travaux souterrains, et dont le but, cette nuit, était l'enlèvement du vieux Sing. Les Taugs échappés au carnage de leur vallon avaient tenté ce dernier coup. Une brèche horizontale, large comme l'ouverture d'un puits, se montrait béante à l'angle d'une cour, et de nouveaux étrangleurs, étendant leurs bras et levant leurs têtes chauves et hideuses, sortaient encore de ce gouffre comme d'énormes reptiles attirés du fond de la terre pour dévorer les restes d'un festin. Ceux-là ne montrèrent que la moitié de leurs corps ; l'argile qu'ils avaient creusée leur servit de tombe, et d'autres cadavres achevèrent de combler et de fermer ce gouffre, qui ressembla quelques instants au soupirail de l'enfer vomissant ses monstres déchaînés.

Telle fut la dernière convulsion d'agonie de la bande d'étrangleurs indiens dans le cantonnement de Nerbudda.

Nizam, le premier entré dans le vestibule, n'avait pas suivi les soldats dans la mêlée sanglante de l'escalier et des cours; il s'était précipité dans la salle du concert, avait refermé et barricadé la porte, et entraîné les femmes à l'extrémité où sir Edward veillait, comme un bataillon, au salut d'Octavie. Nizam s'était placé à côté de son maître, dont il comprenait les intentions au premier signe. Au premier cri sortant des cours inférieures, Edward avait deviné le nouveau genre d'attaque des Taugs. Toutes les choses mystérieuses des derniers jours s'expliquaient à ce premier cri. Depuis dix ans un travail de mine s'accomplissait sourdement contre l'habitation de Nerbudda, et la tête de cette mine était voilée sans doute par des arbres et d'épais buissons, au petit bois de la source où le comte Élona fut pris par les Taugs. Edward craignait donc, avec juste raison, qu'une autre brèche ne vînt éclater au plancher ou dans le mur de la salle, et il s'était improvisé une citadelle dans l'endroit le plus sûr, pour y cacher son trésor d'amour, et le défendre au moment du péril avec l'héroïque énergie du désespoir.

Des cris et des larmes de joie accueillirent Douglas, Élona et les autres défenseurs de l'habitation, à leur rentrée dans la salle. Les scènes d'attendrissement qui éclatèrent après la victoire se devinent et ne se racontent pas. On félicita Edward sur le courage extraordinaire et sublime qu'il avait montré en refusant sa part d'action dans le combat de l'escalier.

« Sir Edward, lui dit Octavie en lui serrant les mains, hier je croyais que vous ne pouviez plus rien inventer en actions grandes ou vulgaires pour l'amour d'une femme; j'étais dans l'erreur. Vous avez eu l'héroïsme de vous cacher pendant une bataille et d'abandonner vos amis. Une femme comprend ces choses et ne les oublie jamais. »

Tower rentra le dernier; il s'était composé un désordre de toilette avec beaucoup d'art; mais les indiscrétions domestiques apprirent que le tuteur, en s'élançant avec les autres dans le vestibule, avait gagné seul le sommet de la maison.

On n'attendit pas que la lumière du jour vînt étaler toutes les sanglantes horreurs de la nuit aux yeux des femmes : avant le lever du soleil, le monde de Nerbudda se mit en route pour le village de Roudjah. La moitié des soldats de Moss servit d'escorte, l'autre moitié se caserna dans l'habitation.

Ici, les détails intermédiaires dont nous avons parlé plus haut, dans notre théorie des transitions, seraient plus oiseux et plus inutiles que jamais. Nous nous bornerons à consigner, pour dénoûment, les dernières paroles qui furent échangées entre Edward et Octavie, lorsqu'ils entrèrent, à la pointe du jour, dans l'hôtellerie de Roudjah.

« Sir Edward, dit Octavie, nous avons besoin de repos; avant de nous séparer pour quelques heures, je suis bien aise de vous annoncer que j'ai mission de vous inviter au double mariage du comte Élona et du colonel Douglas, qui seront célébrés après-demain ici, religieusement et civilement. Vous voyez, sir Edward, que votre étoile n'empêche pas vos amis de se marier.

— Est-ce là tout ce que vous aviez à me dire? dit sir Edward avec mélancolie.

— Non, sir Edward, dit la jeune femme en lui serrant les mains; je voulais ajouter que nous devons rendre la politesse d'invitation à ces messieurs, n'est-ce pas ?... Vous me regardez d'un air ébahi ?... J'ai déjà pris mes enseignements avant l'aube, en outre, en causant avec es dames créoles... Il me regarde toujours !... Vous aurez que nous avons à Roudjah un missionnaire romain de la Propagande et un ministre presbytérien.

— Ma tête brûle, madame, dit Edward en jetant sur Octavie un regard qui semblait l'envelopper comme une flamme, ma raison s'égare; expliquez-vous mieux; je suis stupide....

— Tant mieux ! sir Edward, vous m'aimez ! Adieu : promettez-moi de supporter le bonheur avec calme. Votre étoile file à l'horizon. Regardez. Demain, invitez vos amis au mariage de la comtesse Octavie avec sir Edward. »

Un accès de joie immense sortit de la poitrine de sir Edward en supprimant la respiration et la parole sur ses lèvres. Il serra et baisa les mains d'Octavie avec une force de passion qui parut étonner la jeune femme, et, comme il se relevait pour se séparer d'elle, il entendit la plus douce des voix lui disant : « Adieu, mon cher Edward ; à demain. »

En ce moment, M. Tower entrait à son tour, avec une démarche de vainqueur ; il venait de saluer, sur le seuil de la porte, un groupe de dames créoles qu'il avait accompagnées à Roudjab, et auxquelles il avait raconté ses exploits de la nuit.

« Ah ! c'est vous, monsieur Tower! lui dit Octavie, je vous attendais. Donnez-moi votre bras jusqu'à mon appartement.

— De grand cœur, madame, de tout mon cœur.... Ah ! madame ! quelle nuit ! Que pensez-vous de cette nuit ? Voilà pourtant, disaient ces jeunes créoles, à quoi l'on s'expose quand on s'établit aux colonies !...

— Eh bien ! monsieur Tower, je vais m'établir ici, moi ; là, dans le voisinage, entre les routes naturelles de Saint-Germain et de Meudon.

— Seule ?

— Seule, oh ! non ! monsieur Tower, je me marie.... j'épouse.... devinez qui ?

— Eh ! madame, dit Tower avec un sourire malin, on pourrait peut-être deviner.

— Vous le verrez demain, dit Octavie en fermant sa porte au visage de M. Tower.

— C'est moi ! » dit l'ex-tuteur.

F.N.

TABLE

		Pages.
I.	Un bal de noces à Smyrne	1
II.	A Golconde	36
III.	L'habitation de Nerbudda	53
IV.	La veillée	74
V.	Les Taugs	82
VI.	Une lettre	90
VII.	La fable indienne	109
VIII.	Au village de Roudjah	127
IX.	Une nuit dans les bois	145
X.	Une journée à Nerbudda	163
XI.	Un assaut de ruses sans escalade	176
XII.	Une lettre de sir Edward	196
XIII.	Le lendemain	216
XIV.	Fantômes des nuits	232
XV.	Prisonnier d'une femme	247
XVI.	Le temple de Doumar-Leyna	266
XVII.	Le lendemain	281
XVIII.	Le vallon des Taugs	302
XIX.	Le tuteur Tower	319
XX.	Un bal de noces au Bengale	342

IMPRIMERIE D. BARDIN ET Cie, A SAINT-GERMAIN. — 2670-83

www.ingramcontent.com/pod-product-compliance
Lightning Source LLC
Chambersburg PA
CBHW050258170426
43202CB00011B/1732